América Latina hoy

CARLOS MOREIRA Y DANTE AVARO
(COORDINADORES)

América Latina hoy

Sociedad y política

América Latina hoy : sociedad y política / coordinado por Carlos Moreira y
Dante Avaro. - 1a ed. - Buenos Aires : Teseo; Universidad Autónoma de Baja
California, CPES, FEyRI, 2012.
352 p. ; 20x13 cm. - (Ciencias políticas)
ISBN 978-987-1867-08-0
1. Ciencias Políticas. 2. Política en América Latina. I. Moreira, Carlos, coord. II.
Avaro, Dante, coord.
CDD 320.80

C P E S

© CPES, 2012

Buenos Aires, Argentina

ISBN 978-987-1867-08-0

Editorial Teseo

Hecho el depósito que previene la ley 11.723

Para sugerencias o comentarios acerca del contenido de esta obra,
escríbanos a: **info@editorialteseo.com**

www.editorialteseo.com

Índice

PRESENTACIÓN

América Latina vive hoy un momento inédito: desde el punto de vista económico, la región ha conocido entre los años 2000 y 2007 una etapa de crecimiento del 3% promedio anual, que no se ha detenido más que momentáneamente con la crisis mundial del año 2008, para recuperarse a partir de 2010 con un crecimiento del 5.9% del Producto Bruto Interno regional (CEPAL, 2010 y 2011). Desde el punto de vista social, las cifras muestran una moderada reducción de la pobreza de 11 puntos porcentuales (de 43.1% a 32.1% entre los años 2000 y 2010), aunque en el caso de la indigencia la misma aumentó levemente en términos relativos siendo del 18.5% y 19.2% para los mismos años (Batthyány, Cabrera, Macadar, 2004 y CEPAL, 2010). Desde el punto de vista político, los gobernantes son elegidos en casi todos los países por métodos electorales y se respeta la democracia representativa (lo cual no es un dato menor); en muchos de ellos gobiernan fuerzas políticas que se opusieron a las reformas neoliberales de los noventa, en lo que se denominó a comienzos del siglo XXI el giro a la izquierda de la región, y también existe un fuerte eje de gobernantes de derecha, con lo cual es posible constatar que la democracia electoral se ha ido consolidando con independencia de signos ideológicos.

Esta situación parece, pues, alimentar el optimismo sobre el futuro del continente latinoamericano. Sin embargo, la realidad muestra zonas de riesgo, matices grises y tonos alarmantes en muchos planos. ¿Estamos ante un cambio de época hacia una transición post Consenso de Washington? ¿Asistimos al regreso del desarrollismo de los años sesenta? ¿Cuáles son los clivajes y dilemas que definen la denominada cuestión social? ¿Hasta dónde es posible hablar de un giro a la izquierda en las políticas de algunos gobiernos de la región? ¿Cuál es el presente y proyección futura de los movimientos sociales latinoamericanos? ¿Podrá la incipiente democracia, que se va afianzando en sus aspectos electorales, consolidar el funcionamiento de un Estado de derecho que asegure con eficiencia y eficacia la vida y la propiedad de los ciudadanos? ¿Las instituciones democráticas desarrollarán mecanismos y procedimientos de *accountability* horizontal que permitan controles interinstitucionales y rendiciones de cuentas adecuadas y transparentes? ¿Podrán las democracias formular e implementar políticas públicas cuyos resultados sean satisfactorios para los ciudadanos?

Estos y otros interrogantes plantearon un desafío a las diferentes disciplinas sociales, de la sociología a la filosofía y la ciencia política, y llevó a los coordinadores de la obra a convocar a una serie de autores relevantes en el campo de estudio de las cuestiones sociales y políticas de la región para intentar dar cuenta de ellas. El resultado es este libro, que se integra con dos partes: en la primera, se abordan los temas sociales y políticos contemporáneos más relevantes del inicio de la segunda década del siglo XXI; y en la segunda, se profundiza específicamente la cuestión de la calidad de la democracia en el continente. Algunos de los trabajos reunidos en este libro han sido publicados simultáneamente en la *Revista Paraguaya de Sociología*, correspondiente al segundo semestre 2011, edición coordinada por Carlos Moreira y Dante Avaro.

De esta manera, los capítulos que componen la presente obra constituyen, bajo una pluralidad de miradas teóricas y metodológicas, una puesta al día del pensamiento y la investigación social sobre la región que permitirán al lector un renovado balance sobre el presente y el futuro de América Latina.

Cabe agregar el agradecimiento a los autores por su predisposición y entusiasmo para participar en el presente proyecto, así como a las autoridades de las instituciones que brindaron su apoyo a la presente edición, especialmente al Dr. Martín Arturo Ramírez Urquidy y la Dra. Ana Bárbara Mungaray Moctezuma de la Facultad de Economía y Relaciones Internacionales de la Universidad Autónoma de Baja California (UABC, Campus Tijuana, México) y al Dr. Domingo Rivarola del Centro Paraguayo de Estudios Sociológicos (CPES, Asunción, Paraguay).

CM y DA
Tijuana (BC, México) y Villa María (Córdoba, Argentina), Octubre de 2011

Bibliografía

CEPAL (2010 y 2011): *Estudio económico de América Latina y el Caribe*, Santiago de Chile, [CEPAL. (Oficina en Colombia), disponible en www.eclac.org, consulta realizada el 30-07-2011]

BATTHYÁNY, Karina; CABRERA, Mariana y MACADAR, Daniel (2004): *La pobreza y la desigualdad en América Latina*, Montevideo, Instituto del Tercer Mundo.

Parte I: La sociedad y la política en América Latina contemporánea

Movimientos sociales, gobiernos y nuevos escenarios de conflicto en América Latina[1][2]

Maristella Svampa[3]

En el presente artículo nos proponemos indagar algunas de las tendencias que marcan el actual paisaje sociopolítico latinoamericano, sobre todo en lo que compete a la relación entre movimientos sociales, matrices político-ideológicas y gobiernos. Para ello, en primer lugar, presentaremos un examen del cambio de época que caracteriza a la región, en un análisis que apunta a subrayar el carácter ambivalente de la actual transición latinoamericana. En segundo lugar, proponemos una aproximación analítica a las diferentes tradiciones o matrices político-ideológicas que atraviesan el espacio militante contestatario. Por último, haremos un recorrido por algunos de los datos más relevantes que presenta la región, a través del análisis de cuatro tendencias: en primer lugar, el avance de las luchas indígenas; en segundo lugar, la consolidación de nuevas figuras de la militancia; en tercer lugar, la actualización de

[1]   Publicado inicialmente en la revista *Problèmes d'Amérique Latine* (2009) y en *OneWorld Perspectives, Workings Papers 01/2010,* Universitat Kassel, www.social-globalization.uni-kassel.de/owp.php, bajo el título de "Movimientos sociales, matrices socio-políticas y nuevos escenarios en América Latina". El mismo ha sido revisado y actualizado para su publicación en este libro.

[2]   Este capítulo se publica de manera simultánea en el número 139 de la *Revista Paraguaya de Sociología* editada por el Centro Paraguayo de Estudios Sociológicos [nota de los editores].

[3]   Investigadora independiente del Conicet (Consejo Nacional de Investigaciones Científicas y Técnicas) y profesora en la Universidad Nacional de La Plata, Argentina. Coordinadora del Programa de Estudios Críticos del Desarrollo, proyecto financiado por el FONCYT.

lo nacional-popular; por último, el retorno de una fuerte narrativa desarrollista, en clave extractivista, asociada tanto a gobiernos progresistas y de izquierda como aquellos de carácter más conservador y neoliberal.

El cambio de época

Desde hace una década, América Latina viene experimentando un cambio de época. Diversos procesos sociales y políticos han ido configurando nuevos escenarios: la crisis y cuestionamiento del consenso neoliberal, la relegitimación de los discursos críticos, la potenciación de diferentes movimientos sociales; en fin, la emergencia de gobiernos autodenominados progresistas y de centroizquierda, que valorizan la construcción de un espacio latinoamericano y el retorno del rol del Estado, son algunas de las notas distintivas de una etapa de transición que parece contraponerse a todas luces con el período anterior, la década de los noventa, marcados por la sumisión de la política al Consenso de Washington, en nombre de una globalización unívoca e irresistible.

En principio, este cambio de época habilita el retorno de ciertos términos que habían sido expulsados del lenguaje político y de las academias, tales como "anti-imperialismo", "descolonización", o "emancipación", así como de nuevos vocablos tales como "Estado plurinacional" y "buen vivir". Asimismo, este cambio de época ha permitido abrir un espacio desde el cual releer la relación entre modelos académicos y compromiso político, algo que también parecía definitivamente clausurado en pos de la hiperprofesionalización del saber académico, del repliegue del intelectual-intérprete o de la apología del modelo del experto. Nuevos desafíos aguardan, en especial, a las jóvenes generaciones de investigadores que hoy comienzan a cuestionar los modelos académicos dominantes, y advierten la posibilidad de una articulación diferente entre saber académico y compromiso con las nuevas realidades emergentes, en especial, con los movimientos sociales. Por último, este cambio de época estimula la posibilidad de pensar creativamente las articulaciones entre Estado y sociedad, entre democracia representativa y democracia directa y participativa, entre lo institucional y lo no-institucional, entre el espacio público estatal y el espacio público no-estatal, entre otros.

No constituye un dato menor recordar que la apertura del nuevo ciclo de luchas contra la globalización neoliberal y asimétrica no provino de las fuerzas encuadradas en la política institucional. Este se abrió en 1994 con la irrupción del zapatismo, en Chiapas. El zapatismo, como es reconocido, fue el primer movimiento contra la globalización neoliberal, interpeló fuertemente a las izquierdas entonces existentes e influyó en los grupos y colectivos *alter globalización* que se estaban gestando tanto en Europa como en Estados Unidos. Sin embargo, en rigor, en América Latina, el nuevo ciclo de acción colectiva, que señala una progresiva acumulación de las luchas contra las reformas neoliberales, arranca en el año 2000, con la Guerra del Agua, en Cochabamba, y tuvo sus momentos de inflexión tanto en Argentina, en diciembre de 2001, Ecuador, en 2005, nuevamente Bolivia en 2003 y 2006, entre otros hitos. Fueron entonces las organizaciones y movimientos sociales los grandes protagonistas de este nuevo ciclo, los que a través de sus luchas y reivindicaciones, aun de la práctica insurreccional, lograron abrir la agenda pública y colocar en ella nuevas problemáticas, contribuyendo con ello a legitimar otras formas de pensar la política y las relaciones sociales: la crisis de representación de los sistemas vigentes, el reclamo frente a la conculcación de los derechos más elementales, la defensa de los recursos naturales, prontamente tematizados como bienes comunes, las autonomías indígenas.

Así, en las últimas décadas, los movimientos sociales en América Latina se han multiplicado y han extendido su capacidad de representación, ampliando su plataforma discursiva y representativa en relación con la sociedad: movimientos indígenas y campesinos, movimientos urbanos territoriales, movimientos socio-ambientales, movimientos y colectivos *glttb*; en fin, colectivos culturales que dan cuenta de la presencia de un conjunto de reivindicaciones diferentes, con sus respectivos clivajes identitarios, configurando un campo multiorganizacional extremadamente complejo en sus posibilidades de articulación. Heterogéneos en sus demandas, al igual que en otras latitudes, los movimientos sociales nos trasmiten una tendencia a la reafirmación de la diferencia y el llamado al reconocimiento. Sin embargo, no es menos cierto que en América Latina, en los últimos tiempos, una de las problemáticas centrales y potencialmente unificadora es aquella de la tierra y del territorio.

Asimismo, es importante destacar la configuración de un "nuevo internacionalismo"[4] que ha venido asomando en la arena mundial, de la mano de los movimientos sociales. En América Latina, esto conllevó la creación de nuevos espacios de coordinación, signados particularmente por la evolución de los llamados acuerdos sobre liberalización comercial y especialmente frente a la iniciativa norteamericana de subsumir a los países de la región bajo un Área de Libre Comercio de las Américas (ALCA). De manera más reciente, las resistencias locales y regionales contra el IIRSA (Iniciativa para la Integración de la Infraestructura

---

[4]   La expresión proviene del título del libro de D. Bensaid (*Le nouvel internationalisme*, 2003) y fue retomada por J. Seoane, E. Taddei y C. Algranati, en "Movimientos sociales y neoliberalismo en América Latina" en *Enciclopédia Contemporânea da América Latina*, Compiladores Emir Sader, Ivana Jinkings, Carlos Eduardo Martins y Rodrigo Nobile, Brasil, Boitempo, 2006.

Regional Suramericana) y el Plan Puebla-Panamá, contra los avances de lo que genéricamente se ha denominado extractivismo,[5] ha venido desembocando en la constitución de espacios de coordinación a nivel regional, centrados en la defensa de la tierra y el territorio.

En términos geopolíticos, la opción "extractivista" que hoy busca implantarse en la región latinoamericana, desde México a la Argentina, responde a una nueva división territorial y global del trabajo, basado en la apropiación irresponsable de los recursos naturales no renovables, lo cual ha dado lugar a nuevas asimetrías económicas, políticas y ambientales entre el norte y el sur. Esta desigual división del trabajo, que repercute en la distribución de los conflictos territoriales y ambientales, perjudica sobre todo a aquellos sectores sociales, que presentan una mayor vulnerabilidad. Un ejemplo de ello es la situación de los pueblos indígenas y campesinos, que pujan por la defensa de sus derechos culturales y territoriales, reconocidos formalmente por gran parte de las constituciones latinoamericanas, ante el avance de la frontera forestal, la megaminería transnacional, las grandes represas, la privatización de las tierras o el *boom* de la soja transgénica. En términos de D. Harvey

---

[5] Por extractivismo entendemos aquel patrón de acumulación basado en la sobre-explotación de recursos naturales, en gran parte, no renovables, así como en la expansión de las fronteras hacia territorios antes considerados como "improductivos". Por ende, no contempla solamente actividades típicamente extractivas (minería y petróleo), sino también otras actividades (como los agronegocios o los biocombustibles), que abonan una lógica extractivista a través de la tendencia a la consolidación de un modelo monoproductor. Asimismo, comprende también aquellos proyectos de infraestructura previstos por el IIRSA, en materia de transporte (hidrovías, puertos, corredores bioceánicos, entre otros), energía (grandes represas hidroeléctricas) y comunicaciones, programa consensuado por varios gobiernos latinoamericanos en el año 2000, cuyo objetivo central es el de facilitar la extracción y exportación de dichos productos hacia sus puertos de destino. Véase Gudynas (2009) y Svampa (2011)

(2004), la actual etapa de expansión del capital puede ser caracterizada como de "acumulación por desposesión",[6] proceso que ha producido nuevos giros y desplazamientos, colocando en el centro de disputa la cuestión del territorio y el medio ambiente.

No es casualidad, entonces, que en este escenario donde se observa una tendencia a la reprimarización de la economía, caracterizado por la presencia desmesurada de grandes empresas transnacionales, se hayan potenciado las luchas ancestrales por la tierra, de la mano de los movimientos indígenas y campesinos, al tiempo que han surgido nuevas formas de movilización y participación ciudadana, centradas en la defensa de los bienes comunes, la biodiversidad y el medio ambiente; todo lo cual va diseñando una nueva cartografía de las resistencias, al tiempo que coloca en el centro de la agenda política la disputa por lo que se entiende como "modelos de desarrollo".

Tengamos en cuenta que desde fines de los ochenta, *el territorio* se fue erigiendo en el lugar privilegiado de disputa, a partir de la implementación de las nuevas políticas sociales, de carácter focalizado, diseñadas desde el poder con vistas al control y la contención de la pobreza. Esta dimensión material y simbólica, muchas veces comprendida como *auto organización comunitaria*, aparece como uno de los rasgos constitutivos de los movimientos sociales en América Latina, tanto de los movimientos campesinos, muchos de ellos de corte étnico, como de los movimientos urbanos, que asocian su lucha a la defensa de la tierra y/o a la satisfacción de las necesidades básicas.

---

[6]   Para Harvey (2004), el actual modelo de acumulación implica cada vez más la mercantilización y la depredación, entre otras cosas, de los bienes ambientales. La acumulación por desposesión o despojo (lo que Marx denominaba la "acumulación originaria") ha desplazado en centralidad la dinámica ligada a la "reproducción ampliada del capital".

Sin embargo, de manera más reciente, a partir de las nuevas modalidades que ha adoptado la lógica de acumulación del capital, asistimos a una nueva inflexión a partir de la cual el territorio, en un sentido más amplio, esto es, concebido doblemente como *hábitat* y comunidad de vida, aparece en el centro de los reclamos de las movilizaciones y movimientos campesinos, indígenas y socioambientales. Las acciones de dichos movimientos, orientadas tanto contra el Estado como contra sectores privados (grandes empresas transnacionales), generalmente se inician con reclamos puntuales, aunque en la misma dinámica de lucha tienden a ampliar y radicalizar su plataforma representativa y discursiva, incorporando otros temas, tales como el cuestionamiento a un modelo de desarrollo monocultural y destructivo, y la exigencia de la desmercantilización de los llamados "bienes comunes". En dicho proceso, la construcción de la *territorialidad* se va cargando de nuevas (re)significaciones y diferentes valoraciones, en contraste con las concepciones generalmente excluyentes, de corte desarrollista o *ecoeficientista,* que motorizan tanto los gobiernos como las empresas transnacionales.[7]

En suma, lejos de la pura linealidad, este cambio de época que señala la desnaturalización de la asociación entre globalización y neoliberalismo establecida durante los noventa, instala a los países latinoamericanos en un espacio de geometría variable donde se entrecruzan diferentes tendencias, que van señalando la emergencia de

---

[7] En la medida en que la construcción de la territorialidad aparece como una dimensión constitutiva de los diferentes movimientos sociales latinoamericanos, estos pueden denominarse *movimientos socio-territorí*ales. Esta caracterización de los actuales movimientos sociales latinoamericanos como movimientos socio-territoriales coincide con la visión de otros colegas del espacio crítico latinoamericano como, por ejemplo, C. Porto Goncalvez y Bernardo Mancano, en Brasil.

nuevas tensiones y contradicciones, independientemente del carácter o signo político-ideológico de los gobiernos.

Matrices políticos-ideológicas: una aproximación a las tipologías y modelos de militancia

Si partimos del hecho de que los movimientos sociales son heterogéneos en sus demandas y, al mismo tiempo, poseen una potencialidad antagónica, una de las preguntas y debates centrales se vincula con la posibilidad de articulación de las luchas, lo cual no depende solamente de la potencialidad unificadora de ciertos temas y marcos de acción, sino también de los vínculos que se entretejen entre las diversas tradiciones político-ideológicas presentes en el campo militante contestatario. Es por ello que en el presente apartado proponemos llevar a cabo una presentación que pone el acento en las diferentes matrices socio-políticas, encaminado a reflexionar acerca de los rasgos tendenciales centrales que advertimos en el actual escenario.

Desde nuestra perspectiva, el campo contestatario se despliega en cuatro matrices político-ideológicas diferentes: la indígena comunitaria, la nacional-popular, la izquierda clasista tradicional, y de manera más reciente, la "nueva" narrativa autonomista. Por matrices político-ideológicas entendemos aquellas líneas directrices que organizan el modo de pensar la política y el poder, así como la concepción acerca del cambio social. Si bien cada matriz político-ideológica posee una configuración determinada, los diferentes contextos nacionales así como las tensiones internas las van dotando, para cada caso, de un dinamismo y una historicidad particular. En otras palabras, las matrices político-ideológicas no se encuentran en estado puro, pues las diferentes dinámicas políticas han dado paso a diversos entrecruzamientos y conjunciones (entre indianismo y marxismo, entre indianismo y matriz nacional-popular, entre indianismo y narrativa autonómica, entre marxismo y autonomismo, por dar algunos ejemplos), como también a un proceso de conflicto y colisión, que puede llevar a acentuar las diferencias en términos de concepciones, modos de pensar y hacer la política. Esta propuesta, de orden analítico, tiene por objeto dar cuenta de aquellos elementos más dinámicos y organizadores presentes en las diferentes configuraciones político-ideológicas que hoy recorren el escenario político latinoamericano.

De modo esquemático y provisorio, procederemos a definir los elementos centrales que configuran cada matriz. Así, podemos afirmar que la matriz indígena se inserta en el marco de la "memoria larga" de los pueblos indígenas, coloca en el centro la idea de resistencia, derechos colectivos y poder comunal; y su dinámica política se inscribe permanentemente en la tensión entre un proyecto de recreación de las autonomías indígenas y el proyecto identitario de refundación o vuelta a las comunidades pre-hispánicas. Por su parte, la matriz nacional-popular se asocia a la "memoria mediana" (las experiencias populistas entre los años 1930 y 1950), y tiende a sostenerse sobre el triple eje de la afirmación de la nación, el Estado redistributivo y conciliador, el liderazgo carismático y las masas organizadas –el pueblo–. Su dinámica suele instalarse en la tensión entre un proyecto nacionalista revolucionario, conducido por los sectores subalternos (la figura del pueblo) junto a un líder o una dirigencia política, y el proyecto de la participación controlada, bajo la clara dirección del líder y el tutelaje estatal.

De igual modo, la matriz propia de la izquierda clasista se instala en el marco de la memoria mediana, y se nutre de las diferentes variantes del marxismo partidario, entre las cuales se destaca la superioridad de la forma partido y una determinada concepción del poder (y, por ende, del cambio social) ligada a la idea de antagonismo de clases y la construcción del socialismo. Su dinámica suele instalarse en la tensión/articulación entre la vía revolucionaria (la lógica de la toma del poder) y la vía reformista institucional (la lógica electoral).

Respecto de la nueva narrativa autonomista, más bien instalada en el marco de la "memoria corta", los elementos centrales que configuran su matriz son la afirmación de la autonomía, la horizontalidad y la democracia por consenso. En este caso particular, hablamos de una "narrativa" autonomista porque esta se construye como un relato identitario[8] de producción del sujeto, en el cual cuenta la experiencia personal de los actores (antes que una inscripción en la comunidad, el pueblo o la clase social). Por otro lado, históricamente es una narrativa que se nutre del fracaso general de las izquierdas tradicionales (por ello cobra relevancia la definición por oposición respecto de otras tradiciones de izquierda, principalmente la izquierda clasista), así como de los procesos de desinstitucionalización de las sociedades contemporáneas.

Esta nueva narrativa ha ido configurando un *ethos* común que afirma como imperativo la desburocratización y la democratización de las organizaciones, y se alimenta, por ende, de una gran desconfianza respecto de las estructuras partidarias y sindicales, así como de toda instancia articulatoria superior. En términos generales, la autonomía aparece no solo como un eje organizativo, sino también como un planteo estratégico, que remite a la "autodeterminación" (en el sentido de Castoriadis, "dotarse de su propia ley"). Por ello, su dinámica tiende a desplegarse en

---

[8]   La categoría de narrativa ha sido definida por Koselleck (1993), como la dimensión específicamente temporal mediante la cual los actores asignan sentidos a la vida, individual y colectiva, eslabonando el tiempo como hilo articulador de la narración.

la tensión inscripta entre la afirmación de un *ethos* colectivo libertario (la autonomía como horizonte utópico) y el repliegue diferencialista-identitario (la autonomía como valor de refugio).

Este *ethos* común ha dado lugar a nuevos modelos de militancia, entre los cuales se destacan, en primer lugar, la figura "local" del *militante territorial,* verdadera columna vertebral de los grandes movimientos sociales de América Latina, vinculados a la acentuación del proceso de empobrecimiento y territorialización de los sectores populares. Este proceso fue colocando en el centro de la nueva política local la figura del mediador, a través del "militante social" o "territorial", heredero de los movimientos sociales urbanos de otras épocas. En segundo lugar, se destaca la figura del militante o *activista cultural,* difundida tanto en los países del centro como en la periferia, cuya modalidad de construcción organizativa son los grupos de afinidad, a través de colectivos, que suelen adoptar una dimensión a la vez política y cultural. En este sentido, en tanto "movimientos de experiencia" (Mc Donald, 2003), donde la acción directa y lo público aparecen como un lugar de construcción de la identidad, no resulta extraño que gran parte de estos grupos se agoten en la dimensión cultural-expresiva y no alcancen una dimensión política. Sin embargo, en otros casos, sobre todo allí donde la acción de los movimientos sociales es relevante en términos políticos, los colectivos culturales deliberadamente buscan una mayor articulación con aquellos, constituyéndose en creadores de nuevos sentidos políticos y culturales, o bien, asumiendo el rol de reproductores de los acontecimientos en un contexto de intensificación de las luchas sociales. Esta forma de militancia expresa así una vocación nómade por el cruce social y la multipertenencia, en el marco del desarrollo de relaciones de afinidad y redes de solidaridad con otras organizaciones. Su expansión, tanto en el ámbito de la comunicación alternativa, la intervención artística y la educación popular, constituye una de las características más emblemáticas de las nuevas movilizaciones sociales. En este sentido y contrariamente a lo que se piensa, el activista cultural está lejos de ser un actor de reparto, erigiéndose más bien en uno de los protagonistas centrales de las luchas antineoliberales actuales. En fin, en un ámbito donde la volatilidad y la tendencia al repliegue son la regla, el nuevo activismo cultural ya cuenta en América Latina con una rica e interesante historia.

En lo que sigue, procederemos a preguntarnos cuáles son los datos más novedosos que marcan el actual paisaje latinoamericano y en qué medida estas tendencias ponen de manifiesto el modo en cómo dichas matrices convergen, se entrelazan o articulan, cooperan o colisionan en el marco de diferentes dinámicas políticas nacionales. Nuestro análisis se detendrá principalmente en Argentina, Bolivia y México, aunque en ciertos casos haremos referencia a otros países, tales como Perú y Ecuador.

El avance de las luchas indígenas y los proyectos en curso

Como afirma H. Díaz Polanco (2008), quien dice autonomía para aludir a los procesos de lucha indígena está aludiendo tanto al reconocimiento de los derechos colectivos (culturales y territoriales), así como a la autodeterminación, concepto cuyo contenido es decididamente político. De esta manera, en primer lugar, uno de los datos mayores del actual escenario latinoamericano es el avance de las luchas y conquistas de las autonomías indígenas, lo cual incluye escenarios políticamente tan contrastantes como Bolivia, México y Perú. En este sentido, el nuevo despertar político de los pueblos indígenas se instala tanto en el terreno de la memoria larga, como en el de la memoria corta de las luchas: en efecto, la relegitimación de la matriz comunitaria ha tenido como telón de fondo el avance de la globalización neoliberal, expresado en la actualidad a través de la expansión de las fronteras del capital hacia los territorios antes considerados como improductivos. Dichos antagonismos han ido configurando respuestas diferentes, que por encima de las tensiones existentes, colocan en el centro la temática de la autonomía y los derechos colectivos de los pueblos indígenas, y en algunos casos, la refundación de la nación a través de la creación de Estados plurinacionales y el reconocimiento de una "legalidad originaria",[9] por la vía de asambleas constituyentes y reformas constitucionales. Uno de los temas fundamentales es el reconocimiento del derecho de consulta previa a los pueblos originarios, tal como lo postula el convenio 169 de la Organización Internacional del Trabajo, OIT (1989), recogida por casi todas las constituciones latinoamericanas y la Declaración de las Naciones Unidas (2007). Dicho tema deviene central en la medida en que las nuevas modalidades de dominación colisionan de lleno con los modos de vida de las poblaciones originarias y campesinas, y amenazan en su conjunto la preservación de los recursos básicos para la vida (tierra y territorio).

En primer lugar, un escenario en el cual la defensa de la autonomía indígena se ha manifestado a través de la formulación de un proyecto político integral es el caso de Bolivia. Su expresión más acabada fue, sin duda, El *Pacto de Unidad*, que integraron diversas organizaciones indígenas y campesinas vinculadas al Movimiento Al Socialismo (MAS), un documento preparado especialmente para la Asamblea Constituyente que proponía la creación de un Estado comunitario y plurinacional. Elaborado y publicado

---

[9]   Retomamos la expresión de Fuentes Morúa, 2006.

en septiembre de 2006, es una prueba elocuente de la apuesta realizada por importantes organizaciones sociales, de carácter indígena y rural, respecto de los objetivos refundacionales que originariamente planteaban la Asamblea Constituyente. [10]

Sin embargo, en Bolivia el desafío por crear un Estado plurinacional y afirmar el proceso de creación de las autonomías indígenas-campesinas se entrecruzó con varias dificultades, que recorrieron el primer mandato de Evo Morales (2006-2010). Por un lado, la exigencia de parte del nuevo gobierno de (re)construir el Estado nacional a través de una estrategia de nacionalización y el desarrollo de fuertes mecanismos de regulación, cuyo objetivo fue el de lograr el control de la economía, el territorio y los recursos naturales. Por otro lado, la propia demanda de autonomía indígena se insertó en una dinámica de polarización social y regional, y encontró su contracara en las demandas autonómicas y separatistas del Oriente, ese "otro país", el de la media luna boliviana, que incluía Santa Cruz, Tarija, Beni y Pando. Esta reapropiación que hicieron las élites regionales de la demanda de autonomía, desembocaron en un proceso de tensión y de negociación que fueron marcando los avatares de la Asamblea Constituyente, así como la realización de varios referéndum (entre ellos, el de la aprobación de los estatutos autonómicos de Santa Cruz; no reconocidos por el Estado Nacional, y el referéndum revocatorio, que reafirmó el liderazgo presidencial).

---

[10]   Las organizaciones eran las siguientes: Confederación Sindical Única de Trabajadores Campesinos de Bolivia (CSUTCB), Confederación de Pueblos Indígenas de Bolivia (CIDOB), Confederación Sindical de Colonizadores de Bolivia (CSCB), Federación Nacional de Mujeres Campesinas de Bolivia, "Bartolina Sisa" (FNMCB-BS), Consejo Nacional de Ayllus y Markas del Qullasuyu (CONAMAQ), Coordinadora de Pueblos Étnicos de Santa Cruz (CPESC), Movimiento Sin Tierra de Bolivia (MST), Asamblea del Pueblo Guaraní (APG), Confederación de Pueblos Étnicos Moxeños de Beni (CPEMB).

En un contexto de "empate catastrófico" (como dijo el vicepresidente Álvaro García Linera), la nueva Constitución Política obtuvo una primera sanción en Oruro, en diciembre de 2007, la cual recogió gran parte de lo expresado en el Pacto de Unidad, aunque varias definiciones quedaron en la nebulosa, como la elección de una Asamblea Legislativa Plurinacional, que tendría a su cargo la discusión sobre las autonomías y la cuestión de cómo se saldarían los conflictos entre la justicia comunitaria y la justicia ordinaria. Sin embargo, las "correcciones" aportadas en octubre de 2008, en el marco de una negociación parlamentaria con la oposición, introdujeron varias modificaciones (un centenar) que afectaron el alcance de la reforma agraria, de la justicia comunitaria y del llamado control social, entre otros. Lo que resulta claro es que, en octubre de 2008, la crisis boliviana (y la salida pactada) se resolvió en favor del fortalecimiento del Estado nacional, antes que del Estado plurinacional. Pese a las concesiones, según P. Stefanoni, "La nueva Carta Magna tiene todo lo que Evo Morales necesita para construir su proyecto de poder: reelección, mayores espacios para la intervención del Estado en la economía y ciertos insumos para una descolonización entendida como igualdad" (*Le Monde Diplomatique*, Bolivia, noviembre de 2008).

En realidad, aun reconociendo tanto la fuerza como las debilidades del proyecto autonómico de las organizaciones indígenas y rurales, necesario es decir que este estaba lejos de presentarse en estado puro. Antes bien, aunque diferenciada, la matriz comunitarista parecía articulada y combinada con la matriz nacional popular, de la cual Evo Morales aparece como su más clara encarnación. Además, existe la tensión, corrientemente subestimada e incluso invisibilizada, con las identidades campesinistas construidas bajo el nacionalismo revolucionario de los años cuarenta y cincuenta.[11] El hecho de que en la nueva Constitución se hable de la "cosmovisión" *campesina-indígena*, buscaba resolver esta tensión entre una identidad clasista y otra que se postula –al menos en su forma indigenista– como visión del mundo alternativa y descolonizadora respecto del "modelo de civilización occidental", que responde al legado colonial. Los sindicatos cocaleros de donde surge la figura política de Evo Morales son en gran medida herederos de estas tradiciones, junto con ciertas inercias y reinvenciones de lógicas protocomunitarias que perviven bajo la *forma del sindicato rural*.

Luego de la derrota de las oligarquías regionales en 2008, que supuso el final de la situación de "empate catastrófico", el panorama cambió ostensiblemente. En este sentido, el segundo mandato de Evo Morales, iniciado en 2010, ha venido reflejando la consolidación de una nueva estatalidad, bajo la creciente hegemonía del MAS, en detrimento de la consolidación del Estado plurinacional. Esto ha venido expresándose a través de la sanción de varias leyes estratégicas que tienden a limitar la autonomía territorial de los territorios indígenas.[12]

Por su parte, en un escenario políticamente muy diferente como el de México, la demanda de autonomía expresó desde el comienzo el núcleo central del proyecto zapatista,

---

[11]   M. José Gordillo, 2000.

[12]   En esta línea se inscriben: la Ley Marco de Autonomía (que deniega la autonomía a aquellos territorios indígenas que se encuentran entre dos o más departamentos, ya que ello obligaría a redefinir los límites entre estos últimos; asimismo establece que el estatuto de las autonomías indígenas sea aprobado vía referéndum y no por usos y costumbres, como pedía CIDOB); la Ley de Régimen Electoral (que limita la representación de los pueblos originarios a 7, en lugar de los 18 escaños que exigían conjuntamente CIDOB y CONAMAQ); por último, la Ley de la Pachamama, que incluye el derecho de consulta, con carácter vinculante, y que hasta ahora solo ha tenido un tratamiento parcial por parte del Parlamento.

ilustrado primero por los municipios autónomos y luego por la creación de Juntas del Buen Gobierno, a partir de 2003, en una dinámica que suele ser leída también como el proceso de fundación de instituciones propias. Estas instituciones, que se encuentran por fuera de la estatalidad, son una expresión de la consolidación del avance de las comunidades autónomas y autogestionadas en lo político y económico, encargadas de proveer educación, salud, vivienda y alimentación, entre otros. Cuán desarrolladas están estas comunidades, cuán autónomas son (en lo económico, educativo y social, por ejemplo), cuántos avances han realizado en términos de pasaje de una "comunidad de resistencia" a una "comunidad proyecto", es algo difícil de dirimir. Especialistas como G. López y Rivas (2004) en la cuestión de las autonomías indígenas sostienen que los zapatistas han profundizado "las formas de una democracia basada en organizaciones abiertas, horizontales e incluyentes: gobernar como servicio, mandar obedeciendo, revocación del mandato, autogestión y autorganización del poder social, representar y no suplantar, proponer y no imponer, convencer y no vencer, construir y no destruir". Otros ensayos que exploran el tema reconocen la dificultad que hoy atraviesa el Ejército Zapatista de Liberación Nacional (EZLN), debido al endurecimiento del escenario represivo en México y la instalación desde la llegada de Calderón de un cerco militar que ha golpeado a las bases zapatistas (Modonesi:2008). Asimismo, aun los más críticos destacan que la mayor participación de los jóvenes y de las mujeres en la educación de los niños y el cuidado de los ancianos implica avances tanto en el campo de las relaciones de género como en las relaciones intergeneracionales, pero niegan que "las regiones zapatistas sean realmente autónomas" y que exista un proyecto político de construcción de la autonomía. Esta sería más bien de carácter "empírico" (Almeyra, 2008). Por último, no son pocos los que subrayan el fracaso de *La Otra Campaña*, lanzada por el zapatismo en 2005 y encabezada por Marcos, con la idea de unir la lucha indígena con otros sectores, y que instaló al zapatismo en un campo multiorganizacional complejo, de abierta confrontación con la "democracia dirigista" (ilustrada por un liderazgo nacional-popular como el de López Obrador), y con la izquierda clasista más tradicional.

Sin embargo, por fuera del zapatismo la construcción de una *autonomía de hecho* no es un tema menor, muy especialmente si hacemos referencia a otras experiencias mexicanas. Recordemos que la autonomía remite tanto a la autodeterminación como al reconocimiento de los derechos colectivos, a la vez culturales y territoriales. En realidad, sucedió que el zapatismo, principalmente a través de los acuerdos de San Andrés (1995-1996), abrió una gran oportunidad política para la discusión de las autonomías y el reconocimiento de los derechos culturales, en la cual participaron numerosas organizaciones indígenas e intelectuales especialistas en el tema. La disputa por el sentido de la autonomía indígena, entendida como "el núcleo socio-político del proyecto indígena" (G. López Rivas, 2004), se insertó, pues, en un campo pluriorganizacional, en el cual confluían organizaciones y pueblos indígenas. Los acuerdos de San Andrés reconocían el derecho de los pueblos a su autonomía en el marco del Estado mexicano; sin embargo, los mismos fueron incumplidos al distorsionarse la iniciativa de reforma constitucional impulsada por la COCOPA, Comisión de Concordia y Pacificación, votada posteriormente por el Parlamento, con la complicidad de los partidos mayoritarios.

En 2001, volvió a abrirse la oportunidad de retomar los acuerdos de San Andrés, ya no bajo el gobierno del Partido Revolucionario Institucional, PRI, sino del Partido Acción Nacional, PAN, a través de la propuesta de reforma de la constitución, aunque nuevamente esta posibilidad se vería frustrada. No obstante, lo notorio ha sido, como afirma López Barcenas (2006), que "los pueblos indígenas fueron más allá". En primer lugar, interpusieron 330 controversias constitucionales demandando la nulidad del proceso legislativo, lo cual fue rechazado por la Corte Suprema de Justicia. En segundo lugar, dado el fracaso de la vía institucional, estos llamaron "a construir las autonomías de hecho". Así, en la medida en que el Estado cerró la puerta al reconocimiento de las autonomías indígenas, la respuesta, lejos de ser la resignación o la violencia, fue la de buscar concretar aquello que el gobierno les negaba. "En esa situación, más que ponerse a discutir sobre el problema, las comunidades indígenas avanzaron y en el camino resolvieron alguno de los problemas que aparentemente no tenían solución, con lo cual nos aportaron una experiencia cuyos impactos todavía no es posible evaluar en su totalidad" (Ibídem, pp.106-107). Así, en varios Estados (entre ellos en Guerrero y Oaxaca), se inició un proceso de autonomización de los municipios. En un marco en el cual "los sujetos titulares de los derechos indígenas son los pueblos indígenas y no los movimientos o las comunidades", estos han emprendido la defensa de los derechos comunitarios y el establecimiento de relaciones con otras comunidades y pueblos, apoyándose en el Congreso Nacional Indígena como ámbito de discusión.

Es interesante observar que a diferencia de Bolivia, donde los sentidos de la autonomía entraron en un campo de disputa con la oposición a partir de la reapropiación que realizó la derecha de la llamada medialuna, en México, esta aparece como una prerrogativa absoluta de los pueblos indígenas en su resistencia a las políticas de expropiación neoliberal llevadas a cabo por el gobierno. Asimismo, contrariamente a lo sucedido en Bolivia, donde la fragilidad del Estado nacional es una cuestión de origen y trayectoria histórica (suele hablarse de un "Estado fallido"), en México el proceso de construcción del Estado nacional, conducido por el PRI a lo largo del siglo XX, ha sido considerado como "exitoso". Sin embargo, la apertura a la globalización asimétrica y los acuerdos comerciales celebrados con Estados Unidos, implicaron un trastrocamiento de las relaciones sociales y una reorientación de la estructura estatal *priista* (Gilly, 2000). Así, no es casual que uno de los aspectos más notorios que sobresale en el discurso de los diferentes actores es, como ya lo subrayaba el zapatismo, la crítica a la clase política "incapaz de reconstruir el Estado nacional". Es en ese marco específico, como afirma R. Gutiérrez (2006), que los reclamos de los pueblos indígenas se harán bajo la consigna de la dignidad y la autonomía.

En suma, en México el avance de las autonomías locales va revelando progresivamente un modelo de construcción del poder, en contraposición a la estatalidad y el "mal gobierno", representada por el PRI y el PAN. Así, Bárcenas destaca que "con la decisión de construir autonomía los pueblos indígenas buscan *dispersar el poder* para posibilitar el ejercicio directo de las comunidades indígenas"; una descentralización diferente a la propuesta por los expertos del Banco Mundial desde los años ochenta. Elección y rotación de autoridades según los usos y costumbres, gestión comunitaria de la educación, en algunos casos como en Guerrero, policía comunitaria, son aspectos que cubren el proceso de construcción cotidiana de la autonomía. Luchas locales que progresivamente enfrentan problemas nacionales en el marco de la globalización: la lucha por la tierra y el territorio (soberanía alimentaria, lucha contra la privatización de la energía eléctrica, el petróleo y los recursos naturales). De esta manera, la autonomía es un proceso en construcción, cuyo alcance todavía no puede ser evaluado en su impacto y magnitud, aun si varios autores señalan que esta designa un proceso de lucha que parece no tener retorno.

Otro de los ejemplos de reemergencia de la matriz comunitaria, en el marco de un gobierno neoliberal y fuertemente represivo, es el caso de Perú. Ya en 1999 surgió la Coordinadora Nacional de las Comunidades del Perú Afectados por la Minería (CONACAMI), que articula comunidades y organizaciones de nueve regiones del país. Aunque el proceso de instalación ha sido difícil –debido tanto a la judicialización y represión de las luchas–, la CONACAMI ha logrado colocar en la discusión pública la problemática de las consecuencias de la megaminería transnacional. Más aun, ciertos autores consideran que la CONACAMI ha ido realizando el pasaje de un lenguaje "ambientalista" a la reafirmación de una identidad indígena y la defensa de los derechos culturales y territoriales (R. Hoetmer et. al., 2008), en muchos casos, con un lenguaje más cercano al de las organizaciones campesino-indígenas de Bolivia. Sin embargo, no fue la CONACAMI ni las luchas contra la megaminería a cielo abierto, localizadas en las zonas de la sierra, las que pusieron al desnudo el carácter excluyente del modelo de desarrollo, sino aquellas otras provenientes de la Amazonía peruana, lideradas por LA Asociación Interétnica de Desarrollo de la Selva Peruana (AIDESEP).

Recordemos que el 5 de junio de 2009, Día mundial del Ambiente, comunidades indígenas de la Amazonia peruana que llevaban a cabo una protesta desde hacía casi dos meses en contra de una batería de decretos legislativos que atentaban contra la Amazonia, fueron reprimidas por orden del gobierno de Alan García, en la provincia de Bagua, a unos mil kilómetros de Lima, en la frontera con Ecuador. La ola de protesta –a nivel nacional e internacional– que desencadenaron estos hechos, obligaron a García a dar marcha atrás a dos de los decretos legislativos cuestionados por las comunidades amazónicas. Así, después de la masacre de Bagua el gobierno peruano debió abrir la agenda nacional al reclamo del derecho de consulta por parte de las comunidades amazónicas. Un año después, en mayo de 2010, el Parlamento peruano votó una ley de consulta previa, en acuerdo con la legislación internacional, la cual fue vetada por el presidente quien realizó numerosas "observaciones". Los puntos cuestionados se referían tanto al carácter vinculante de la consulta, como a su extensión, puesto que el presidente se oponía a que la misma incluyera a los pueblos campesinos de los Andes.[13] De este modo, el veto presidencial confirmaba una vez más el avance del modelo de desposesión, avalado por la continua concesión de territorios indígenas para actividades extractivas (petróleo, minería, forestales) y megaproyectos de infraestructura (hidroeléctricas, carreteras). Sin embargo en mayo de 2011, poco después del triunfo electoral de Ollanta Humala, la ley de consulta previa a los pueblos indígenas fue finalmente sancionada.[14]

---

[13] En junio de 2010, en una carta de ocho páginas, A. García propuso cambiar el segundo párrafo del artículo 15 del proyecto que señalaba el carácter obligatorio de los acuerdos y el deber del Estado, en caso de que no se lograra un acuerdo, de adoptar las medidas necesarias para salvaguardar los derechos colectivos de los pueblos indígenas, al tiempo que cuestionaba la inclusión de las comunidades campesinas de la sierra y la costa.

[14] Como afirma Clavero (2011), "(...) el trabajo de la Comisión de Pueblos Andinos, Amazónicos y Afroperuanos, Ambiente y Ecología no ha sido en vano. En la ley definitiva se ha incluido la expresión de *consentimiento* como finalidad de la consulta y suprimido el término de *veto* como posibilidad denegada a la parte indígena. Queda claro que los acuerdos vinculan, siendo exigibles en su caso por vía judicial. Está también sentada inequívocamente, desde el propio título, el carácter *previo* de la consulta. Solo el Estado, y no las empresas, es quien debe efectuar la consulta. En fin, aunque así no se diga, estamos ante el principio de *consentimiento previo, libre e informado* que permitirá tener en cuenta la Declaración sobre los Derechos de los Pueblos Indígenas por vía de interpretación además del Convenio 169 de la OIT, este por vía de mandato legislativo explícito. Con un gobierno que actúe de buena fe según los términos de la propia ley, esta puede ser un buen instrumento".

Asimismo, cabe agregar que la discusión acerca del alcance del derecho de consulta no es exclusiva de Bolivia o el Perú. En Ecuador el convenio 169 de la OIT fue ratificado por la Constitución en 1998, pero en la práctica no se cumple y corre el riesgo de ser acotado y reformulado bajo otras figuras, como por ejemplo la consulta pre-legislativa, o bien a través del desconocimiento de los canales regulares de la consulta, que supone el reconocimiento de las instituciones representativas de los pueblos indígenas. Otro elemento destacable en el caso ecuatoriano es la actual criminalización de las luchas socioambientales, bajo la figura de "sabotaje y terrorismo" que alcanza a unas 180 personas, sobre todo ligadas a las resistencias contra la expansión de la megaminería.[15] Las declaraciones de Correa acerca del "ecologismo infantil" de las organizaciones no han coadyuvado al diálogo, en un escenario de confrontación abierta entre organizaciones indígenas y sociales y gobierno.

Por último, bueno es recordar que el avance de los pueblos indígenas en su lucha por la autonomía y el reconocimiento de los derechos colectivos, incluye otras experiencias, movimientos y organizaciones que tienen lugar actualmente en Colombia, Chile y Guatemala, entre otros países.

Las nuevas formas de militancia y la demanda de autonomía

En segundo lugar, aunque en otro registro diferente del anterior, la demanda de autonomía recorre también otras formas de resistencia. Ya hemos adelantado que la demanda

---

[15] Recordemos que en 2008 la Asamblea Constituyente reunida en Montecristi había amnistiado a unas 700 personas procesadas.

de autonomía da cuenta de una transformación importante en el proceso global de construcción de las subjetividades políticas, como resultado de los cambios que ha habido en la sociedad contemporánea. Cierto es que no hay que caer en la tentación metonímica y confundir la parte con el todo, pero resulta claro que la demanda de autonomía aparece como uno de los rasgos más salientes del campo contestatario. Más aun, para el caso latinoamericano la conjunción entre anclaje territorial, acción directa, difusión de modelos asamblearios y demanda de autonomía han ido configurando un nuevo *ethos militante*, esto es, un conjunto de orientaciones políticas e ideológicas que configuran la acción colectiva y se expresan a través de modelos de militancia, tales como el militante territorial y el activista cultural.

El nuevo *ethos* militante genera en la praxis cruces y yuxtaposiciones, pero también nuevas fronteras entre los modelos de acción y sus expresiones organizativas. En realidad, diferentes pero también complementarios, el militante social territorial y el activista cultural no siempre se encuentran en el largo camino de las luchas. Así, a diferencia de otras décadas, el activista cultural es particularmente celoso de su autonomía, y aún no está claro si la mayor distancia o la articulación con los movimientos sociales es solo un problema de dinamismo socio-político, de potencialidad intrínseca o de particulares diferencias en términos de horizonte de expectativas.

Un caso de articulación ha sido sin duda ilustrado por el zapatismo. En efecto, en un contexto de globalización asimétrica, que colocó a los pueblos indígenas en la vanguardia de la lucha por la tierra y el territorio, el zapatismo inauguró una "modernidad no excluyente" (Ceceña, 2004). Como ya hemos señalado, su irrupción fue no solo importante en el marco del ascenso de los movimientos indígenas latinoamericanos, sino también en el proceso de renovación de las izquierdas. Más allá de las valoraciones que hagamos, el zapatismo conllevó una reformulación del horizonte de las izquierdas latinoamericanas en un movimiento que lo colocó claramente a través del discurso de Marcos a contracorriente de las visiones vanguardistas del poder, diferenciándolo de las izquierdas vernáculas y conectándolo con el nuevo *ethos* epocal, ilustrado de modo paradigmático por la narrativa autonomista. Este doble movimiento fue dotando al zapatismo de una gran capacidad de atracción e irradiación, sintetizada por un lado por la poderosa interpelación específica (hacia los pueblos indígenas), que sin embargo estaba lejos de declinarse en términos de un neofundamentalismo étnico o de un repliegue identitario; por otro lado, por la forma de concebir la política "desde abajo", que reclamaba como valores estructurantes la autonomía, la horizontalidad de los lazos y la democracia por consenso; valores compartidos con los nuevos movimientos sociales surgidos en los años sesenta. Sin duda, la noción de autodeterminación fue la llave que unió estas dos dimensiones de la autonomía provenientes de experiencias tan diversas. El zapatismo tuvo así dimensiones que lo han hecho único, tanto por su capacidad para tender puentes interclasistas, intergeneracionales e internacionales, como por su persistencia y dinamismo a lo largo de un proceso conflictivo en el cual se han ido alternando de manera singular el silencio y la palabra. Asimismo, en México el rol de los colectivos culturales (por ejemplo, como potenciales articuladores de la fallida *La Otra Campaña*) ha sido también destacable.

Bien diferente es el caso de la Argentina. Recordemos que en dicho país la presencia de la matriz comunitaria, a través de las organizaciones indígenas, es marginal; por ende, la autonomía es un reclamo disociado de esta poderosa corriente latinoamericana (y su expresión en términos de proyecto político). En este sentido, pese a que en el campo de los movimientos sociales la narrativa autonomista se nutre de un discurso práctico,[16] antes que teórico, cabe señalar la fuerte resonancia que en el campo cultural han tenido teóricos como Deleuze, la filosofía política italiana (Toni Negri y Paolo Virno), así como algunos textos de Holloway. A nivel continental, el modelo de referencia ha sido sin duda la experiencia y el discurso zapatista, más allá de las entusiastas adhesiones que produjo la experiencia boliviana en los últimos años.

La nueva narrativa presentaba antecedentes tanto en el campo de las organizaciones de derechos humanos (como en la agrupación HIJOS), así como en el de las organizaciones de desocupados. Pero es a partir de la crisis de 2001 que el tejido social organizativo mostró cambios ostensibles, lo cual se expresó en la expansión de un *ethos* militante autonomista, con fuerte formato territorial y aspiraciones de democratización. Rápidamente una nueva generación militante, la de 2001, se iría consolidando, articulada sobre la territorialidad el activismo asambleario, la demanda de autonomía y la horizontalidad de los lazos políticos. Un ritual de viaje los unía en todo el país: el recorrido territorial que iba del centro de la ciudad hacia la periferia, en especial aquellos que iban hacia los lugares más pobres del Conurbano bonaerense. El desafío tenía como corolario la necesidad de la construcción "desde abajo" y la exigencia de la articulación entre política y ética. Pero si entre 2001 y 2002 este nuevo *ethos* militante tuvo expresiones hiperbólicas (visibles en las críticas a la izquierda clasista y la impugnación de todo intento de construir una contra hegemonía desde el Estado), a partir de 2003 fue tomando rumbos más

---

[16]   Como afirma M. Bergel (2008), "un rasgo que configura una de las especificidades de los autónomos argentinos: el reconocimiento de la superioridad epistemológica y política del momento práctico, y el celo por la irreductible singularidad de cada experiencia".

autocríticos y menos exacerbados, difundiéndose en otros espacios organizacionales, entre ellos en los numerosos colectivos culturales que comenzaron a desplegarse en el campo de la documentación (video-activismo), el periodismo alternativo, la educación popular, entre otros. Se expresó incluso en el sindicalismo de base, que comenzó a manifestarse a partir de 2003/2004 con el mejoramiento de los índices económicos y en el marco de la profundización de la precariedad. Surgieron así nuevas camadas de jóvenes delegados sindicales que luego de tantos años de aparente inmovilidad y descreimiento en las organizaciones sindicales habían revalorizado la acción gremial como herramienta de lucha. Estos eran en gran parte tributarios de ese *ethos* libertario, partidario de la acción radical, más proclives a las alianzas con otras izquierdas.

Posteriormente, la nueva subjetividad militante anclada en la defensa de la autonomía se haría presente también en las asambleas de vecinos autoconvocados contra la megaminería a cielo abierto. La primera de ellas, en Esquel, provincia patagónica de Chubut, había nacido en 2002 en pleno fervor asambleario. A partir de 2004, las asambleas ciudadanas se irían multiplicando a lo largo de quince provincias, amenazadas por la expansión vertiginosa de la minería trasnacional. En este sentido, no es exagerado afirmar que estas asambleas, de carácter policlasista pero con un protagonismo de las clases medias, son las fieles herederas de ese *ethos* militante forjado en 2001. En 2006 surgió la Unión de Asambleas Ciudadanas (UAC), espacio autonomista en el cual convergían las diferentes asambleas de base que combinaban nuevos temas y repertorios de acción, con el rechazo muchas veces extremo a la delegación, lo cual suele conspirar contra la posibilidad de consolidar dicha instancia de segundo grado, en función de una lógica de acumulación política. De este modo, pese al claro retorno de lo nacional-popular en clave peronista a partir del gobierno de N. Kirchner en 2003, la emergencia de una nueva generación –la de 2001– tendió a abarcar un registro amplio de organizaciones, desde los desocupados, expresiones organizativas de clase media, nuevos delegados sindicales y asambleas contra la minería trasnacional.

Asimismo, en el actual escenario argentino, tanto el militante social como el activista cultural, enfrentan hoy obstáculos diferentes. En cuanto al militante social, referenciado en la defensa de la autonomía, una de las mayores dificultades es la de politizar lo social en el marco de un "cierre" del peronismo desde abajo, en un momento de exacerbación de lo nacional-popular. La crisis de las organizaciones de desocupados no es ajena al estallido de esta tensión por encima del posterior mejoramiento de la situación económica a partir de 2004. En cuanto a los militantes o activistas culturales, estos han contribuido de manera decisiva a recrear los sentidos de las movilizaciones, sobre todo a partir del año 2002, aun si en el presente no tienen la visibilidad de los años anteriores. En efecto, en la actualidad el lazo con los movimientos sociales aparece debilitado, o por el contrario, cuando este existe, el activista cultural tiende a encapsularse en el espacio militante.[17]

En suma, mientras que en el caso de México o Bolivia este nuevo talante epocal presenta diversas modalidades de conjunción con la matriz indigenista, en Argentina esta se nutre de la tensión con la izquierda clasista tradicional así como de las expresiones nacional-populares (hoy nuevamente conectadas al Partido Justicialista), instalando una tensión entre la afirmación de la autonomía como horizonte político emancipatorio y la autonomía como valor refugio.

---

[17]   Una situación opuesta es la de Brasil, donde el Movimiento de los Trabajadores sin Techo trabajaba hasta hace poco tiempo codo a codo con activistas culturales (la llamada *guerrilla cultural*), durante las ocupaciones de tierras urbanas.

Tanto las asambleas barriales que proliferaron durante 2002 como en la actualidad la Unión de Asambleas Ciudadanas (UAC), que nuclea unas setenta organizaciones de base que luchan contra la megaminería a cielo abierto y los agronegocios, ilustran el segundo caso (la autonomía como valor refugio) y visibilizan las dificultades que en términos de construcción política enfrenta esta nueva cultura militante.

Por otra parte, en Bolivia la emergencia de un nuevo activismo cultural tuvo su momento de inflexión con la masacre del llamado "octubre negro" en 2003, que terminó con la renuncia del entonces presidente Sánchez de Lozada y erigió a la ciudad de El Alto como símbolo de la resistencia. Ciertamente, aquellos sucesos plantearon la necesidad de repensar la historia, en un contexto de intensificación de las luchas y, más aun, reflexionar sobre la identidad étnica de la ciudad, identificada con lo aymara. A través del teatro, la música y la plástica, diferentes artistas y colectivos culturales asumieron la tarea de evocar a las víctimas de octubre del 2003 (más de 60 muertos de El Alto), exigiendo justicia y reparación.[18] Así, tanto en El Alto como en La Paz, existen una multiplicidad de expresiones artísticas, desde el teatro, la música, las artes plásticas, así como numerosos colectivos y organizaciones culturales atravesados por una fuerte narrativa descolonizadora.

---

[18] Obras de teatro como "Pacto Telúrico", donde convergieron diferentes grupos de artistas y músicos, o discos como "Canto Encuentro", en homenaje a las víctimas de El Alto, realizado por Radio Wayna Tambo y Radio Pachamama (del Centro Cultural Gregoria Apaza), y la propia Fejuve (Federación de Juntas Vecinales de El Alto), son ejemplos de la emergencia de un nuevo protagonismo cultural y político, donde la reivindicación étnica buscó tender puentes entre la memoria larga de las luchas indígenas y la memoria corta (la guerra del agua y la guerra del gas), estableciendo, a través de ese mismo movimiento, a El Alto como la gran ciudad-símbolo de la resistencia. Luego de realizar una investigación sobre el tema en 2010, hemos abordado parcialmente el tema en Svampa, 2011.

Entre las experiencias más emblemáticas se encuentra la *Casa Juvenil de las Culturas Wayna Tambo*, que en aymara significa "encuentro de jóvenes", nacida en 1995, la cual aparece como un espacio cultural alternativo de gran resonancia, capaz de combinar un enfoque centrado en la matriz andino-aymara con el fortalecimiento de la diversidad cultural (feministas, jóvenes, etc.). Allí nació también una de las primeras expresiones del rap aymara, el hip hop, que en su modalidad boliviana es capaz de mezclar el sonido de los *pututus* (cuernos de toro), con flautas y tambores andinos, así como de rimar el castellano con el aymara. Otro ejemplo es el de *Mujeres Creando*, un colectivo anarquista y feminista muy creativo y provocador que utiliza el *grafitti*, haciendo de la calle su escenario principal. Estas mujeres, que se consideran como "agitadoras callejeras", defienden abiertamente la diversidad sexual ("*indias, putas y lesbianas, juntas, revueltas y hermanadas*"). Dos de sus fundadoras, María Galindo y Julieta Paredes (esta última presente hoy en *Mujeres Creando Comunidad*), cuentan con un reconocimiento en el espacio de las organizaciones autónomas a nivel global.

No obstante, la multiplicidad de grupos culturales bajo el gobierno de Evo Morales se ha venido dando una situación paradójica. Más allá de los apoyos visibles al proceso abierto en 2006, los colectivos culturales continúan discurriendo por caminos paralelos y no son pocas las organizaciones que consideran que el discurso descolonizador del gobierno se apoya en una visión folclorizada de lo étnico y en un concepto de cultura meramente instrumental, algo que además se torna visible en la ausencia de políticas públicas en el plano de la cultura, así como en la falta de voluntad del gobierno por promover un relato histórico-político de carácter más contra-hegemónico

La actualización de la tradición nacional-popular

En tercer lugar, la desnaturalización de la relación entre globalización y neoliberalismo nos inserta en un escenario transicional en el cual una de las notas mayores es la reactivación de la matriz nacional-popular ligada a la reivindicación del Estado (como constructor de la nación); a un ejercicio de la política que instala una permanente contradicción entre dos polos antagónicos, y por último, a la centralidad de la figura del líder.[19] En este registro podemos aludir a la actual experiencia de Bolivia y Argentina. Ciertamente, los avatares de lo nacional-popular conocen en ambos países caminos y expresiones diferentes. Mientras que en términos históricos en Bolivia lo nacional-popular, como conformación de una voluntad colectiva que instala una ruptura política, pareciera ser un legado plural (o en todo caso, remite a diferentes matrices político-ideológicas en el marco del proceso de construcción de la nación); en Argentina la tradición peronista ha naturalizado un sentido más estrecho, ligado al cuasi monopolio o captura de lo nacional-popular por parte del Movimiento Justicialista, más allá de la heterogeneidad evidente de las figuras de lo

---

[19] Recordemos, sin embargo, que lo "nacional-popular" es una categoría que reenvía a elaboraciones de Antonio Gramsci que aparecen en los *Cuadernos de la Cárcel,* definida como "voluntad colectiva" y asociada a la "reforma intelectual y moral", ambas vistas como condiciones de posibilidad de un cambio histórico a través de un proceso de construcción de hegemonía. En nuestros análisis, retomamos en parte los aportes de De Ipola y Portantiero (1994), publicados originariamente en 1986, respecto de su inflexión en América Latina ligada a la alternativa populista. Para estos autores, el doble proceso que propone el populismo (constitución del pueblo y construcción de un orden estatal) requiere la inclusión de tres niveles de análisis: el de las demandas y tradiciones nacional-populares, el del populismo como movimiento de nacionalización y ciudadanización de las masas, y el populismo como forma particular del compromiso estatal. En este marco, nos interesa hacer énfasis en la tradición nacional-popular y sus sucesivas configuraciones.

popular, sobre todo a partir de 1980 y muy especialmente durante los noventa, cuando el propio Partido Justicialista realizó un fuerte giro neoliberal.[20]

Ahora bien, en Bolivia la heterogeneidad de las apelaciones de lo nacional-popular es visible en tres niveles. En primer lugar, en términos de memoria mediana la narrativa nacional-popular remite, sin duda, a la experiencia de "cogobierno" entre el MNR y la COB, en un primer momento del ciclo del nacionalismo revolucionario, entre 1952 y 1964. Como sostiene Luis Tapia (2007), la relación entre identidad indígena y tradición nacional-popular nunca ha sido fácil ni unívoca pero esta experiencia de rebelión, ilustrada por el cogobierno del Movimiento Nacionalista Revolucionario (MNR) y la Central Obrera Boliviana (COB), "queda como parte del proyecto político" que atraviesa y alcanza el actual ciclo de rebelión. Los sindicatos cocaleros de donde surge Evo Morales son en gran medida herederos de esta tradición, junto con ciertas inercias y reinvenciones de lógicas comunitarias que, como ya hemos señalado, perviven bajo la "forma sindicato". En segundo lugar, en términos de memoria corta, la interpelación nacional-popular está directamente ligada al escenario del conflicto configurado en la zona del Chapare, en la cual el movimiento cocalero debió confrontar no solo con las diferentes gestiones gubernamentales sino también con la política de los Estados Unidos en la región. En efecto, entre los cocaleros las medidas de erradicación violenta de la hoja de coca, dirigidas en los años noventa por los

---

[20] Mientras que en Argentina la continuidad de lo nacional-popular ha sido asegurada a través de su identificación con el Partido Justicialista, de tipo obrerista, centrado en la figura del líder como clave de bóveda del modelo; en Bolivia, lo nacional-popular ha encontrado expresiones más heterogéneas (lo obrero-campesino), y su concepción es, por ende, más amplia, en la medida en que desborda la historia de un determinado partido político.

Estados Unidos, favorecieron la consolidación de una fuerte dimensión antiimperialista (más precisamente, antinorteamericana) de su acción política. En este marco, ante la existencia de un adversario externo poderoso, el discurso antiimperialista ha sido constitutivo de la identidad del movimiento cocalero. En razón de ello, no es casual que la acción y el discurso de Evo Morales se inserten en una perspectiva política pragmática, pero integradora y multidimensional donde conviven la lógica antiimperialista —Nación contra Imperio— y la nacional popular —pueblo contra oligarquías— con una afirmación de las naciones indígenas en tanto pueblos que deben ser reconocidos en su dignidad y con derechos plenos. Por último, ya desde el gobierno, el proyecto boliviano fue adoptando una fuerte orientación estatalista. El vicepresidente Álvaro García Linera ha destacado la intervención del Estado no solo como agente regulador sino también como activo productor de bienes y servicios. Según sus palabras, "el nuevo núcleo de poder es el Estado junto a la unidad productiva micro, pequeña y mediana, privada y comunitaria, urbana y rural, considerada la promotora del desarrollo nacional y la principal generadora de empleo".

Sin embargo, como ya hemos señalado, la actualización de los contenidos más tradicionales de lo nacional-popular, instala a Bolivia en un escenario de tensión, frente a la exigencia de la creación de un Estado plurinacional. En efecto, con todas las innovaciones que supone, la Nueva Constitución política vino a confirmar el rol central del Estado, lo cual genera, sin duda, tensiones en el interior del proyecto de descolonización. Como sostiene Raúl Prada, "la propia cuarta parte de la Constitución, dedicada a la organización económica, plantea tensiones fuertes. Habla de una economía plural pero a la vez sostiene el fortalecimiento del Estado; el Estado es el articulador de las distintas formas de organización económica; el Estado se hace cargo de toda la cadena productiva, de la industria-lización de los recursos naturales, del apoyo a la pequeña y la microempresa. El Estado se convierte en el promotor de la economía plural, con lo cual hay una tensión entre el pluralismo económico y una visión estatalista" (Svampa, 2010). Por otro lado, la consolidación del liderazgo pre-sidencialista de Evo Morales tiende a limitar el tipo de construcción política plural, sobre todo en lo que respecta al vínculo, muchas veces asimétrico, con los movimientos y organizaciones sociales; algo que comenzó a manifestarse durante el desarrollo de la Asamblea Constituyente y se puso en evidencia posteriormente, luego de la derrota política de las oligarquías regionales y el proceso de con-solidación del MAS como partido hegemónico. Por encima de sus complejidades y riquezas, el estilo de liderazgo y las formas de concentración del poder, tienden a colocar al gobierno de Evo Morales en los canales más tradicionales del modelo de la "participación controlada" bajo el tutelaje estatal y la figura del líder, que en la figura del cogobierno con los movimientos sociales.

Por otro lado, la Argentina actual también da cuenta del retorno de la matriz nacional-popular. Sin embargo, el devenir nacional-popular del kirchnerismo fue paulatino. Durante el gobierno de Néstor Kirchner (2003-2007), los movimientos tácticos en busca de una identidad progresista se articularon sobre dos ejes mayores: la reivindicación de los derechos humanos como política de Estado y el latinoa-mericanismo. También hubo un intento de construcción de una fuerza transversal progresista. Esta última tentativa, más bien errática y prontamente descartada, otorgaba un lugar a las organizaciones piqueteras deudoras de la matriz nacional-popular, que se integraron al gobierno bajo el nombre políticamente correcto de "organizaciones sociales" (Barrios de Pie, Movimiento Evita y Federación de Tierras y Viviendas). No obstante, en términos de figuras

militantes estas fuerzas no fueron capaces de generar una
épica alternativa a la que presentaba la generación de
2001, nutrida en el *ethos* autonomista y la matriz clasista.
Desde nuestra perspectiva, mucho tuvo que ver el rechazo
y estigma que medios hegemónicos, clases medias y el
propio gobierno habían contribuido a instalar, durante la
fuerte puja que se llevó a cabo en el espacio público entre
2003 y 2004 con las organizaciones piqueteras opositoras.
Pero lo cierto es que ni la reivindicación de las luchas antineoliberales de la década del noventa, ni la evocación de
un *ethos* setentista alcanzaron para dotar de legitimidad a
un actor social que en definitiva continuaba siendo visto
por una gran parte de la sociedad como "clase peligrosa",
"lumpen proletariado residual" o simplemente como una
expresión del clientelismo de izquierda, amparado por el
nuevo gobierno.

En realidad, ya en su primera etapa el kirchnerismo
optó por apoyarse sobre los sectores sindicales tradicionales. En 2004 la Confederación General del Trabajo (CGT) se
unificó bajo el liderazgo de Hugo Moyano, jefe del sindicato
de los camioneros, quien durante los años noventa enca-
bezó el MTA (Movimiento de Trabajadores Argentinos),
nucleamiento sindical peronista donde conviven las apelaciones a la tradición nacional-popular con un sindicalismo
de corte empresarial.

Finalmente, el conflicto que el gobierno de Cristina
F. de Kirchner apenas asumido tuvo con los productores
agrarios en 2008, fue la piedra de toque para actualizar
de manera plena el legado nacional-popular. La dinámica
virulenta que adquirió el conflicto económico hizo que
este adoptara claras dimensiones políticas: tanto la respuesta inflexible del gobierno (llamándolos "piquetes de
la abundancia") como la rápida reacción de sectores de
clase media porteña, que salieron a la calle a apoyar a los
sectores agrarios, cuestionando el estilo político autoritario

del gobierno, sirvieron para reactualizar viejos esquemas de carácter binario que atraviesan la historia argentina y han anclado fuertemente en la tradición nacional-popular: civilización o barbarie, peronismo o antiperonismo, pueblo y antipueblo. No importa ya si el gobierno mostró escasa flexibilidad para negociar con las diferentes partes, cimentando de este modo el carácter monolítico del bloque opositor, o si las clases medias volvieron a manifestar inveterados prejuicios racistas y clasistas en relación con las bases populares peronistas. El conflicto fue un parteaguas: en ese marco el gobierno logró la adhesión activa de un grupo amplio de intelectuales y académicos de corte progresista, *Carta Abierta*, quienes salieron en defensa de la institucionalidad y realizaron una lectura de las movilizaciones agrarias en términos de "conflicto destituyente". Meses después, el gobierno recobró iniciativa y el esquema binario de lectura se reforzó notoriamente con el conflicto generado por la Ley de medios, que esta vez lo enfrentó directamente con el multimedios *Clarín* (el cual, hasta antes de la disputa con los sectores agrarios, había sido beneficiado por las políticas del kirchnerismo). Los debates en torno de la nueva ley audiovisual en 2009, suscitaron también la adhesión entusiasta de numerosos periodistas, artistas y sectores educativos, que hasta ese momento habían mantenido más bien una relación de apoyo tácito o de consenso pasivo en relación con el kirchnerismo.

La muerte repentina de Néstor Kirchner terminó de abrir por completo las compuertas a lo nacional-popular en su clásica versión estatalista. Este fenómeno conllevó dos consecuencias mayores: por un lado, consolidó el discurso binario como "gran relato" refundador del kirchnerismo, sintetizado en la oposición entre un bloque popular y sectores de poder concentrados (monopolios, corporaciones, gorilas, antiperonistas). Como en otras épocas de la historia argentina, los esquemas dicotómicos que comenzaron siendo principios reductores de la complejidad en un momento de conflicto terminaron por funcionar como una estructura de inteligibilidad de la realidad política. Por otro lado, amplió el arco de alianzas a partir de la incorporación explícita de la juventud –que había tenido notoria presencia en las exequias de Kirchner–. Agrupaciones pequeñas como "La Cámpora" (fundada por el hijo del matrimonio Kirchner) tuvieron un enorme crecimiento, y otras similares comenzaron a multiplicarse por todo el país, al compás de una doble militancia, tanto desde altos puestos del aparato del Estado como desde las bases, marcadas por un activismo virtual antes que territorial, desde *blogs, twitters* y redes sociales.

Como consecuencia de ello, Argentina comenzó a transitar un escenario de polarización político-social, comparable al de otros países latinoamericanos (como es el caso Venezuela). Sin embargo, el modelo kirchnerista presenta numerosos elementos tradicionales (la alianza con los sectores más empresariales del sindicalismo, los intendentes del Conurbano bonaerense y gobernadores que responden a una fuerte matriz autoritaria), vinculados al legado organizacional del partido peronista, al tiempo que, a diferencia de las experiencias de Bolivia, Venezuela y Ecuador, aparece muy despreocupado por la tarea de refundación de las instituciones (y por ende, de las aspiraciones de democratización de numerosos sectores subalternos), que estos gobiernos encararon a través de los procesos de reforma constitucional. Esta inflexión no es solo el resultado de una relación histórica o de un vínculo perdurable entre partido peronista y organizaciones sociales, sino que responde a una cierta concepción del cambio social, bajo la figura ya citada del modelo de la participación controlada, tutelada por el líder.

Extractivismo e ilusión desarrollista

En no pocas ocasiones la posibilidad de abrir un debate público sobre los antagonismos que se van gestando a partir de las nuevas dinámicas del capital se encuentra obturada no solo por razones económicas y políticas, sino también por obstáculos de tipo cultural y epistemológico, que se refieren a las creencias y representaciones sociales. Con ello, queremos subrayar la importancia que adquieren ciertos imaginarios y narrativas nacionales –y regionales– acerca del desarrollo, íntimamente ligados a una determinada concepción acerca de la naturaleza americana.[21]

Distintos autores han subrayado el carácter antropocéntrico de la visión dominante sobre la naturaleza como "canasta de recursos" y a la vez como "capital" (Gudynas, 2002). Ahora bien, en América Latina, esta idea se vio potenciada por la creencia de que el continente es, para retomar al sociólogo boliviano R. Zavaletta, (2007), *"el locus por excelencia de los grandes recursos naturales".* La "ventaja comparativa" de la región sería así su capacidad (histórica) para exportar naturaleza.

Desde esta perspectiva, paisajes primarios, escenarios barrocos, en fin, extensiones infinitas que tanto han obsesionado a viajeros y literatos de todas las épocas, van cobrando una nueva significación al interior de los diferentes ciclos económicos. Un ejemplo lo ofrece el actual *boom* minero que alcanza a casi todos los países latinoamericanos. Así, la expansión de la minería a gran escala incluye las altas cumbres cordilleranas, donde se encuentran las cabeceras de importantes cuencas hídricas, hasta ayer inalcanzables,

---

[21]   Al hablar de imaginarios o narrativas estamos aludiendo a la construcción de un relato unificador que reposa sobre ciertas marcas identitarias, mitos de origen, que van moldeando las representaciones colectivas acerca del presente y del futuro. Véase Baczko (1993).

convertidas hoy en el objetivo de faraónicos proyectos (como el de Pascua Lama, el primer proyecto binacional del mundo, compartido por Chile y la Argentina; o los proyectos mineros en fase de exploración en la Cordillera del Cóndor, en Ecuador y Perú). Otro ejemplo emblemático es el "descubrimiento" de las virtudes del litio: si hasta ayer el Salar de Uyuni era tan solo un paisaje primario, hoy cobra una nueva significación ante la necesidad de desarrollar energías sustitutivas (automóviles eléctricos). De este modo, el nuevo paradigma biotecnológico termina por resignificar aquellos recursos naturales "no aprovechados" o territorios "improductivos", insertándolos en un registro de valoración capitalista.

Volviendo a Zavaletta, este afirmaba que la idea del subcontinente como *locus* por excelencia de los grandes recursos naturales fue dando forma al *mito del excedente*, "uno de los más fundantes y primigenios en América Latina". Con ello, el autor boliviano hacía referencia al mito "eldoradista" que "todo latinoamericano espera en su alma", ligado al súbito descubrimiento material (de un recurso o bien natural) que genera el excedente como "magia", "que en la mayor parte de los casos no ha sido utilizado de manera equilibrada". Hasta ahí Zavaletta, pues las preocupaciones del autor poco tenían que ver con la cuestión de la sustentabilidad ambiental, que hoy es tan importante en nuestras sociedades, sino más bien con aquella del "control del excedente" (tema sobre el cual volveremos más abajo). Sin embargo, resulta legítimo retomar a Zavaletta para pensar en el actual retorno de este mito fundante, de larga duración, *el excedente como magia*, ligado a la abundancia de los recursos naturales y sus ventajas en el marco de un nuevo ciclo de acumulación.

El tema ha sido desarrollado por varios autores latinoamericanos, entre ellos, por F. Coronil (2002) quien escribió sobre el "Estado mágico" y la mentalidad rentista, aplicados al caso venezolano. Asimismo, emparentado con lo que se conoce como la "enfermedad holandesa", el ecuatoriano A. Acosta (2009) ha reflexionado sobre la "maldición de la abundancia", estableciendo la conexión entre paradigma extractivista y el empobrecimiento de las poblaciones, el aumento de las desigualdades, las distorsiones del aparato productivo y depredación de los bienes naturales. En una línea similar, pero apelando a la persistencia de ciertos imaginarios sociales, nuestra perspectiva subraya la importancia del mito primigenio del *excedente como magia*, que en el contexto actual alimenta la *ilusión desarrollista*, expresada en la idea de que, gracias a las oportunidades económicas actuales (el alza de los precios de las materias primas y la creciente demanda, proveniente sobre todo desde Asia), es posible acortar *rápidamente* la distancia con los países industrializados, a fin de alcanzar el desarrollo siempre prometido y nunca realizado de las sociedades latinoamericanas.

En términos de memoria corta, la ilusión desarrollista se conecta con la experiencia de la crisis, esto es, con el legado neoliberal de los noventa asociado al aumento de las desigualdades y la pobreza, así como también a la posibilidad de sortear, gracias a dichas ventajas comparativas, las consecuencias de la actual crisis económica internacional. Así, el superávit fiscal y las altas tasas de crecimiento anual de los países latinoamericanos ligados a la exportación de productos primarios apuntalan un discurso triunfalista acerca de una "vía específicamente latinoamericana", en donde se entremezclan sin distinción continuidades y rupturas en lo político, lo social y lo económico. Por ejemplo, el final de "la larga noche neoliberal" (en la expresión del presidente ecuatoriano R. Correa) tiene un correlato político y económico, vinculado a la gran crisis de los primeros años del siglo XXI (desempleo, reducción de oportunidades, migración en masa), tópico que aparece también en el discurso de los Kirchner en Argentina con el objetivo de contraponer los indicadores económicos y sociales actuales con los años neoliberales (los noventa, bajo el ciclo neoliberal de C. Menem), y sobre todo, con aquellos de la gran crisis que sacudió a la Argentina en 2001-2002 con el fin de la convertibilidad entre el peso y el dólar.

En resumen, existe una variedad de corrientes ambientalistas, pero uno de los problemas fundamentales para pensar la cuestión ambiental en América Latina, y en este caso en Bolivia, no es solamente la variedad existente, sino la impronta de la ilusión desarrollista, más aun, la eficacia simbólica del imaginario desarrollista y la concepción de la naturaleza que vehicula y su presente actualización, en un contexto de ventajas comparativas.

En esta coyuntura favorable, no son pocos los gobiernos latinoamericanos que han transitado del Consenso de Washington al "consenso de los *commodities*", relegando en un segundo plano o sencillamente escamoteando las discusiones acerca de los modelos de desarrollo posible, habilitando así el retorno en fuerza de una visión productivista del mismo. En este sentido, uno de los escenarios latinoamericanos más emblemáticos de la *ilusión desarrollista*, y al mismo tiempo más paradójico, es el que presenta Bolivia. En efecto, en un contexto de vertiginoso aumento del precio de los *commodities*, dentro del cual las nacionalizaciones se tradujeron por la multiplicación de la renta ligada a las exportaciones primarias, el gobierno de Evo Morales redobló las expectativas de abrir la economía a nuevas explotaciones. A comienzos del segundo mandato en 2010, el vicepresidente A. García Linera hablaría del "gran salto industrial", colocando el acento en una serie de megaproyectos estratégicos, que en realidad están basados en la expansión de las industrias extractivas (participación en las primeras etapas de explotación del litio, expansión de la megaminería a cielo abierto, en asociación con grandes compañías transnacionales, construcción de grandes represas hidroeléctricas y carreteras en el marco del IIRSA, entre otros).

El propio discurso de Evo Morales aparece atravesado por fuertes ambivalencias y contradicciones: hacia afuera, presenta una fuerte dimensión eco-territorial, sobre todo a la hora de referirse a las consecuencias del cambio climático, o en sus apelaciones a la filosofía del "buen vivir", pero hacia adentro, reafirma una práctica nacional-productivista, que se hallan en continuidad con el paradigma extractivista, alentado por la apertura de nuevas oportunidades económicas (en un país donde la contracara es precisamente un imaginario del despojo reiterado (de tierras y riquezas). Como afirma Stefanoni (2007), el Gobierno "promueve la utilización de las reservas de hidrocarburos y minerales para "industrializar el país" y emanciparlo de la condena histórica del capitalismo mundial a ser un mero exportador de materias primas, y al mismo tiempo, deja entrever cierta nostalgia hacia un Estado de bienestar que para el caso boliviano fue extremadamente limitado.[22]

En este sentido, la centralidad que adquiere la temática del control de los recursos (sea bajo el control del Estado o de las naciones o pueblos originarios en sus territorios) acerca a la Bolivia actual aún más a la perspectiva nacional-popular, que enfatiza la problemática del despojo de los recursos naturales, pero tiende a escamotear o subalternizar la cuestión de los impactos ambientales.[23] Por otro

---

[22]   "Las tres fronteras del gobierno de Evo Morales", en *Bolivia: Memoria, Insurgencia y Movimientos Sociales*, compilación realizada por M. Svampa y P. Stefanoni, Editorial El Colectivo-Osal (Clacso), 2007.

[23]   No es casual que Evo Morales desarrolle una crítica unilateral respecto de la actual matriz productiva, expulsando la problemática ambiental hacia afuera, como si esta fuera patrimonio y responsabilidad exclusiva de los países más ricos y desarrollados (en función de la deuda ecológica), y no

lado, no hay que olvidar que las mismas luchas sociales protagonizadas entre 2000 y 2005 colocaban el acento en el acceso y control de los recursos naturales antes que en el cuidado o protección del ambiente. Como consecuencia de ello, el gobierno boliviano muestra serias dificultades para conceptualizar los conflictos socio-ambientales que se abren en función de la consolidación de dicha matriz productiva, y tiende a descalificar rápidamente los reclamos ambientales, asociándolos al accionar interesado de ONGS extranjeras o a supuestos agentes del imperialismo.

El cuadro actual da cuenta de diferentes movilizaciones, de carácter defensivo, que vienen llevando a cabo organizaciones pertenecientes al Pacto de Unidad, como CIDOB, Coordinadora Indígena del Oriente Boliviano, y CONAMAQ, Confederación Nacional de Aylluys y Markas del Qollasuyo, las cuales han comenzado a exigir el respeto del derecho de consulta, recogido por la Constitución boliviana: el respeto por las estructuras orgánicas (y el rechazo a votaciones y pronunciamiento de autoridades originarias paralelas), así como "la coherencia entre el discurso de defensa de la Madre Tierra y la práctica extractivista del gobierno" (www.cidob-bo.org). Sin duda, el punto de inflexión de las organizaciones campesino-indígenas fue la realización de la Contracumbre en Cochabamba sobre el cambio climático en abril de 2010, que reunió en la mesa 18 (no autorizada por el gobierno) a aquellas

---

involucrara en absoluto la dinámica económica adoptada por su propio gobierno. En este punto hay varias cuestiones que ayudan a comprender el nudo de tales contradicciones. Una de ellas está vinculada a que el imaginario extractivista que presenta Bolivia está ligado a la figura del despojo reiterado –de tierras y riquezas–; esto es, a la imposibilidad de convertir el excedente, como afirmaba Zavaleta, en "materia estatal". Esta obsesión explica que el tema central de la agenda del gobierno sea el control del excedente y no precisamente la discusión acerca de las consecuencias que pudiera conllevar la expansión de un determinado estilo de desarrollo, basado en el paradigma extractivista.

organizaciones que propusieron debatir sobre la problemática ambiental en Bolivia. El primer gran episodio que ha dado cuenta de la existencia de fuertes tensiones y contradicciones al interior del proceso boliviano ha sido la resistencia indígena frente a la construcción de una carretera que atravesaría un área protegida y un territorio indígena: el TIPNIS (Territorio Indígena Parque Nacional Isiboro Sécure. Más allá de la resolución que finalmente se adopte frente a este conflicto, el mismo abre una nueva etapa en la cual se ha tornado visible la evidente tensión entre autonomías indígenas, reclamos ambientales y el desarrollo de proyectos extractivos.

Uno de los pocos países en los cuales se ha intentado llevar a cabo una discusión sobre el modelo extractivista exportador (respecto del petróleo y de la minería a gran escala) es Ecuador, lo cual se vio reflejado inicialmente a través de la composición del gabinete dividido entre "extractivistas" y "ecologistas".[24] Sin embargo, el resultado no ha sido muy alentador. Ciertamente, luego de su asunción, el gobierno de Correa elaboró y difundió un Plan Nacional de Desarrollo, que involucraba una concepción integral del mismo, esto es, no solo en términos de lógica productiva y social, sino también el desarrollo entendido como "la consecución del buen vivir en armonía con la naturaleza y la prolongación indefinida de las culturas humanas" (Plan Nacional de Desarrollo 2007-2010:55). La elaboración del plan incluyó mesas de discusión en las que participaron diferentes sectores de la sociedad ecuatoriana, así como un proceso arduo de sistematización y consensos sobre sus componentes.

---

[24]   F. Ramírez y A. Minteguiaga, "El nuevo tiempo del Estado. La política posneoliberal del correísmo", en *Revista OSAL 22*, CLACSO, Buenos Aires, 2007.

Dentro del gobierno de Correa, las posiciones ecologistas eran reflejadas por Alberto Acosta, quien fuera primero ministro de Energía y luego presidente de la Asamblea Constituyente.[25] La propia Asamblea planteó en un momento determinado declarar el Ecuador "libre de minería contaminante". Los resultados, sin embargo, fueron otros: efectivamente, la Asamblea Constituyente declaró en abril de 2008 la caducidad de miles de concesiones mineras presuntamente ilegales y puso en vilo millonarios proyectos extractivos, mientras se aprobaba un nuevo marco legal para ampliar el control estatal en la industria. En este sentido, como plantea Mario Unda (2008), "la reversión de las concesiones mineras debe entenderse como un mecanismo para obligar a las empresas mineras a renegociar bajo nuevas condiciones, dejando más recursos en el país, acogiendo reglamentaciones más claras y posiblemente una asociación con el Estado (para lo cual se plantea la creación de la Empresa Nacional de Minería)". Finalmente, la nueva ley minera, aprobada en enero de 2009, perpetúa el modelo extractivista, desconociendo el derecho a la oposición y consulta de las poblaciones afectadas por la extracción de recursos naturales. Así, contrariando la expectativa de numerosas organizaciones sociales, el gobierno de Correa optó por un modelo neodesarrollista, minimizando el debate acerca de los gravosos efectos sociales y ambientales de las actividades extractivas.

Finalmente, para el caso argentino, en este punto las propuestas del matrimonio presidencial de los Kirchner han sido de corte claramente continuista. En realidad, el gobierno argentino ha reactivado la tradición nacional-popular recientemente (sobre todo luego del conflicto con los productores agrarios), al tiempo que ha confirmado el

---

[25] Acosta presentó su renuncia a mediados de 2008, en razón de sus desacuerdos con el presidente Correa.

desarrollo de una dinámica de desposesión, sobre todo en lo que respecta a las problemáticas ligadas a la tierra y el territorio. No por casualidad en los últimos años se han multiplicado los conflictos vinculados a las políticas de mercantilización de las tierras, donde se mezclan fenómenos como la urbanización forzada con la concentración de la tierra, la expansión del agronegocio y la minería trasnacional. Necesario es decir que estos conflictos revelan algo más que el costado "débil" del gobierno, como sostienen sus defensores: en realidad, estas políticas forman parte del sistema de dominación; son sostenidas y promovidas desde el aparato estatal y marcan la profundización de una lógica de desposesión, en una perturbadora continuidad con lo sucedido en los noventa.

¿Es posible, sin embargo, esta coexistencia tan flagrante entre, por un lado, una política que se invoca como nacional-popular, y, por el otro, la profundización de una dinámica de desposesión? Desde nuestra perspectiva, no es solo una cuestión de tasas de crecimiento económico (esto es, de "éxito" económico del modelo). En realidad, una particularidad que afianza la construcción hegemónica en clave nacional-popular es que en el campo de las luchas, la coexistencia actual entre modelos de desarrollo diferentes (industrial/servicios; agronegocio/minero) se expresa también a través de una gran desconexión: así, existen pocos puentes entre las actuales luchas sindicales y las disputas por la tierra y el territorio. Entre otros, uno de los factores que agrava la desconexión es la acentuación de una retórica nacional popular, acoplada con un imaginario desarrollista, lo cual potencia los rasgos corporativos de los sindicatos y acentúa la incomprensión hacia aquellos sectores que cuestionan los modelos minero y de agronegocios. En este marco, no es casual que los sectores progresistas ligados al kirchnerismo tiendan a mantener "blindado" el discurso frente al carácter nodal de estas problemáticas, negando la responsabilidad gubernamental respecto de la lógica de desposesión que caracteriza a determinadas políticas de Estado, y subrayen en contraste, el peso de las políticas sociales y la revitalización de institutos laborales, como la negociación colectiva, entre otros.

Todo indica que, en los próximos años, la coexistencia entre dinámica nacional-popular y acentuación de la lógica de desposesión tenderá a agravarse, lo cual coloca a la Argentina en una situación por demás frágil y peligrosa. Cabe destacar que en el último año hubo 15 muertos por represión (entre junio de 2010 y julio de 2011), en gran parte ligados a conflictos por la tierra y la vivienda. En este sentido, si bien el gobierno de los Kirchner no utilizó la represión como "política de Estado", no es menos cierto que esta aparece hoy ampliamente federalizada. Más claro: son los gobiernos provinciales –muchos de ellos alineados con el oficialismo– los que apelan a la represión a través de grupos especiales, policía provincial, patotas sindicales e incluso guardias privadas, contra aquellos que cuestionan una política de acaparamiento de tierras y, por ende, directa o indirectamente, recusan la expansión de modelos productivos avalados y promovidos activamente por políticas nacionales.

En fin, en este escenario, y por encima de las diferencias nacionales, movimientos campesinos e indígenas, movimientos socio-ambientales urbanos, son arrojados a un campo de doble clivaje y asimetría. Por un lado, deben enfrentar directamente la acción global de las grandes empresas transnacionales, quienes en esta nueva etapa de acumulación del capital se han constituido en los actores hegemónicos del modelo extractivista; por otro lado, en el plano local, deben confrontar con las políticas de los gobiernos progresistas, quienes consideran que en la actual coyuntura internacional las actividades extractivas y los agronegocios constituyen la vía más rápida –sino la única en esas regiones– hacia un progreso y desarrollo, siempre trunco y tantas veces postergado en estas latitudes. La disputa da cuenta, por ende, no solo de un continuado acoplamiento entre neodesarrollismo y neoliberalismo, sino también, una vez más, de la asociación entre neodesarrollismo y tradición nacional-popular.

* * *

El llamado a la diversidad o el reconocimiento de la diferencia como eje de las luchas sociales encuentra dos declinaciones fundamentales en América Latina: por un lado, el proyecto de autonomía de los pueblos indígenas, expresado en un colosal desafío, el de crear un Estado plurinacional; por el otro, el desarrollo de una narrativa autonómica, ligada a diferentes formas de activismo territorial y cultural. Claro está que el avance de las luchas indígenas da cuenta de una reivindicación específica ligada a la historia latinoamericana, mientras la narrativa autonómica forma más bien parte del nuevo talante epocal, y está presente en gran parte de las sociedades contemporáneas, en tanto heredero de los llamados nuevos movimientos sociales, y directamente vinculado con la crisis de representación política y los procesos de desinstitucionalización de la sociedad contemporánea.

Sin embargo, en países como Bolivia, donde se ha expresado un proyecto político que apunta a la creación del Estado plurinacional, más allá de las dificultades internas, la hipótesis estatalista, de la mano de la actualización de lo nacional-popular, parece sobreponerse y colocar fuertes límites a aquella novedosa apuesta política. Asimismo, en diversos países donde ha habido un desarrollo importante de la narrativa autonómica vinculada al nuevo *ethos* militante, también se han erigido límites y debilitamientos, no solo ante el endurecimiento de los dispositivos de disciplinamiento, sino también frente a la consolidación de diferentes experiencias políticas, articuladas con el legado nacional-popular, en su versión más canónica (fetichismo estatal y estructuras de sometimiento al líder).

Por último, el pasaje del Consenso de Washington al "consenso de los *commodities*" ha ido afirmando un estilo de desarrollo extractivista que tiende a reconfigurar las economías bajo nuevas formas de dependencia y una tendencia a la reprimarización, así como los territorios, bajo nuevas formas de dominación y violación de los derechos ambientales, territoriales e indígenas, lo cual interpela fuertemente al proceso de democratización en curso.

En suma, el cambio de época registrado en los últimos años en la región, a partir de la desnaturalización de la relación entre globalización y neoliberalismo, parece configurar un escenario transicional en el cual aquellas tendencias más innovadoras y disruptivas aparecen limitadas y absorbidas por el avance y (re)articulación de la tradición nacional-popular, sostenida a la vez por una fuerte estructura de liderazgo personalizado y un vertiginoso estilo de desarrollo extractivista.

Bibliografía citada

ALMEYRA, G. (2008): "Los vaivenes de los movimientos sociales en México", *Revista OSAL*, Nº 24, octubre.

BACZKO, B. (1984): *Les imaginaires sociaux*, Payot, París, [traducción al. castellano: Buenos Aires, Nueva Visión, 1991].

BERGEL, M. (2008): "En torno al autonomismo argentino", en www.dariovive.org.

CECEÑA, E. BARTRA, A. y GARCIA LINERA, A. (2003): "A diez años del levantamiento zapatista" (dossier especial de *OSAL, Observatorio Social de América Latina*, año IV, Nº 12, octubre-diciembre).

CECEÑA, E., AGUILAR, P. y MOTTO, C. (2007): *Territorialidad de la dominación, IIRSA*, Observatorio de Geopolítica, 62 p.

CORONIL, F. (2002): *El Estado mágico. Naturaleza, dinero y modernidad en Venezuela*, Consejo de Desarrollo Científico y Humanístico de la Universidad Central de Venezuela, Nueva Sociedad, Venezuela.

DE IPOLA, E, PORTANTIERO, J. C. (1994): "Lo nacional-popular y los nacionalismos realmente existentes", en C.Vilas (comp.), *La democratización fundamental. El populismo en América Latina*, Consejo Nacional para la Cultura y las Artes, México.

DIAZ POLANCO, A. (2008): "La insoportable levedad de la autonomía. La experiencia mexicana", en N. Gutierrez Chong, *Estados y Autonomías en democracias contemporáneas*, Plaza y Valdés, México, pp. 245-273.

FUENTES MURUA, J. (2006): "La Asamblea Constituyente, paso ineludible. México, 1995-2006", en R. Gutiérrez y Escárzaga, F., *Movimiento indígena en América Latina: resistencia y proyecto alternativo*, vol. II, Universidad Autónoma de Puebla.

GORDILLO, M. J. (2000): *Campesinos revolucionarios en Bolivia. Identidad, territorio y sexualidad en el Valle*

Alto de Cochabamba, 1952-1964, Edición PROMEC, Universidad de la Cordillera, Plural editores, CEP, La Paz.

GILLY, A. (1997): *Chiapas, la razón ardiente*, Era (selección de capítulos), México.

GUDYNAS, E. (2009) "Diez tesis urgentes sobre el nuevo extractivismo", en AAVV, *Extractivismo, Política y Sociedad*, CAAP, CLAES, Quito.

GUTIÉRREZ AGUILAR, R. (2006): "Dignidad como despliegue de soberanía social. Autonomía como fundamento de transformación", en R.Gutiérrez y Escárzaga F., *Movimiento indígena en América Latina: resistencia y proyecto alternativo*, vol. II, Universidad Autónoma de Puebla.

HARVEY, D. (2004): "El nuevo imperialismo: Acumulación por desposesión", *Socialist Register*, bibliotecavirtual. clacso.org.ar/ar/libros/social/harvey.pdf.

KOSELLECK, R. (1993): *Futuro pasado: para una semántica de los tiempos históricos*, Paidós Ibérica.

LÓPEZ Y RIVAS, G. (2004): "La autonomía de los pueblos indios", Ponencia para el Encuentro "Autonomía Multicultural en América Latina", *Lateinamerica-Institut*, Viena, Austria, 21 de octubre de 2004.

LÓPEZ BARCENAS, F. (2006): "Las autonomías en México. De las demandas a la constitución", en R. Gutiérrez y Escárzaga F., *Movimiento indígena en América Latina: resistencia y proyecto alternativo*, vol. II, Universidad Autónoma de Puebla.

MARTUCCELLI, D. y SVAMPA, M. (1997): *La plaza vacía. Las transformaciones del peronismo*, Buenos Aires, Losada.

MAC DONALD, K. (2003): "De la solidarité a la fluidarité", in M.Wievorka, *Un autre monde... Contestations, dérives et surprises dans l´antimondialisation*, Paris, Balland, pp.77-92.

MODONESSI, M. (2008): "Derechas e izquierdas en México. La disputa por las calles", en *Le monde diplomatique*, Bolivia, octubre.

OCHOA URIOSTE, M. (2008) "La nueva Constitución y los estatutos autonómicos en Bolivia", en www.bolipress.

PACTO DE UNIDAD (2006): Propuesta de las Organizaciones indígenas, Originarias, Campesinas, y de Colonizadores hacia la Asamblea Constituyente, en *Bolivia: Memoria, Insurgencia y Movimientos Sociales*, M. Svampa y Stefanoni, P. (comp.), Editorial El Colectivo, Osal (Clacso), 2007.

PALACIOS PAEZ, M., PINTO, V., HOETMER (2008): "Minería Transnacional, Comunidades y las Luchas por el Territorio en el Perú: El caso de Conacami", Lima, mimeo.

SEOANE, J., TADDEI J. y ALGRANTI, C. (2006): "Movimientos sociales y neoliberalismo en América Latina"; en *Enciclopédia Contemporânea da América Latina*, Sader,E., Ivana Jinkings, Carlos Eduardo Martins y Rodrigo Nobile (compiladores), Boitempo, Brasil.

SOUSA SANTOS, B. (2007): "Más allá de la gobernanza neoliberal: El Foro Social Mundial como legalidad y política cosmopolitas subalternas", en Santos y Garavito (Ed.) *El derecho y la globalización desde abajo. Hacia una legalidad cosmopolita*, Anthropos, México.

SOUSA SANTOS, B. (2007b): "La reivención del Estado y el Estado plurinacional", en *Revista Osal*, Nº 22, Buenos Aires.

SVAMPA, M. (2008): *Cambio de Época. Movimientos sociales y poder político*, Siglo XXI-Clacso, Buenos Aires.

SVAMPA, M. y ANTONELLI, M. (2009): *Minería transnacional, narrativas del desarrollo y resistencias sociales*, Biblos, Buenos Aires.

SVAMPA, M., STEFANONI, P. y FORDILLO, B. (2010) *Debatir Bolivia. Perspectivas de un proyecto de descolonización*, Taurus.

SVAMPA, M. (2011a): "Modelo de Desarrollo y cuestión ambiental en América Latina: categorías y escenarios en disputa" en .Farah, I. y Wanderley, F. (comp.),

El desarrollo en cuestión. Reflexiones desde América Latina, Ediciones de el Cides-UNSA y Plural Editores, La Paz, Bolivia, en prensa.

SVAMPA, M. (2011b)"*Art and Politics. Identity and the Art of Unbecoming a Colon*" en *ReVista, the Harvard Review of Latin America*, David Rockefeller Center for Latin American Studies, en prensa.

SVAMPA, M. (2011c): "Argentina, una década después. Del `que se vayan todos´ a la exacerbación de lo nacional-popular", *Nueva Sociedad*, N° 235.

STEFANONI, P. y. DO ALTO, H. (2006): *La revolución de Evo Morales. Clave para todos*, Buenos Aires.

STEFANONI, P. (2007): "Las tres fronteras del gobierno de Evo Morales", en *Bolivia: Memoria, Insurgencia y Movimientos Sociales*, Svampa y Stefanoni (comp.), Editorial El Colectivo-Osal (Clacso).

TAPIA, L. (2008): *Política salvaje*, CLACSO-Muela del Diablo-Comuna, La Paz.

ZAVALETTA MERCADO, R. (2009): *Lo nacional-popular en Bolivia*, La Paz, Plural, 1ra edición, 1986.

Una década de resistencias contra la mundialización neoliberal: contribuciones, significación y vigencia del movimiento altermundialista en América Latina[26] [27]

José Seoane[28] *y Emilio Taddei*[29]

Introducción

En noviembre de 1999, la "Batalla de Seattle" contra la tercera reunión ministerial de la Organización Mundial de Comercio (OMC), bautizada "Ronda del Milenio", marcó el "acta fundacional" del movimiento altermundialista proyectando internacionalmente su capacidad de resistencia callejera contra los acuerdos de liberalización comercial. La realización en enero de 2001 del primer Foro Social Mundial (FSM), en la ciudad de Porto Alegre, Brasil, consolidó en los albores del nuevo milenio la visibilidad alcanzada por el movimiento contra la mundialización neoliberal, su potencial creador y propositivo, y su vocación internacionalista. Asimismo, la impronta latinoamericana que caracterizó desde su primera edición a esta gran asamblea de los pueblos y movimientos sociales del mundo expresó la incidencia y la relevancia que tuvieron y aún

---

[26] Los autores agradecen la colaboración de Clara Algranati en la elaboración y corrección del presente texto.
[27] Este capítulo se publica de manera simultánea en el número 139 de la *Revista Paraguaya de Sociología* editada por el Centro Paraguayo de Estudios Sociológicos [nota de los editores].
[28] Sociólogo, profesor e investigador de la Universidad Nacional de Buenos Aires (Argentina) y miembro del Grupo de Estudios sobre América Latina (GEAL).
[29] Politólogo, profesor e investigador de la Universidad Nacional de Lanús (Argentina) y miembro del Grupo de Estudios sobre América Latina (GEAL).

tienen las organizaciones populares de nuestra América en el nacimiento y proyección de este "movimiento de movimientos". Esta heterogénea y compleja articulación mundial de resistencias contra la globalización neoliberal fue sin duda uno de los hechos políticos más novedosos en el inicio del nuevo siglo. Las multitudinarias acciones contra los acuerdos de libre comercio, contra la invasión imperial a Irak y la militarización internacional, en defensa de la soberanía alimentaria y más recientemente contra la crisis climática, entre otras, son solo algunos ejemplos del despertar y de la perennidad de esta renovada tradición militante, solidaria e internacionalista.[30]

La quiebra en septiembre de 2008 del gigante bancario estadounidense *Lehman Brothers* marcó el inicio de una nueva etapa de la crisis financiera, con epicentro en los llamados "países industrializados" (especialmente en los Estados Unidos y Europa). Desde entonces y en los últimos tres años el discurso y las iniciativas políticas del bloque imperial de poder mundial (Amín, 2001) centraron sus esfuerzos en tres direcciones. En la esfera político-institucional los intentos de salvaguarda y relegitimación del actual patrón de poder mundial (Quijano, 2000a) tuvieron su iniciativa más publicitada en la creación del G 20. Así se pretendió, y aún se pretende, ampliar la base de legitimidad y "gobernabilidad" del sistema-mundo capitalista mediante la incorporación subordinada de las élites económicas y políticas de algunos

---

[30]   La indagación sobre sus orígenes, características, alcances y desafíos fue y es asimismo objeto de estimulantes debates e investigaciones tanto al interior del propio movimiento como en distintos ámbitos académicos. Tempranamente hemos intentado contribuir a estas discusiones en Seoane, José y Taddei, Emilio [comps.] 2001 *Resistencias mundiales. De Seattle a Porto Alegre,* Buenos Aires, CLACSO. Para una actualización de estos aportes ver Seoane, José y Taddei, Emilio "El nuevo internacionalismo y los desafíos de los movimientos populares latinoamericanos frente a la crisis capitalista" en *Viento Sur* (Madrid), diciembre 2009, No. 107, pp. 63 a 74.

países de la llamada "periferia" al reducido club de las ocho potencias económicas, que por cierto no se ha extinguido. En el terreno económico los esfuerzos sistémicos por recomponer la legitimidad de los mercados financieros se expresaron, por un lado, en la realización de rescates millonarios de bancos y de muchas empresas transnacionales. Estas medidas tuvieron su contraparte en la esfera "social" en la sistemática destrucción de empleos que originaron masivos despidos y en la supresión de derechos sociales que aún está en curso. Por otra parte, y particularmente en el caso de la Unión Europea, los imperativos de reconducción sistémica de la crisis se expresaron en la exigencia de las autoridades comunitarias que, con el inquebrantable sostén del FMI, promovieron interminables planes de ajuste cuyos ejemplos más emblemáticos, pero no excluyentes, son los casos de Grecia y de España. Estas acciones se combinaban con una feroz campaña mediático informativa orquestada por los medios hegemónicos. Se pretendía así legitimar una vez más el carácter irrenunciable y excluyente de las políticas de ajuste en los países industrializados como única vía para la superación de los problemas y padecimientos sociales agudizados por la crisis.

Los sectores populares castigados por la crisis comenzaron tempranamente, y en distintos continentes, a expresar su descontento contra los efectos de la misma y, en particular, contra una de sus manifestaciones más visibles: el encarecimiento del precio de los alimentos provocado por los movimientos especulativos sobre los llamados "mercados a futuro" de las materias primas. Así, en el llamado "tercer mundo" las protestas y revueltas contra el hambre y la falta de alimentos fueron las primeras manifestaciones que signaron el desarrollo inicial de este nuevo ciclo de resistencias globales. En un primer momento, estas acciones estuvieron acotadas al reclamo inmediato de comida sin que ello supusiera entonces un cuestionamiento más amplio de la legitimidad de los gobiernos y regímenes políticos.

Por otra parte, la agudización de la crisis en el viejo continente a finales de 2010 se expresó en una renovada exigencia de implementación de nuevos planes de ajuste, en particular en los países de la "periferia" del acuerdo monetario europeo. Esta situación puso en evidente entredicho el fracaso de los publicitados pronósticos y de las promesas de los poderes mundiales sobre la capacidad de mitigar sus devastadores efectos y "humanizar" la globalización capitalista.

En algunas regiones de la llamada "periferia" capitalista los impactos de la crisis se expresaron en una compleja combinación de altos índices de crecimiento económico (que contrastaban con el débil desempeño de las "economías centrales"), concentración de la riqueza y deterioro de las condiciones materiales de vida de amplios sectores de la población. Por otra parte, la intensificación de la mercantilización de bienes comunes naturales ligados al dinamismo de las industrias extractivas se correspondió con un marcado deterioro de las condiciones socio-ambientales en América Latina, África y Asia. Desde el inicio de la crisis esta tendencia se expresó en la agudización de tres dinámicas preexistentes: la profundización de los esquemas de recolonización asociados a la integración subordinada al mercado mundial, la intensificación de las prácticas de "acumulación por desposesión", (Harvey, 2004: 113) particularmente vinculada a la explotación de los bienes comunes, y la creciente difusión de los procesos de militarización a escala planetaria orientados a controlar y reprimir los procesos de resistencia social contra los efectos socioambientales y laborales generados por la crisis capitalista.

Así, en momentos en que se cumplía una década de la realización del primer Foro Social Mundial, el inicio de 2011 estuvo signado por el despertar de las rebeliones populares en los países de África del Norte y de Medio Oriente iniciadas con la triunfante revolución democrática tunecina y seguida por la multitudinaria movilización del pueblo egipcio que, con epicentro en la Plaza Tahir de El Cairo, acabó con la dictadura del ex presidente Hosni Mubarak. El rechazo a la degradación de las condiciones sociales impuestas por la crisis y la exigencia de una radical democratización de vida política, hasta ahora controlada por regímenes políticos autoritarios apoyados durante décadas por las potencias occidentales, son la columna vertebral de las reivindicaciones de este ciclo político insurreccional. Los ecos de la llamada "primavera árabe" se extendieron a Siria, Libia, Marruecos, Yemen, Jordania, Bahrein, donde los procesos de movilización y los conflictos aún permanecen abiertos. Las repercusiones de estas revueltas populares ya se expresan en la compleja reconfiguración geopolítica en curso en la región y que parece llamada a modificar la composición del tablero regional cristalizada al concluir los procesos de descolonización de las décadas de 1950 y 1960. Las primeras revoluciones triunfantes de este ciclo (Túnez y Egipto) coincidieron con la realización a inicios de febrero de 2011 de una nueva edición internacional del Foro Social Mundial en Dakar, Senegal. El parlamento de los pueblos se nutrió de la participación de numerosos militantes de Túnez y de Egipto que inscribieron sus luchas y triunfos en la experiencia histórica del movimiento contra la mundialización neoliberal.

El nuevo impulso cobrado a lo largo de 2011 por las protestas contra los efectos de la crisis se trasladó rápidamente al continente europeo, donde la irrupción del movimiento de los "indignados" en el Estado español cobró fuerza y visibilidad ocupando las plazas de ese país con acampes que reivindicaron el espíritu de las revueltas árabes. Desde entonces, distintas expresiones de rechazo contra los ajustes fiscales y los despidos en el sector público no han dejado de sacudir la realidad europea. Las masivas protestas y manifestaciones en Grecia, Francia, Italia, Portugal, Islandia son expresiones de la intensidad del rechazo popular frente a las recetas neoliberales. El cuestionamiento a los partidos políticos mayoritarios, la exigencia de una "democracia real", la masiva participación de jóvenes que denuncian la precarización de sus vidas y la ocupación masiva de las calles y los espacios públicos, son algunas de las características distintivas de las protestas en el viejo continente que las emparentan en más de un sentido con el ciclo de conflictividad social que atravesó a América Latina en las décadas pasadas. La masividad y radicalidad de las mismas no han logrado sin embargo impedir la aplicación de nuevos "paquetes" que contemplan renovados recortes del gasto público y la privatización de servicios públicos. Los levantamientos juveniles en los suburbios populares de las grandes ciudades inglesas y la brutal represión y estigmatización de la pobreza practicada por la coalición derechista encabezada por el premier David Cameron son el ejemplo más descarnado de las tensiones sociales agudizadas por las políticas ortodoxas y del peligroso consenso social alcanzado por las medidas represivas contra las llamadas "nuevas clases peligrosas". En agosto de 2011 habrá de emerger el movimiento de los indignados en Israel para repudiar el incremento del costo de vida y reclamar mayor justicia social. Bajo la consigna "El gobierno solo entiende de números" este movimiento convocó a inicios de septiembre a la "marcha del millón" que se transformó en la más grande en la historia del país y que reunió a 450.000 israelíes que se movilizaron en demanda de la construcción masiva de viviendas de alquiler a bajo precio, el alza del salario mínimo y la educación gratuita para todos los estudiantes.

Por último, una nueva expresión del descontento frente a los efectos de la crisis capitalista emergió en septiembre en la ciudad de Nueva York. En el "corazón del imperio", inspirados por las protestas de la primavera árabe y de los "indignados" en España, y bajo la consigna "ocupemos Wall Street", cientos de manifestantes convocaron a ocupar durante meses las calles del centro financiero de Wall Street para denunciar las acciones fraudulentas e ilegales de los bancos y las pretensiones del Congreso estadounidense de profundizar las medidas de austeridad fiscal para acotar el endeudamiento público.

En este somero repaso de las expresiones más significativas de los conflictos sociopolíticos más visibles durante 2011 no podemos dejar de referir, en el caso de nuestra América, al masivo y prolongado movimiento de protesta encabezado por los estudiantes chilenos en reclamo de la desmercantilización de la educación en dicho país y la exigencia de una reforma constitucional que garantice la educación pública gratuita y de calidad. Este conflicto de alcance nacional ha logrado interpelar la racionalidad neoliberal de las políticas públicas estatales vigentes desde la época de la dictadura pinochetista y prolongada hasta la actualidad por los diferentes gobiernos de la Concertación de Partidos por la Democracia. La protesta estudiantil en curso es el movimiento social de mayor amplitud en las últimas décadas en el país andino. La misma logró un amplio consenso en torno al cuestionamiento del espíritu empresarial y privatizador que inspira las políticas públicas estatales del gobierno del presidente Sebastián Piñera. Este consenso obligó al ejecutivo a proponer algunas reformas parciales que no han dado respuesta a las demandas estudiantiles de un conflicto aún no resuelto y que ha suscitado expresiones de solidaridad en numerosos países de América Latina.

Esta sintética referencia a las pulsiones antisistémicas que se hacen presentes en el desarrollo de la crisis actual no agota por cierto el complejo y heterogéneo escenario en que se desenvuelve la misma. En este contexto se expresan y parecen también consolidarse tendencias que operan en sentido contrario a las acciones de repudio al neoliberalismo y a las aspiraciones democratizadoras de los movimientos sociales. Nos referimos a la capacidad manifestada por las clases dominantes de distintos países "centrales" para imponer políticas de ajuste y de privatización y para suprimir numerosos derechos y conquistas sociales. Esta realidad expresa la capacidad que mantienen estos sectores para legitimar las propuestas de "salida sistémica" a la crisis. En un sentido similar, aunque como expresión de una realidad específica puede referirse la intensificación de la mercantilización de los bienes comunes naturales en distintos países de la llamada periferia del capitalismo. En términos de una "salida" sistémica de la crisis esta tendencia resulta complementaria a las dinámicas de "desposesión" de las clases trabajadoras en curso en los países "centrales". La misma asume actualmente una relevancia particular en América Latina y es la expresión de los procesos de reprimarización económica que han experimentado una gran parte de los países de la periferia del sistema-mundo capitalista.

La intensificación de la militarización de las relaciones internacionales y la creciente criminalización de las protestas y las resistencias son asimismo expresiones de las respuestas de los poderes imperiales. Estas políticas buscan recomponer bajo un signo crecientemente autoritario la legitimidad del orden político internacional y su potencial agudización acentuará aun más el carácter antidemocrático y represivo que caracteriza al "capitalismo realmente existente". La intervención militar de la Organización del Tratado del Atlántico Norte (OTAN) en Libia es la expresión más reciente aunque no única de esta situación. Estados Unidos y la Unión Europea han intentado manipular con renovado espíritu colonial las legítimas revueltas populares contra el régimen autoritario de Muammar Khadafi, quien fuera hasta el inicio de las protestas un aliado estratégico y garante en su propio país de los intereses del capital trasnacional, promoviendo un proceso de "balcanización" política interna funcional a las pretensiones de recolonización imperial que asegure el acceso y el control de la recursos petroleros de dicho país.

Los señalamientos precedentes permiten poner sintéticamente en perspectiva la complejidad de las dinámicas que se expresan en la actual coyuntura mundial y latinoamericana. El análisis de los procesos de resistencia en curso debe evitar las miradas deterministas que conciben el proceso histórico como una sucesión lineal y acumulativa de conquistas y avances de los movimientos populares. Privilegiamos un enfoque que permite dar cuenta de las conquistas pero también de los impasses, retrocesos y dificultades que en la última década enfrentaron y enfrentan la construcción de proyectos emancipatorios. La consideración y conceptualización de las resistencias bajo la perspectiva de fases y ciclos marcados por avances y reflujos resultan, según nuestra perspectiva, más apropiadas para la comprensión de la compleja realidad de estas experiencias. Observada bajo la óptica de la temporalidad media y larga de los procesos sociopolíticos, la realidad latinoamericana de la última década da cuenta de una nutrida experimentación sociopolítica protagonizada por novedosos movimientos sociales. Estas experiencias contribuyen, sin duda, a la comprensión de algunas características de las protestas y movimientos que en el plano mundial retroalimentan hoy la trayectoria histórica del movimiento contra la mundialización neoliberal.

La perspectiva de avanzar en la búsqueda de alternativas societales y civilizatorias constituye un desafío significativo para el movimiento altermundialista, cuyas expresiones más recientes y en curso dan por tierra con las apresuradas predicciones sobre su rápido eclipse formuladas tanto desde los cenáculos del poder político sistémico como en espacios académicos. El balance de las resistencias que a lo largo de la última década nutrieron la experimentación de un "nuevo internacionalismo" resulta así de gran importancia para la elaboración colectiva de los nuevos horizontes estratégicos y de alternativas civilizatorias al capitalismo. Ello nos convoca a comprender las características de los movimientos sociales de raigambre popular de América Latina y el Caribe surgidos en los procesos de resistencia sociopolítica al neoliberalismo desde mediados de los noventa y a puntualizar la decisiva contribución de estas experiencias en la breve pero intensa historia del movimiento altermundialista. Siendo además que, desde inicios del nuevo milenio, el peso de las experiencias latinoamericanas colocó a nuestra región en el centro del debate y la construcción de alternativas al neoliberalismo a nivel internacional.

Este artículo presenta un balance de las principales contribuciones de los movimientos sociales latinoamericanas a la construcción de este "nuevo internacionalismo", que deben entenderse como el resultado de un complejo proceso de acumulación de fuerzas socio-políticas forjado en la confrontación contra las políticas neoliberales. Referiremos asimismo a algunos de los cambios y transformaciones sociopolíticas que atraviesan la región con el objetivo de comprender los desafíos y dificultades que enfrentan los procesos de articulación regional. El interrogante sobre cómo superar los *impasses* que signan hoy a estas experiencias, que muy lejos están de significar su eclipse, plantea responder simultáneamente sobre los desafíos que trazan los efectos de la crisis sobre los sectores populares latinoamericanos. Su impacto se combina con las tentativas desplegadas por el gobierno de Barack Obama de relegitimar las políticas de liberalización comercial y de control militar que evidencia, más allá de las intenciones enunciadas, la voluntad estadounidense de profundizar su dominación imperial sobre la región.

De las resistencias a la crisis de legitimidad del neoliberalismo en América Latina

La apertura del nuevo milenio en América Latina estuvo marcada por un sostenido proceso de movilización popular que cuestionó profundamente las políticas neoliberales, agudizadas hacia fines de siglo tras las sucesivas crisis financieras. Este proceso había comenzado a despuntar promediando la década de los noventa con el levantamiento zapatista en Chiapas en 1994, que resultó emblemático de este nuevo ciclo, y se expresó ya desde entonces en un sostenido incremento del conflicto y las protestas protagonizados por nuevas organizaciones y movimientos sociales.

Con la llegada del nuevo siglo este proceso de resistencias sociales al neoliberalismo habrá de transformarse en un creciente y más amplio cuestionamiento de la legitimidad del régimen en su conjunto.[31] De esta manera, comenzará a nivel regional un nuevo período que podemos llamar como el de la crisis de legitimidad del modelo neoliberal, que presentó dos rasgos distintivos. Por un lado, la difusión de levantamientos sociales e insurrecciones urbanas que, particularmente intensos en el área andina, desencadenaron

---

[31] En esta dirección puede considerarse la magnitud e importancia que cobran las movilizaciones y conflictos sociales en el año 2000 donde se concentran aquellas que precipitarán la caída de los gobiernos de Ecuador y Perú así como la llamada "Guerra del agua" en Cochabamba, Bolivia, que marcará el inicio de un ciclo de protestas en este país andino. Como antecedente de estos procesos a nivel electoral vale recordar la primera elección de Hugo Chávez como presidente de Venezuela a fines de 1998.

crisis políticas que forzaron la renuncia de presidentes, la caída de gobiernos y la apertura de transiciones políticas.[32] Esta crisis de legitimidad se expresó asimismo en la aparición y conformación de mayorías electorales críticas a sus políticas, que rompían en el terreno electoral la hegemonía ganada por el neoliberalismo en la década de los noventa y darían el triunfo a candidatos y coaliciones políticas caracterizados por una discursividad electoral condenatoria de las políticas aplicadas durante dicha década. Aunque, como señalaremos más adelante, estos procesos de cambio socio-políticos tuvieron sentidos y destinos muy distintos.

Los "nuevos" movimientos que protagonizaron el ciclo de resistencias sociales al neoliberalismo, y cuyas acciones resultaron decisivas en la crisis de legitimidad que agrietaron los cimientos de la ciudadela neoliberal, se constituyeron con capacidad de articulación y peso nacional en un recorrido que iba de las periferias de los grandes latifundios y urbes a los centros del poder político y económico. Desposeídos o amenazados por la expropiación de sus tierras, trabajo y condiciones de vida, muchas de estas organizaciones se constituían en la identificación política de su desposesión (los sin tierra, sin trabajo, sin techo), de las condiciones sobre las que se erigía la opresión (los pueblos originarios) o de la lógica comunitaria de vida amenazada (los movimientos de pobladores, las asambleas ciudadanas). En el ciclo de resistencia al neoliberalismo se entrecruzaban y a veces convergían con otros sujetos

---

[32] El fracasado intento de golpe de Estado en Venezuela en abril de 2002, abortado por la amplitud e intensidad de la movilización popular, y la llamada "Caravana de la Dignidad Indígena" en México en 2001, en reclamo del cumplimiento de los acuerdos de San Andrés y de la aprobación de una ley indígena en base a las demandas formuladas por el movimiento zapatista, finalmente desoído por el Parlamento, constituyen también dos hechos significativos del período de crisis de legitimidad del neoliberalismo.

urbanos donde también nuevos procesos de organización tenían lugar, los trabajadores, especialmente los del sector público y los precarizados, los estudiantes y jóvenes, los sectores medios empobrecidos (Seoane, 2008: 268).

En relación con algunas características que permiten conceptualizar la "novedad" de estos movimientos hemos subrayado en oportunidades anteriores tres aspectos distintivos que, claro está, no agotan la riqueza de sus características (Seoane *et. al.*, 2006: 232). Los procesos de "territorialización social" y la revalorización y reinvención de la cuestión democrática aparecen como dos particularidades de estas experiencias cuyo tratamiento pormenorizado excede los límites de este artículo. Es importante sin embargo señalar que en relación con las mismas los movimientos sociales habrán de plantear una renovación profunda de la noción de la autonomía y del debate sobre la naturaleza del poder y el papel del Estado en el camino de la transformación y la emancipación social.

Una tercera característica, vinculada a la problemática específica de este artículo, ha sido la emergencia de coordinaciones en el plano regional o internacional entre distintos movimientos y organizaciones nacionales en lo que ha sido llamado a nivel mundial el "movimiento altermundialista". Estas experiencias que tiñeron de manera profunda y singular la práctica de los movimientos sociales fueron consideradas como el surgimiento de un "nuevo internacionalismo" en función de las novedades que introducían en la recuperación de pasadas tradiciones de solidaridad y articulación socio-política a nivel mundial y que habían cristalizado, entre otras, en la historia de las internacionales. En relación con ello, el internacionalismo actual se revelaba nuevo por el carácter eminentemente social de los actores involucrados (aunque no desligado, por si hiciera falta la aclaración, de inscripciones ideológico-políticas), por su heterogeneidad y amplitud que abarcaba desde organizaciones sindicales a movimientos campesinos, por la extensión geográfica que alcanzaban las convergencias, y por las formas organizativas y las características que asumieron estas articulaciones que priorizaban la coordinación de acciones y campañas (Seoane y Taddei, 2001: 123).

Un breve recorrido por su genealogía nos conduciría desde las protestas contra el Acuerdo Multilateral de Inversiones en 1997 y 1998, la citada "batalla de Seattle" (1999), la creación y profundización de la experiencia del Foro Social Mundial (desde el 2001); las "jornadas globales" contra la intervención militar en Irak (2003); y el surgimiento y desarrollo de las campañas contra el libre comercio y la guerra que tuvieron su capítulo americano más significativo en la oposición al proyecto estadounidense del ALCA (Área de Libre Comercio de las Américas) y a los tratados comerciales con Estados Unidos. La temprana presencia y participación de movimientos y organizaciones populares latinoamericanas en estos complejos y heterogéneos procesos de articulación política, atravesados de pulsiones antisistémicas, constituyen un rasgo distintivo de esta experiencia que sin duda fue uno de los hechos políticos más importantes en el escenario internacional de inicios del siglo XXI

Genealogía del "nuevo internacionalismo" en América Latina

A lo largo del pasado siglo XX los procesos de solidaridad regional encontraron un fértil terreno en la vasta geografía latinoamericana. Las campañas de defensa y apoyo a la revolución cubana y contra el bloqueo estadounidense en repudio a las dictaduras militares conosureñas y en pos de la revolución nicaragüense son, en el período de posguerra, algunos de los ejemplos más salientes de esta amplia tradición. Esta supo también proyectarse a escala internacional en diferentes iniciativas revolucionarias y populares que se nutrieron de los procesos y luchas emancipatorias y antiimperialistas de los pueblos latinoamericanos.

En estrecha relación con esta tradición, la intensa experimentación altermundialista de la última década encuentra un antecedente a nivel regional en la realización del Primer Encuentro Intercontinental por la Humanidad y contra el Neoliberalismo, celebrado en 1996 en Chiapas bajo la convocatoria del zapatismo, expresión de la gravitación que habrían de ganar los movimientos indígenas en el nuevo ciclo de luchas latinoamericanas

El nacimiento y posterior desarrollo del Foro Social Mundial (FSM) en la ciudad brasileña de Porto Alegre en 2001 fue también resultado de la impronta latinoamericana que marcó, a lo largo de sus nueve ediciones, la experiencia de este "parlamento de los pueblos". La participación de movimientos y organizaciones de nuestra América –en especial del Brasil– en la promoción y expansión del FSM fue desde sus inicios particularmente significativa en las sucesivas ediciones mundiales, regionales y temáticas. En relación con estas dos últimas cabe destacar, entre otras, la realización en tres oportunidades del Foro Social Américas (Quito, 2004; Caracas, 2006; Guatemala, 2008); del Foro Social Mesoamericano, cuya séptima edición tuvo lugar en 2008 en Managua, Nicaragua; del Foro Social Panamazónico en sus siete ediciones realizadas entre 2002 y 2009 y de las tres ediciones del Foro Social de la Triple Frontera (Puerto Iguazú, Argentina, 2004; Ciudad del Este, Paraguay, 2006; Foz do Iguazú, Brasil, 2008). La realización del Foro Social Ecológico Mundial, en Cochabamba, Bolivia en 2008 habrá de coincidir y potenciar las jornadas de movilización continental contra el golpe autonómico en Bolivia signado por la masacre de Pando.

Por otra parte, la activa participación y presencia de los movimientos sociales latinoamericanos en las asambleas de los movimientos sociales del Foro, en particular del Movimiento de los Trabajadores Rurales Sin Tierra (MST) y de la Vía Campesina, contribuyó a nutrir las iniciativas altermundialistas con las experiencias de "reinvención democrática" (De Sousa Santos, 2003: 55) características de muchas de las resistencias populares de América Latina y el Caribe.

A lo largo de la última década las articulaciones regionales estuvieron particularmente orientadas a confrontar con los llamados acuerdos sobre liberalización comercial y especialmente las sucesivas iniciativas norteamericanas de subsumir a los países de la región bajo un Área de Libre Comercio de las Américas (ALCA). Estos procesos de resistencia, que supusieron tanto la constitución de espacios de coordinación a nivel regional (que agrupan a un amplio arco de movimientos, organizaciones sociales y ONG) como el surgimiento de similares experiencias de convergencia a nivel nacional (por ejemplo, las campañas nacionales contra el ALCA y luego contra los TLC en Centroamérica, Colombia y Perú) resultaron, en el marco continental, expresión y prolongación del movimiento altermundialista.

En el período histórico que nos ocupa reconocemos tres momentos particulares de los procesos de convergencia y articulación de las luchas. Un primer período que se extiende entre 1994 y 2001 y que corresponde al lento proceso de rearticulación de las solidaridades regionales y su proyección internacional a partir de la intensificación de las resistencias populares contra el neoliberalismo. El referido nacimiento del Foro Social Mundial se inscribe en la temporalidad de este período durante el cual habrán de madurar los debates en torno a la centralidad que asume el proyecto imperial del ALCA en la consolidación de los procesos de liberalización comercial y mercantilización de la vida. Este ciclo corresponde también al nacimiento y al desarrollo de las articulaciones y convergencias continentales contra estos proyectos de liberalización comercial. En este primer ciclo, la experiencia regional se remonta a las protestas frente al Tratado de Libre Comercio de América del Norte (NAFTA, por sus siglas en inglés) en 1994, la realización del Primer Encuentro Intercontinental por la Humanidad y contra el Neoliberalismo en Chiapas (1996), la creación de la Alianza Social Continental (1997) y la organización de las dos primeras Cumbres de los Pueblos de las Américas (1998 y 2001) en oposición a las cumbres de los presidentes de los países que participaron en las negociaciones del ALCA.

El avance de las negociaciones gubernamentales en pos de la concreción del ALCA, por un lado, y la consecuente intensificación de las resistencias populares a este proyecto, por otro, resultarán las características más distintivas del segundo período (2002-2005), que se cerrará con la derrota del ALCA y la creciente crisis de legitimidad de los proyectos hegemónicos de integración comercial. Durante estos años el movimiento desplegó una renovada capacidad de intervención política que se materializó en la organización entre 2002 y 2005 de los cuatro primeros Encuentros Hemisféricos contra el ALCA, en las campañas nacionales contra el ALCA, y en la región Mesoamericana, en la creación y desarrollo de los citados foros sociales mesoamericanos y del Bloque Popular Centroamericano. La realización de la multitudinaria Cumbre de los Pueblos de las Américas realizada en 2005 en Mar del Plata, Argentina, simbolizará, gracias a la acción directa y a la capacidad de incidencia de los movimientos sociales y a la presión político-diplomática de algunos gobiernos sudamericanos, la derrota definitiva de la iniciativa estadounidense del ALCA promovida por el gobierno Bush. La previa materialización en 2004 del TLC entre Chile y Estados Unidos constituirá durante este período un antecedente de las nuevas iniciativas imperiales promovidas en el período siguiente.

El fracaso de esta iniciativa marcará el inicio de un nuevo y complejo período en el cual habrá de reconfigurarse y profundizarse algunas de las tendencias referidas. En relación con esto pueden señalarse cuatro cuestiones que condicionaron los escenarios políticos nacionales y los procesos de integración regional. Su entendimiento remite tanto a las tentativas desplegadas por los Estados Unidos y las élites económicas en aras de la recomposición y relegitimación del orden neoliberal, como al efecto de los procesos de transformaciones políticas referidos anteriormente, su impacto en la reconfiguración de proyectos de integración regional, y las estrategias de los movimientos frente a estas nuevas realidades.

Cartografía de los procesos sociopolíticos y las convergencias continentales

En ese sentido, es importante desatacar en primer lugar que luego de la derrota del ALCA la estrategia imperial de promoción de libre comercio habrá de resignificarse en la promoción de los TLC bi o plurilaterales, como signo característico de la política diplomático-comercial del gobierno de Bush en los últimos años de su mandato. En el caso de la región andina, esta estrategia implicó la negociación y conclusión de dichos acuerdos con Perú en 2005 y Colombia en 2006; siendo que solo el primero obtuvo la ratificación parlamentaria estadounidense en 2007, y, consecuentemente, ha entrado en vigencia en 2009. Pero por su dimensión regional y política la negociación y posterior puesta en marcha del TLC entre Centroamérica y Estados Unidos constituirá el logro más importante de la estrategia desplegada por la potencia del norte. El complejo proceso de negociaciones iniciado en 2003 y la posterior materialización del mismo a partir de 2006 estuvo sin embargo atravesado por un intenso proceso de resistencia social en la región que, si bien no logró impedir esta iniciativa, sirvió para interpelar la legitimidad de la misma desde antes de su puesta en funcionamiento. El ajustado resultado del referéndum costarricense de 2007 en favor del CAFTA es el caso más emblemático de la fuerza conquistada por las campañas regionales. Estas campañas, que también se articularon en torno a la denuncia de los esquemas hegemónicos de control territorial y militarización promovidos por Estados Unidos, contribuyeron también a denunciar y a deslegitimar la propuesta del Plan Puebla Panamá, y de su reformulación más reciente encarnada en la Iniciativa Mérida.

Un segundo elemento que caracterizará el nuevo escenario regional es la profundización de un diagrama sociopolítico tendiente a la militarización de las relaciones sociales en un proceso que ha sido bautizado como "neoliberalismo armado" o "de guerra" (González Casanova, 2002: 178). El mismo refiere no solo a las prerrogativas de intervención militar esgrimidas por el presidente Bush luego del 11 de septiembre, sino también a la difusión de una política crecientemente represiva que, a través de diferentes instrumentos, persigue particularmente la penalización de la protesta social y la criminalización de los sectores pauperizados y más castigados por las políticas neoliberales. La implementación de este diagrama represivo habrá de encontrar durante este período sus experiencias más consolidadas en aquellos países que convinieron acuerdos de libre comercio con los Estados Unidos (en especial en Colombia, donde el gobierno de Uribe intensificó la política de "seguridad democrática" y en México bajo el gobierno de Felipe Calderón). En respuesta a ello las campañas de resistencia enfatizaron en sus acciones y propuestas la denuncia del vínculo existente entre la promoción del "libre comercio" y los esquemas de militarización y criminalización de la protesta social en la región. Por iniciativa de la Convergencia de Movimientos de los Pueblos de las Américas (COMPA), el Grito de los Excluidos y Jubileo Sur, entre otras organizaciones, se organizaron a partir de 2003, y durante este período diversos Encuentros Hemisféricos contra la Militarización articularon una campaña continental contra las bases militares estadounidenses en América Latina y el Caribe.

Las resistencias a estos procesos y los cambios sociopolíticos a nivel nacional aceleraron durante los últimos años la reconfiguración de los acuerdos regionales y el surgimiento de proyectos de integración alternativa. Estos procesos constituyen la tercera característica de la etapa abierta tras la crisis del ALCA y encontraron en la creación en 2004 de la Alternativa Bolivariana para las Américas (ALBA), en la Unión Sudamericana de Naciones (UNASUR) en 2008 y en el Banco del Sur en 2009, sus expresiones más importantes. En relación con la primera de estas experiencias merece destacarse que el ALBA-TCP rebautizado recientemente como Alianza Bolivariana para los Pueblos de Nuestra América-Tratado de Comercio de los Pueblos, que agrupa actualmente a ocho[33] países, será concebido,

---

[33] Si bien hasta mediados de 2009 el ALBA estuvo integrado por nueve países, el retiro de Honduras de dicho acuerdo luego del golpe militar en dicho país en junio de 2009 redujo la cantidad de países miembros a ocho (Antigua y Barbuda, Bolivia, Cuba, Ecuador, la Mancomunidad de Dominica, Nicaragua, Venezuela y San Vicente y las Granadinas). El depuesto presidente Manuel Zelaya había firmado la adhesión de Honduras al ALBA el 25 de agosto de 2008. Luego del golpe de Estado el dictador Roberto Micheletti anunció el retiro de dicho país del acuerdo bolivariano. La oficialización de esta medida se realizó sin embargo el 12 de enero de 2010 cuando el Congreso Nacional aprobó la denuncia del tratado mediante el cual Honduras se adhirió a este bloque regional. Un día antes de la entrega del poder a su sucesor también ilegítimo Porfirio

inspirado en la experiencia de los movimientos sociales en la lucha contra el libre comercio, bajo los principios de solidaridad, complementación y cooperación en aras de la erradicación de la pobreza y las desigualdades sociales, la promoción del "desarrollo endógeno nacional" y los derechos sociales.

La maduración de este proceso conoció a inicios de 2009 un nuevo impulso con el lanzamiento de una convocatoria a una coordinación amplia de movimientos sociales latinoamericanos, realizado en el marco del FSM de Belém. Promovida por el Movimiento Sin Tierra y el capítulo regional de la Marcha Mundial de Mujeres, entre otras organizaciones, la declaración que promueve el "ALBA de los Movimientos" enuncia los principios de un proyecto de vida de los pueblos frente a los proyectos imperiales y asume la necesidad de fortalecer la construcción del ALBA "desde abajo" con el objetivo de potenciar este proceso. En la experiencia más reciente dos hechos ilustran la construcción de este espacio de convergencias. A finales de 2009 –y en simultaneidad con la cumbre presidencial del ALBA-TCP realizada en la ciudad de Cochabamba, Bolivia, en el mes de octubre– los movimientos sociales deliberaron en la Primera Cumbre de Movimientos Sociales del ALBA-TCP y decidieron la creación de un Consejo de los Movimientos como espacio permanente de debate y articulación de iniciativas regionales. Este impulso hubo de consolidarse en la reunión mantenida por los movimientos en la ciudad de Caracas, Venezuela, en abril de 2010, en el marco en el cual las organizaciones presentes avanzaron en la creación y consolidación de los capítulos

---

Lobo, el dictador Roberto Micheletti sancionó el decreto legislativo 284-2009, excluyendo a Honduras del ALBA. Luego de su asunción Porfirio Lobo descartó el reingreso de Honduras al ALBA en razón de su incompatibilidad con los intereses de los Estados Unidos.

nacionales del "ALBA de los Movimientos" y sobre la propia estructura organizativa del Consejo de los Movimientos. Estas decisiones autónomas estuvieron a su vez reflejadas en el documento "Consolidando la nueva Independencia. Manifiesto Bicentenario de Caracas" refrendado por los jefes de Estado de los países integrantes del ALBA-TCP el 19 de abril de 2010. Dicho documento propone explícitamente articular los movimientos sociales del ALBA con la acción de los gobiernos involucrados en dicho proceso, reconociendo la necesidad de instalar el Consejo de Movimientos Sociales a través del establecimiento de los capítulos nacionales de cada país. Asimismo, se apela a la incorporación activa de los movimientos sociales en el desarrollo de proyectos económicos y sociales de construcción concreta de las alternativas al capitalismo depredador de nuestro continente. La gravitación de los movimientos sociales de mujeres en esta experiencia se refleja en la solicitud formulada en dicho pronunciamiento en el sentido de que el comité de mujeres del ALBA asuma de manera inmediata el trabajo para el desarrollo de las misiones sociales de atención a los niños de la calle, a las mujeres embarazadas, de combate a la drogadicción, y en lo económico, para el impulso de proyectos de gran envergadura que dignifiquen productivamente a las mujeres.

Un cuarto elemento que caracterizará al complejo período abierto luego del naufragio de la iniciativa del ALCA está asociado a las tentativas de recuperar la cuestionada legitimidad estatal. Dos cuestiones confluyen en la expresión de esta dinámica que tuvo particular relevancia en algunos países del Cono Sur. Por un lado nos remite a los cambios de gobierno ocurridos en el período; por el otro, a su coincidencia con el ciclo de recuperación económica que permitió morigerar las tensiones sociales agudizadas por la crisis. Esta relegitimación del Estado se tradujo en la recuperación del control del espacio público restringiendo de esta manera la capacidad de acción y protesta de los movimientos sociales en un devenir que abarcó tanto procesos de integración política de fracciones o sectores de las clases subalternas, o de cooptación dirigencial como de reforzamiento represivo (Seoane, 2008: 283). Bautizados como neo-desarrollistas, o en algunos casos social-liberales, estos regímenes se han caracterizado por recuperar cierto nivel de intervención estatal sobre la economía y ciertos instrumentos de políticas sociales que habían sido desmantelados por el neoliberalismo, sin que ello supusiera una modificación sustantiva de la matriz distributiva característica de dicho modelo. Estas tendencias contribuyeron a un proceso visible de burocratización y de repliegues corporativistas de algunos movimientos sociales (en este sentido pueden referirse las evoluciones de algunas corrientes sindicales mayoritarias en Brasil y de organizaciones territoriales y sindicales en Argentina) que debilitaron la construcción de alternativas antisistémicas así como condicionaron las experiencias de articulación regional.

Por contraposición, los procesos de cambios sociopolíticos en curso en la tríada andina conformada por Venezuela, Bolivia y Ecuador refieren a experiencias y tentativas más profundas de transformación social. En estos casos, tanto los cambios de la matriz gubernamental-estatal en el marco de reformas constituyentes y el sustantivo incremento de la gestión público-estatal vía la nacionalización de la explotación hidrocarburífera y de otros sectores económicos claves; así como la promoción de políticas sociales protectivas orientadas en un sentido universal supusieron significativos avances en el terreno democrático y de la distribución de los ingresos. En estas experiencias el cuestionamiento a la matriz liberal-colonial del Estado-nación ha sido alimentado por la fuerza adquirida por los movimientos indígenas. Así, por ejemplo, en las recientes experiencias de reformas constitucionales en Bolivia y Ecuador ello se tradujo en un reconocimiento explícito de las reivindicaciones de los pueblos originarios respecto al carácter plurinacional del Estado. La acción de las organizaciones indígenas sirvió también para difundir las ideas y las prácticas del "buen vivir" o *sumak kausai* como alternativas civilizatorias decolonizadoras al modelo de desarrollo capitalista.

Estas dinámicas y conquistas, expresión de la gravitación alcanzada por los movimientos campesino-indígenas en el escenario político latinoamericano y andino en particular, se han visto confrontadas paralelamente en los algunos de estos países por iniciativas oficiales que expresan las pretensiones de algunos sectores gubernamentales de reforzar el modelo extractivo ahora guiado por las expectativas de un desarrollismo con fuerte regulación estatal que demanda incrementar los volúmenes de producción, exportación e inversión o, por lo menos, mantenerlos frente a las dificultades que presenta la actual crisis económica en curso a nivel internacional. Así, en Ecuador, de manera similar a lo que ocurrió en el caso de la aprobada ley de minería en 2008 o con la ley de aguas en 2009, también la política de explotación petrolera supuso y supone una tensión y conflicto reiterado del gobierno con las comunidades originarias y el movimiento indígena. En Bolivia la decisión gubernamental de eliminar los subsidios a los combustibles originó a fines de 2010 masivas protestas populares contra el "gasolinazo" ante las cuales el gobierno de este país decidió dar marcha atrás con las medidas propuestas. También en Bolivia la decisión gubernamental de avanzar en el desarrollo de infraestructura vinculada a los procesos extractivos sin previa consulta a las comunidades originó en 2011 la importante marcha indígena contra la construcción de la carretera Villa Tunari - San Ignacio de Moxos, que atraviesa una parte del Territorio Indígena Parque

Nacional Isiboro Sécure (TIPNIS). Esta manifestación ha sido encabezada por las organizaciones de pobladores originarios del TIPNIS y apoyada por la Confederación de Pueblos Indígenas de Bolivia (CIDOB) y el Consejo Nacional de Ayllus y Markas del Qullasusyua (CONAMAQ). En momentos en que escribimos estas líneas la represión contra los marchistas y organizaciones incrementó las tensiones entre el ejecutivo y los movimientos indígenas en el contexto de un conflicto que aún permanece abierto.

Todo ello, y su protagonismo en la resistencia a los procesos de naturaleza extractiva que promueven la "valorización capitalista" de territorios y comunidades, ha potenciado la participación e influencia de los movimientos indígenas en las articulaciones regionales. La realización de las sucesivas Cumbres Continentales de Pueblos y Nacionalidades Indígenas de Abya Yala (cuya cuarta edición se realizó en Puno, Perú, en 2009), la creación en 2006 de la Coordinadora Andina de Organizaciones Indígenas (CAOI) y la amplia participación de movimientos originarios en el Asamblea de los Pueblos Indígenas que tuvo lugar en el Foro Social Mundial en Belém, Brasil, en 2009, son algunas de las expresiones más recientes de estos procesos de resistencia. Más recientemente, y en el mismo sentido, puede referirse la realización de la Primera Cumbre Regional Amazónica de la Coordinadora de Organizaciones Indígenas de la Cuenca Amazónica (COICA) realizada en Manaus, Brasil, en 2011, en cuya declaración final se señala que el reconocimiento de los derechos indígenas amazónicos resulta clave para salvar los bosques

Un balance de las múltiples y complejas experiencias de articulación y convergencias regionales contra el neoliberalismo y los proyectos hegemónicos, permite identificar algunas cuestiones que marcaron con particular intensidad la experiencia latinoamericana y se proyectaron como contribuciones a la experiencia del movimiento anti-mundialización. La intensa capacidad de recreación y reinvención de prácticas democráticas aparece como una característica distintiva, que cobró cuerpo en la generalización de la matriz asamblearia. En este sentido también, la consulta popular fue una herramienta largamente usada por las organizaciones en diferentes países; desde las campañas nacionales contra el ALCA en Argentina, Brasil y Paraguay, hasta por las comunidades rurales en Centroamérica o el área andina contra la explotación y apropiación privada de los bienes comunes de la naturaleza.

Un segundo elemento característico de estas experiencias ha sido la capacidad de combinar una composición sociopolítica e identitaria muy heterogénea con una gran eficacia política en los procesos de resistencia y construcción de alternativas. Esta marca distintiva es un indicador de la capacidad de dar respuesta en el terreno de la acción política a los desafíos planteados por la complejidad y al carácter multidimensional que asumen los procesos de dominación, explotación y conflicto en el capitalismo contemporáneo. La heterogeneidad característica del movimiento ha sido crecientemente valorada como un elemento que potencia y enriquece las experiencias de resistencia. Esto permitió, a su vez, una más justa apreciación por parte de movimientos y organizaciones de origen urbano del potencial antisistémico y emancipatorio que despliegan las organizaciones indígenas y campesinas en su lucha por la plurinacionalidad, por la soberanía alimentaria, por el buen vivir y contra la mercantilización de la vida.

Un tercer rasgo distintivo es la capacidad de los movimientos latinoamericanos de desplegar una práctica política que, en un complejo proceso ciertamente no desprovisto de riesgos, supo combinar lógicas de apoyo, cuestionamiento y negociación con algunos gobiernos que se proyectan en un horizonte de democratización y transformación radical de los estados. Estas experiencias asumen una significación particular en los procesos de integración tal como lo demuestra la experiencia del ALBA.

Resistencias y alternativas en defensa de la madre tierra

Las características antes referidas, y que en muchos casos se proyectan como contribuciones de los movimientos sociales latinoamericanos a los movimientos internacionales de resistencia a la globalización neoliberal, habrán también de impregnar las luchas y conflictos nacionales y regionales en contra de los efectos predatorios provocados por la intensificación del modelo desarrollista-extractivista y en defensa de los llamados bienes comunes de la naturaleza. La sintética referencia a estas experiencias, cuya importancia y visibilidad parece haberse consolidado en el último lustro, nos convoca a precisar sintéticamente el concepto de "acumulación por desposesión" (Harvey, 2004: 113) y la gravitación de esta dinámica en el escenario latinoamericano del presente.

La hegemonía casi absoluta de la que gozó el neoliberalismo a nivel internacional durante la década del noventa significó la profundización de un furioso e intenso proceso de concentración del ingreso y la riqueza a escala global que ha sido llamado de "polarización social mundial" (Quijano, 2000b: 8; Amin, 2001: 17), y que ahondó las desigualdades socio-económicas entre el Norte y el Sur, entre los distintos países de las diferentes regiones del mundo y al interior mismo de los espacios nacionales. Asimismo, bajo la invocación de la construcción del libre mercado a nivel global, tomó cuerpo, en realidad, una tendencia a la conformación de monopolios a escala internacional,[34] gestionados por la asociación –no ausente de tensiones y conflictos a su interior– entre las grandes corporaciones trasnacionales, los Estados de los países capitalistas desarrollados y los organismos internacionales (Amin, 2001: 20; Quijano, 2000b: 7; Borón, 2001: 36).[35] Esta realidad fue verbalizada en el terreno del pensamiento crítico y del debate político haciendo referencia al surgimiento de un nuevo imperialismo.

Por otra parte, en el análisis de las características que asumió esta "globalización neoliberal" en el terreno económico se ha hecho muchas veces referencia al proceso de "financiarización de la economía" y a la imposición de la valorización financiera a nivel internacional que la misma supuso y a las consecuencias que se derivan de ello. Sin embargo, otro aspecto de la mentada "globalización neoliberal", menos promocionado aunque no menos importante, resulta el hecho de que esta se caracterizó también por asignar un papel socio-económico relevante a lo que ha sido denominado "acumulación por desposesión". Por ello se hace referencia a un proceso de acumulación del capital que no se basa en la explotación de los trabajadores sino en la apropiación privada de bienes o recursos que se encontraban hasta ese momento (al menos relativamente) fuera del mercado; es decir, que no eran o no habían sido transformados en mercancías. Un ejemplo histórico del papel de este tipo de acumulación resulta la conquista y explotación del territorio bautizado como América bajo la

---

[34]   Por ejemplo, Samir Amin refiere a la tendencia a la constitución de cinco grandes monopolios a nivel internacional: a) de los flujos financieros; b) de los recursos naturales; c) de las nuevas tecnologías; d) de los medios de comunicación; y e) de las armas de destrucción masiva (Amin, 2001).

[35]   Esta trama de actores e instituciones ha recibido, entre otros, los nombres de "bloque imperial mundial" (Quijano, 2000) o de "estructura del poder mundial" (Boron, 2001).

colonización española y portuguesa y que formó parte del proceso que, por su papel en el surgimiento y desarrollo del capitalismo, fuera llamado de "acumulación originaria" (Marx, 1985).

Así, la acumulación por desposesión refiere a la apropiación privada –mayoritariamente trasnacional– de los llamados "bienes comunes sociales" (las empresas y servicios que fueran transformados en públicos-estatales, particularmente a partir de mediados del siglo XX, por ejemplo) y de los denominados "bienes comunes de la naturaleza" (en referencia a lo que la teoría económica llama los "recursos naturales"). Si las contrarreformas neoliberales de primera generación –bajo el Consenso de Washington de principios de los noventa– supusieron la privatización de buena parte de los primeros, las siguientes generaciones de políticas neoliberales profundizarán la mercantilización de los segundos. La explotación de estos resultó el centro del modelo económico propuesto para América Latina en el marco de la nueva división internacional del trabajo que trajo la "globalización neoliberal" y que supuso –y aun supone– una reprimarización de la estructura productiva regional.

De esta manera, la acumulación por desposesión implicó un complejo y amplio proceso de cambios regresivos: de reformas legales, de implementación de políticas públicas, de iniciativas de las corporaciones y asociaciones empresarias, de proyectos de organismos internacionales y, en definitiva, del uso de la violencia estatal-legal y paraestatal-ilegal; todos orientados a garantizar la efectiva desposesión de estos bienes a los pueblos y comunidades que hasta entonces eran sus tenedores y cuidadores para su mercantilización (especialmente a través de la privatización), que posibilitaba así su apropiación privada y su explotación capitalista: una explotación intensiva, en la amplia mayoría de los casos de carácter trasnacional, y orientada a la exportación de las "mercancías" obtenidas para su venta-consumo en el mercado mundial. Este proceso general es el que recibe el nombre de "saqueo". Su aplicación no solo conlleva el desplazamiento de las poblaciones originarias y la destrucción de sus condiciones de vida, sino que también resulta en la depredación del ambiente afectando al conjunto de la vida en el territorio y proyectando sus sombras en el plano nacional e internacional.

Los cuestionamientos a esta depredación del ambiente que adoptaron inicialmente la forma de una lucha "contra la contaminación", implicaban una experiencia de devastación y lucha local-nacional que darán sustento a una rápida y cada vez más profunda comprensión de los efectos devastadores del capitalismo sobre el ambiente y la vida a nivel global, y fructificarán en la relevancia que cobra en la intervención de los movimientos sociales latinoamericanos la detención del proceso de contaminación, cambio climático y catástrofe ecológica global actualmente en curso.

Las luchas en contra de la mercantilización del agua, de la apropiación privada de la biodiversidad, de los efectos de la globalización forestal transnacional promotora de los llamados "desiertos verdes", de la minería transnacional y de las consecuencias de la consolidación del modelo del agronegocio, son solo algunas de las formas que asumen las resistencias de los movimientos sociopolíticos latinoamericanos en defensa de la vida y del ambiente. Estas dinámicas se prolongan también en las resistencias en torno a las consecuencias ambientales provocadas, la perdurabilidad y profundización de matrices energéticas crecientemente predatorias de la naturaleza (petróleo, energía eléctrica, etc.) y a las disputas en relación con las formas de apropiación de las rentas generadas por estas industrias.

En torno a estas cuestiones los movimientos latinoamericanos supieron gestar y fortalecer experiencias de convergencia regional que promovieron y/o se anudaron con dinámicas internacionales en defensa de la madre tierra. La creciente referencialidad a este vocablo en las luchas regionales y en la articulación de redes internacionales promovidas por los movimientos populares de nuestra América es por cierto un indicador de la importancia y visibilidad que guardan los movimientos y comunidades campesinas e indígenas de la región en relación con estos procesos.

En la breve consideración de algunas de las experiencias de coordinación más significativas en torno a estas problemáticas, que por cierto no agota la diversidad y riqueza de las mismas, es preciso evocar los procesos de convergencia nacional y regional en torno a la lucha contra la minería transnacional a cielo abierto. En relación con ello puede señalarse el nacimiento en 1999 en Perú de la Coordinadora Nacional de Comunidades del Perú Afectadas por la Minería (CONACAMI) que logrará impulsar en 2002 en torno al conflicto minero de Tambogrande la realización del primer referendo comunal sobre minería en el mundo, que cosechará un casi unánime rechazo al proyecto minero. La creación en 2006 de la Unión de Asambleas Ciudadanas (UAC) en Argentina en defensa de los bienes comunes, la salud y la autodeterminación de los pueblos amenazados por el saqueo y la contaminación se inscribe en la experiencia reciente de la lucha contra la megaminería en dicho país, planteando desde el momento de su creación un horizonte de intervención en torno a la defensa del conjunto de los bienes comunes.

El cuestionamiento a los procesos de mercantilización del agua en el continente latinoamericano fructificó en la región mesoamericana en la consolidación de organizaciones multisectoriales con una destacada presencia de organizaciones indígenas y campesinas que articularon sus luchas con las de distintos sectores urbanos, promoviendo la convocatoria a consultas democráticas locales y/o regionales como forma de canalizar el rechazo popular a estos proyectos. En 1999 la confluencia de más de doscientas cincuenta organizaciones sociales, indígenas, ambientalistas, de derechos humanos, de mujeres, redes, frentes, y movimientos de dieciocho países de América Latina, que involucran a más de un millón de personas, dio lugar al nacimiento de la Red Latinoamericana contra las represas y por los ríos, sus comunidades y el agua (REDLAR).[36] Las acciones y encuentros promovidos desde entonces por esta red, que realizó su cuarto encuentro en 2008 en Colombia, han contribuido entre otras cuestiones a desacreditar la visión de los organismos financieros y empresas energéticas transnacionales respecto al carácter "limpio" y "sustentable" de la energía hidráulica basada en la construcción de mega represas. La experiencia de REDLAR es un indicador de la maduración de los procesos de convergencias y de la importancia que actualmente revisten las luchas contra las múltiples formas de expropiación y mercantilización del agua y en defensa de la soberanía popular sobre este bien común.

En noviembre de 2008 la Caravana americana en defensa del agua recorrió Nicaragua, Honduras, Guatemala y El Salvador para dar visibilidad internacional a las consecuencias provocadas por la explotación indiscriminada de los recursos hídricos en esta región. En el sur de la región la defensa del Sistema Acuífero Guaraní (SAG) estimulará la organización de tres ediciones del Foro Social de la

---

[36] Es importante subrayar el rol impulsor desempeñado por el *Movimiento dos Atingidos por Barragens* - MAB de Brasil en la creación de esta red. Surgido en 1989 el MAB es un movimiento de proyección nacional, con fuertes articulaciones con el MST, que tiene un papel destacado en la lucha contra las consecuencias de la construcción de represas hidroeléctricas en Brasil.

Triple Frontera entre 2004 y 2008, que tuvieron como ejes centrales la lucha contra la militarización de esta región fronteriza y la defensa del Acuífero Guaraní. Estas convergencias dieron también nacimiento a la Carta Social del Acuífero Guaraní que sirvió como marco referencial de las confluencias y acciones comunes para consolidar el movimiento social en defensa del acuífero guaraní y presionar a los gobiernos del Mercosur para que asuman una defensa más decidida de la soberanía de los pueblos sobre este ecosistema.

La lucha en defensa del ecosistema mesoamericano y en contra de la apropiación privada de su biodiversidad promovida por el proyecto del Corredor Biológico Mesoamericano (CBM) impulsado por los gobiernos de la región habrá de dar origen al Foro Mesoamericano de los Pueblos surgido en año 2000 ante el lanzamiento del Plan Puebla Panamá. Este foro se convirtió en uno de los espacios más importantes de articulación y coordinación de la acción, el debate y la información de los movimientos sociales de la región. En los siete foros realizados hasta hoy (2000, Tapachula, México; 2001, Xelajú, Guatemala; 2002, Managua, Nicaragua; 2003, Tegucigalpa, Honduras; 2004, San Salvador, El Salvador; 2005, San José, Costa Rica; 2008, Managua, Nicaragua) ha estado presente la lucha contra la apropiación privada trasnacional de la biodiversidad. En la región amazónica, una de las reservas de bienes naturales más importantes del planeta, la defensa de la biodiversidad y contra la mercantilización de la naturaleza ha impulsado la organización de dinámicas de organización y resistencia popular. Ocho organizaciones indígenas de los países de la región constituyeron la Coordinadora de Organizaciones Indígenas de la Cuenca Amazónica (COICA) con el objetivo de resistir la depredación y ocupación de sus tierras y reivindicar sus derechos ancestrales sobre esta región. Otra de las experiencias de coordinación de movimientos sociales en la zona es el llamado Foro Social Panamazónico que tuvo su primer encuentro en Belém, Brasil, en 2002 y a lo largo de sus distintas ediciones contribuyó a la articulación regional de las resistencias y a la visibilidad continental e internacional de la problemática del Amazonas y de las luchas y alternativas promovidas por los movimientos populares en la región.

El impulso cobrado durante la última década por la difusión global del agro-negocio encontró en la expansión de las industrias transnacionales de la celulosa y la foresta-ción un actor privilegiado. La constitución en el marco del Foro Social Mundial de 2003 de la Red Latinoamericana contra los Monocultivos de Árboles (RECOMA), con la participación de representantes de Argentina, Brasil, Colombia, Costa Rica, Ecuador, Paraguay y Uruguay, es un ejemplo de la maduración y de la proyección regional de los procesos de resistencia al modelo forestal transna-cional. La RECOMA, que integra el Movimiento Mundial por los Bosques Tropicales (WRM, por sus siglas en inglés, fundada en 1986), es una red descentralizada de organi-zaciones latinoamericanas cuyo objetivo fundamental es coordinar actividades para oponerse a la expansión de monocultivos forestales a gran escala a nivel de toda la región, ya sea que estos estén destinados a la producción de madera y celulosa, de aceite de palma o para oficiar como "sumideros de carbono". Este colectivo impulsa el desarrollo de alternativas sociales y ambientalmente ade-cuadas a las distintas realidades articuladas a partir de la opinión de las comunidades locales (RECOMA, 2009). A inicios de agosto de 2009, representantes de quince países latinoamericanos se reunieron en Uruguay para delinear estrategias tendientes a frenar el avance de los monoculti-vos de árboles en la región. La declaración final de este en-cuentro subraya la necesidad de ampliar la lucha contra los monocultivos de árboles, integrándola con otros procesos a nivel regional como los de los pueblos indígenas, de los afro descendientes, de los trabajadores rurales, de los sin tierra y de los colectivos de mujeres. Las organizaciones participantes asumieron como propia la lucha en defensa de la soberanía alimentaria, por la tierra y los territorios, por la defensa del bosque, la biodiversidad y el agua. La activa participación del Observatorio Latinoamericano de Conflictos Ambientales (OLCA) de Chile y de REDES-Amigos de la Tierra (Uruguay) en el seno de la RECOMA, expresan la importancia que reviste esta problemática en los países donde el avance y profundización del modelo forestal transnacional tiene una particular relevancia en los procesos de acumulación y reproducción capitalista.

La maduración de estas experiencias se proyectó también internacionalmente en la activa participación e intervención de movimientos campesinos e indígenas, de movimientos ambientalistas y otros movimientos sociales latinoamericanos en distintos foros internacionales sobre la cuestión. Una muestra reciente de esto es la organización de una contra-cumbre de los pueblos y de manifestaciones llevadas a cabo en contra de las fracasadas Cumbre sobre el Cambio Climático de Naciones Unidas realizadas en Copenhague, Dinamarca, en diciembre de 2009 (COP 15) y en Cancún, México en noviembre de 2010 (COP 16).

El naufragio de esta nueva iniciativa de la Organización de Naciones Unidas, sumada a la necesidad de materializar nuevas relaciones de fuerza en el escenario internacional que expresen los reclamos y propuestas de los pueblos afectados por la depredación ambiental de cara a las próximas cumbres programadas (Johannesburgo, Sudáfrica, 2011 y Río de Janeiro, 2012), impulsaron al actual gobierno de Bolivia a promover, en la figura de su presidente Evo Morales, la convocatoria a la Conferencia Mundial de los Pueblos sobre el Cambio Climático y los Derechos de la Madre Tierra, realizada en el mes de abril

de 2010 en Cochabamba, Bolivia. El activo involucramiento en la organización de este encuentro de distintos
movimientos latinoamericanos y redes de la región y de
otros continentes, y la masiva presencia de los mismos
en Cochabamba expresan, una vez más, la relevancia que
revisten las experiencias de resistencia y coordinación regional en las dinámicas de cuestionamiento y elaboración
de alternativas frente a la catástrofe ambiental agudizada
por la globalización neoliberal. La extensa declaración
final de dicha cumbre denuncia el "Entendimiento de
Copenhague" señalando que "nuestra Madre Tierra está
herida y el futuro de la humanidad está en peligro" en el
entendimiento de la crisis actual como una verdadera
crisis del modelo civilizatorio patriarcal basado en el sometimiento y destrucción de seres humanos y naturaleza
que se aceleró con la revolución industrial. El documento
subraya la necesidad de enfrentar el cambio climático
reconociendo a la Madre Tierra como la fuente de la vida.
Postula forjar un nuevo sistema basado en los principios
de armonía y equilibrio entre todos y con todo, complementariedad, solidaridad, y equidad, bienestar colectivo
y satisfacción de las necesidades fundamentales de todos
en armonía con la Madre Tierra, respeto a los derechos
de la Madre Tierra y a los Derechos Humanos, reconocimiento del ser humano por lo que es y no por lo que tiene,
eliminación de toda forma de colonialismo, imperialismo e intervencionismo y paz entre los pueblos y con la
Madre Tierra. En esta dirección las organizaciones sociales
y gobiernos participantes elaboraron y propusieron un
proyecto adjunto de Declaración Universal de Derechos
de la Madre Tierra en el cual se consignan "el derecho a
la vida y a existir; el derecho a ser respetada y el derecho
a la continuación de sus ciclos y procesos vitales libre de
alteraciones humanas".

Los nuevos desafíos emancipatorios frente a las crisis

La reflexión sobre la actualidad regional exige incorporar al análisis la importancia decisiva que reviste la crisis económica emergida del quiebre de la burbuja especulativa inmobiliaria estadounidense a fines de 2007 y sus repercusiones en América Latina. La evolución, el ritmo, profundidad y extensión que adopte esta crisis habrá de signar de manera profunda el marco regional. La tendencia sistémica a trasladar el costo de la misma a la periferia amenaza con profundizar las tendencias que hemos referido anteriormente, intensificando los procesos de recolonización política, social y económica de las sociedades latinoamericanas y caribeñas. Distintos hechos expresan en el transcurso del último año el incremento de acciones promovidas por los sectores dominantes locales y regionales en articulación con los poderes globales que tienden a reforzar las respuestas sistémicas y conservadoras ante la crisis. Entre ellos se destacan la intensificación de los procesos de criminalización de las protestas y de las políticas de desestabilización de los procesos de cambio en curso –que se expresaron por ejemplo en el golpe cívico-prefectural en Bolivia de 2008 y en los reiterados y similares intentos en Venezuela–, el acuerdo entre Colombia y Estados Unidos para la instalación de siete nuevas bases militares en ese país, así como el reciente anuncio de similar acuerdo con Panamá y el reforzamiento presupuestario de los proyectos de intervención estadounidense en la región. La evolución reciente de la situación mexicana es particularmente emblemática y preocupante en relación con esta cuestión. La colaboración de los Estados Unidos en la política oficial de lucha contra el narcotráfico promueve la injerencia directa de las fuerzas de seguridad estadounidenses en territorio mexicano.

Según información difundida recientemente,[37] agentes especiales de la Agencia Central de Inteligencia (CIA, por sus siglas en inglés), militares retirados y expertos de la Agencia Antidrogas de Estados Unidos (DEA, por sus siglas en inglés) trabajan en territorio mexicano en el armado de la inteligencia para la detección de los líderes de los carteles de la droga. También se ha señalado la realización de vuelos de aviones de la fuerza aérea estadounidense en el norte del territorio mexicano con el objetivo de localizar vehículos narcos. La promoción o tolerancia del nuevo gobierno estadounidense en relación con estos hechos recientes pone de manifiesto los límites de las promesas formuladas por el presidente Barack Obama en la Cumbre de las Américas en Trinidad y Tobago en 2009 respecto de una nueva política regional del país hegemónico basada en la promoción de un "diálogo constructivo" con los gobiernos latinoamericanos.

De esta serie, sin duda, el hecho de mayor significación regional y repercusión internacional fue el golpe de Estado perpetrado el 28 de junio último en Honduras contra el gobierno constitucional de Manuel Zelaya. Esta acción golpista, que desde sus inicios contó con poderosos promotores y aliados estadounidenses, constituye un clivaje en la evolución de la situación política regional y pone de manifiesto el peligro de un recrudecimiento de las tendencias antidemocráticas y militaristas en Centroamérica y la región en su conjunto. Es por ello que distintos movimientos sociales continentales y hondureños expresaron su rechazo a la decisión de reincorporar a Honduras en la Organización de Estados Americanos (OEA) adoptada a mediados de 2011 que constituye un reconocimiento al

---

[37]   Ver el artículo publicado en el Diario *Clarín* de Argentina y firmado por el periodista Gustavo Sierra el domingo, 28 de agosto de 2011 y que se titula "La CIA lucha en México".

carácter ilegítimo del régimen de Porfirio Lobo y que actúa como un peligroso antecedente frente a potenciales futuros intentos desestabilizadores en la región.

En un contexto internacional donde los efectos de la crisis exacerban los procesos de polarización social, estas acciones regionales parecen señalar la capacidad del movimiento altermundialista de revitalizar y resignificar sus acciones y programas de cara a las tentativas de relegitimar el orden social de mercado y enfatizan el desafío de profundizar las experiencias emancipatorias de nuestros pueblos que, como postulara Frantz Fanon, resisten cotidianamente su pretendido destino de "condenados de la tierra".

No podríamos concluir esta contribución sin referir a los nuevos escenarios y desafíos que, en relación con los procesos abordados en este trabajo, plantean el desarrollo y los efectos de la actual crisis capitalista. En relación con esto, tanto en el Norte como en el Sur, las voces del poder que hasta hace pocos meses intentaban cotidianamente transmitir "tranquilidad" proclamando la superación de la crisis y la constatación de modestos, aunque alentadores, indicios del retorno a un incipiente ciclo de "crecimiento económico". La legitimidad de estos augurios parecía sustentarse en el hecho de que la intensidad de la crisis, sobre todo en su faceta económico-financiera, parecía haber menguado respecto de su virulencia inicial en el centro capitalista; expresada entonces en la quiebra cotidiana de bancos y grandes empresas transnacionales y en los multimillonarios "rescates" prodigados por los gobiernos de aquellos países a los "jugadores globales" del capitalismo mundializado. Una mirada circunspecta de la realidad latinoamericana nos invita sin embargo a asumir una consideración más prudente y crítica sobre lo que realmente está sucediendo. La crisis que sacude al sistema capitalista se expresa hoy, desmintiendo rotundamente los alentadores augurios de los voceros del mercado, en la profunda crisis que golpea a los países de la Unión Europea y pone en entredicho la construcción neoliberal del euro y del proceso de integración del llamado "viejo continente", y se traduce en una nueva crisis social que se traslada también hacia los países del sur global.

Como sucediera en las precedentes grandes crisis del capitalismo, el sistema de la economía-mundo pareciera estar transfiriendo los "costos" de la crisis económica de los países centrales hacia su periferia. En este contexto, renacen entonces tanto en el norte como en América Latina, las voces que proclaman la necesidad de nuevos ajustes estructurales y se alzan contra cualquier tentativa de ensayar y/o profundizar caminos y políticas alternativas tendientes a evitar nuevos padecimientos a las mayorías populares. En el caso del "viejo continente" estas condicionalidades aparecen claramente de manifiesto, como señalamos en la introducción, en las políticas de ajuste exigidas por la Unión Europea y el Fondo Monetario Internacional (FMI) para llevar a cabo drásticas reducciones del gasto público como mecanismo de salida de la crisis. La adopción de estas medidas por parte de distintos gobiernos europeos estimuló desde 2010 un conjunto de protestas y luchas sociales. Los representantes del orden global neoliberal renuevan denodadamente los intentos para relegitimar la desprestigiada función de los organismos financieros internacionales (fundamentalmente del FMI) como cancerberos de la economía de mercado. La corta historia del G 20 es un contundente ejemplo de esta orientación que se materializó en la decisión (acompañada por los gobiernos de Argentina, Brasil y México) de inyectar nuevos fondos a ese organismo para presentar otra vez positivamente su rol de prestamista de los países del llamado "Tercer Mundo". El rechazo de los líderes de las potencias mundiales a implementar modestas reformas financieras (como, por el ejemplo, el establecimiento de una imposición a la circulación de capitales financieros, propuesta conocida como "Tasa Tobin") es otra clara señal de la voluntad hegemónica de gestión de la crisis en un sentido sistémico y reaccionario.

El desplazamiento de la crisis al terreno de lo social justamente no impidió que muchas empresas transnacionales y grandes grupos económicos locales hayan incrementado significativamente sus ganancias en los últimos años, contribuyendo a una mayor concentración de la riqueza. En el terreno político la crisis constituye una oportunidad legitimante para avanzar en la implementación de un pretendido ajuste que había sido acotado por las resistencias y los procesos de cambio en la región. En primer lugar, debemos subrayar la renovada tentativa por parte de distintas fracciones de las clases dominantes de inducir una respuesta a la crisis tendiente a profundizar las recetas neoliberales, bajo un signo crecientemente autoritario. Estos sectores, cuyos intereses político-económicos están estrechamente asociados en la mayoría de los países latinoamericanos a las reproducción e intensificación de las lógicas de acumulación por desposesión, se movilizan y convergen en un sentido destituyente y autoritario intentando cancelar cualquier alternativa antineoliberal a la crisis. El protagonismo de la oligarquía hondureña en la promoción y sostenimiento del golpe de estado contra el gobierno constitucional de Manuel Zelaya y en la caución del proceso electoral ilegítimo que llevó a la presidencia a Porfirio Lobos son en este sentido el ejemplo más claro de esta estrategia, que se articula también con la profundización de los esquemas represivos tendientes a criminalizar la pobreza y la acción de los movimientos sociales. Las tensiones políticas en Paraguay resultantes de las recurrentes acciones de desestabilización política y de los rumores sobre un golpe de estado contra el gobierno de Fernando Lugo son también la expresión más reciente de esta preocupante situación. En la misma dirección pueden referirse el espíritu desestabilizador presente en las reacciones de amplios sectores de la oposición venezolana que cuentan con el respaldo explícito del gobierno estadounidense, ante el anuncio de la enfermedad del presidente Hugo Chávez Frías.

El relanzamiento de la ofensiva recolonizadora estadounidense en la región es, en el escenario actual, un segundo rasgo de los esfuerzos de avanzar y culminar el proyecto de subordinación hegemónica del continente. Estas políticas, cuyos intereses se articulan en muchos casos con los intereses de los sectores dominantes referidos anteriormente, se expresan en los esfuerzos diplomáticos por incrementar la presencia militar del hegemón en la región. En relación con ello es importante destacar la significación que en esta dirección tienen los acuerdos para instalar nuevas bases militares en Colombia y en Panamá y el papel desestabilizador de estas iniciativas respecto del proceso constitucional venezolano, como así también la promoción de ejercicios militares conjuntos en distintos países en la región y el apoyo de sectores de la administración estadounidense al golpe hondureño. Estos señalamientos, así como el cambio de la posición inicial de la administración del gobierno de Barack Obama respecto al cierre de la base de Guantánamo en Cuba, son muestras evidentes del peso decisorio que los sectores más conservadores de ese país tiene en la orientación de la política exterior haciendo meramente retórico la propuesta del "diálogo constructivo" invocados por el presidente Obama durante la última Cumbre de las Américas. En enero de 2010 esta tendencia habrá de consolidarse con la ocupación militar de hecho de Haití por parte de las tropas estadounidenses bajo el pretexto del despliegue de "ayuda humanitaria" a la población de dicho país, asolada por el terrible terremoto que en ese mes causó la muerte de más de 250.000 haitianos.

Tampoco en el terreno ambiental y de las iniciativas globales frente al cambio climático, el gobierno de Obama representó un cambio en la política estadounidense de la última década. Por el contrario, la posición defendida por los representantes gubernamentales de ese país en las dos últimas ediciones de la Cumbre Mundial sobre Cambio Climático antes referidas, sumada a la de China y a la del resto de los países capitalistas desarrollados, hizo que el resultado final significara un retroceso respecto del Protocolo de Kyoto de 1997. Así, el retiro estadounidense de dicho protocolo en 2001 bajo el gobierno de George W. Bush se transformó ahora en su fáctica disolución.

La vigencia de ese orden impone así la profundización de las lógicas extractivas y predatorias de los bienes comunes e hiperconsumistas del actual sistema como respuesta a la competencia capitalista entre bloques y a nivel global. Sus efectos ya se dejan sentir en diferentes regiones del planeta, el agudizamiento de la catástrofe ecológica y de la transformación climática terrestre con sus consecuencias sobre la vida toda. Hay un segundo aspecto del fracaso de las dos últimas ediciones de la Cumbre Mundial sobre Cambio Climático que refiere a la frustración de la tentativa estadounidense de consagrar un nuevo acuerdo global absolutamente permisivo para sus intereses y pernicioso para el ambiente y para los pueblos que habitan el planeta. En ello, sin dudas, contribuyó la movilización internacional que se dio cita en Copenhague y que sufrió las sistemáticas acciones represivas que intentaron doblegar por la fuerza y el temor tamaña experiencia de convergencia global. También la iniciativa de ciertas delegaciones gubernamentales que dieron voz a estos reclamos dentro del recinto de las negociaciones y contravinieron, una y otra vez, las estrategias de los poderosos.

Tras este doble fracaso de Copenhague y Cancún, la necesidad de construir una alternativa ha puesto nuevamente de manifiesto, en la realización de la referida Conferencia Mundial de los Pueblos sobre el Cambio Climático y los derechos de la Madre Tierra la dimensión y vitalidad de la experiencia de los movimientos sociales latinoamericanos en la interpelación a la globalización neoliberal y la construcción de alternativas societales. No es una casualidad que esta convocatoria internacional parta de nuestra América. Desde las montañas, las selvas, los ríos, las llanuras, los bosques y las ciudades latinoamericanas, una regular y abigarrada experiencia de resistencias populares y construcción de alternativas han contribuido a lo largo de la última década a la reconstrucción de solidaridades y convergencias regionales e internacionales. Son esas mismas voces, construcciones, experiencias y rebeldías latinoamericanas las que diseñan un nuevo, y más necesario que nunca, horizonte de transformación.

Bibliografía citada

AMIN, Samir (2001): "Capitalismo, imperialismo, mundialización", en Seoane, José y Taddei, Emilio (comps.), *Resistencias Mundiales. De Seattle a Porto Alegre,* Buenos Aires, CLACSO.

BELLO, Walden (2007): "El movimiento ecologista en el sur global. ¿El agente clave en la lucha contra el calentamiento global?", disponible en http://www.tni.org/ [consulta realizada el 25 de septiembre de 2009].

BORON, Atilio (2001): "El nuevo orden imperial y cómo desmontarlo", en Seoane, José y Taddei, Emilio (comps.), *Resistencias Mundiales. De Seattle a Porto Alegre,* Buenos Aires, CLACSO.

DE SOUSA SANTOS, Boaventura (org.) (2003): *Democratizar a democracia, os caminhos da democracia participativa,* Rio de Janeiro, Civilização Brasilera, 2ª. edición.

GONZÁLEZ CASANOVA, Pablo (2002): "Democracia, liberación y socialismo: tres alternativas en una" en *OSAL* N° 8, septiembre, Buenos Aires, CLACSO.

HARVEY, David (2004): "El nuevo imperialismo: Acumulación por desposesión" en *Socialist Registe,* Buenos Aires, CLACSO.

MARX, Karl (1985): *El Capital,* México, FCE.

QUIJANO, Aníbal (2000ª): "Colonialidad del poder, eurocentrismo y América Latina" en Lander, Edgardo (comp.) *La colonialidad del saber: eurocentrismo y ciencias sociales. Perspectivas latinoamericanas,* Buenos Aires, UNESCO-CLACSO, 2003, 3ª. edición.

QUIJANO, Aníbal (2000b): "Colonialidad del poder, globalización y democracia", mimeo.

SEOANE, José y TADDEI, Emilio (comps.) (2001): *Resistencias mundiales. De Seattle a Porto Alegre,* Buenos Aires, CLACSO.

SEOANE, José; TADDEI, Emilio y ALGRANATI, Clara (2006): "Las nuevas configuraciones de los movimientos populares en América Latina" en Borón, Atilio y Lechini Gladys (comps.) *Política y movimientos sociales en un mundo hegemónico. Lecciones desde África, Asia y América Latina*, Buenos Aires, CLACSO.

SEOANE, José (2008): "Los movimientos sociales y el debate sobre el Estado y la democracia en América Latina" en Moreno, Oscar (comp.) *Pensamiento contemporáneo. Principales debates políticos del Siglo XX*, Buenos Aires, Teseo.

SEOANE, José y TADDEI, Emilio (2009): "El nuevo internacionalismo y los desafíos de los movimientos populares latinoamericanos frente a la crisis capitalista" en *Viento Sur*, Madrid, Nº 107, pp. 63-74.

AMÉRICA LATINA: LOS DILEMAS IRRESUELTOS DE LA CUESTIÓN SOCIAL

Diego Raus[38]

En términos generales, plantearía la cuestión de esta manera: a pesar del tiempo transcurrido desde la instalación de gobiernos y políticas que emergieron –ganaron elecciones– interpelando a los damnificados por las reformas económicas de los noventa, es decir, definiendo a la misma como injusta y generando propuestas y programas políticos para modificar esa situación, todavía se observa hoy un déficit social elevado. Concretamente, situaciones de pobreza, desigualdad y exclusión mayores a la situación social previa a las políticas neoliberales, a pesar de los intentos y las políticas llevadas a cabo intensamente por los gobiernos de este nuevo siglo.

Segundo aspecto de esa cuestión: lo antedicho puede hacer pensar que tal situación de inequidad, si bien atenuada, persiste debido a que obedece no tanto a políticas activas sino a factores estructurales externos e internos a los países latinoamericanos –sociedades– con una capacidad de resistencia a políticas de igualación social de igual densidad a la estructuración de aquellos factores.

Tercer punto: aparece como necesario indagar en esos factores y sus consecuencias en términos de mantener situaciones relativamente elevadas de desigualdad social pues, más allá de posibles insumos a políticas activas, la cuestión social hoy en América Latina requiere de diagnósticos amplios y condiciones de posibilidad de manera tal que, la desigualdad perviviente, no implique

[38] Profesor investigador y director de la Licenciatura en Ciencia Política y Gobierno de la Universidad Nacional de Lanús, Argentina.

deslegitimar los profundos intentos de los gobiernos de la región por disminuirla. Por otra parte, ya la politología estudió hasta el cansancio las consecuencias políticas en sociedades desiguales y la quita del *input* de consenso que dicha situación opera sobre los gobiernos, indistintamente de izquierda, centro izquierda o derecha. Pero también, en orden de aportar a la generación de diagnósticos útiles si no precisos, considero muy necesario rediscutir algunas conceptualizaciones ya tradicionales sobre la cuestión social –socioeconómica– pues, como bien postulan las ciencias sociales, de los conceptos, y sobre ellos, los buenos diagnósticos, parte la posibilidad de diseñar e implementar políticas certeras.

Por lo señalado, este capítulo constará de seis partes: primero, una propuesta de repensar los conceptos más clásicos con los que se intentó definir ciertas situaciones sociales emanadas de las políticas neoliberales. Segundo, analizar los problemas y déficits de diagnósticos que generan las modalidades institucionales de medición de la pobreza. Tercero, criticar las propuestas institucionales (ortodoxas) respecto de los requerimientos estructurales para combatir situaciones de pobreza. Cuarto, resaltar (a la manera de un *insight*) la nueva situación que emana de la estructuración de la pobreza y su transmisión generacional: la "reproducción de la pobreza". Quinto: realizar un análisis crítico de las políticas, o de algunas políticas, que los gobiernos progresistas de la región implementan para paliar esta cuestión social. Sexto, y por último, plantear que, por lo dicho en el punto cuatro, a esta altura de los tiempos aparecen estrategias sociales para sobrevivir a la exclusión estructural que, más allá de su lógica y de sus resultados, conforman elementos restrictivos al diseño de políticas, ya de por sí insuficientes dada la insuficiencia del diagnóstico del que parten, más efectivas para generar condiciones más estructurales de igualdad.

La conclusión de este artículo es a la vez su objetivo: re conceptualizar para repensar lo que llamaremos la "nueva cuestión social". Los "hacedores" de políticas públicas las hacen en función de demandas sociales, relaciones de poder e intereses políticos. Los analistas de lo social la analizan olvidando los intereses de la política, las relaciones de poder, la lógica en la cual se estructuran las demandas sociales. Como siempre, en el justo medio puede estar el óptimo: conceptualizar claramente las cuestiones sociales para operar sobre ellas (políticas públicas) en términos de lo deseable y lo posible.

Nota a modo de introducción

Partimos de la comunicación de dos datos sueltos pero significativos para la comprensión cabal de la realidad social latinoamericana: según datos del IBGE de Brasil, en 1992 la clase socioeconómica baja agrupaba al 62,1% de la población brasileña, mientras que la clase socioeconómica alta contenía al 5,4% de la población. En 2009 la clase baja era el 38,9% de la población y la clase alta el 10,6%.

Por otra parte, se puede leer en un artículo del suplemento económico del diario *Clarín*, *I Eco*, del 25/09/11, que el 70 % del total de la inversión inmobiliaria en 2010 y 2011 en Miami proviene de latinoamericanos, siendo los brasileños los mayores inversores de ese total, seguido por argentinos, venezolanos y mexicanos. Es decir, inversores latinoamericanos que colocan sus excedentes en Miami. Inversores que provienen de países con porcentajes altos de pobreza e indigencia.

Si bien son dos simples datos, son citados porque se puede pensar que grafican la "aparente paradoja" que envuelve la realidad económica, social y política latinoamericana: desde comienzos del nuevo siglo, y bajo programas políticos progresistas, se observó un fuerte descenso de la pobreza y la indigencia heredada de las reformas económicas neoliberales de los noventa. Pero, a la vez, aumentó considerablemente la acumulación de riqueza en los estratos socioeconómicos más altos en estos países. Lo que nos lleva a una, por ahora, rápida conclusión: a diferencia de las experiencias populistas o socialdemócratas de la posguerra, la distribución progresiva de los ingresos no se realizó a expensas de las riquezas concentradas. El dilema que entonces surge es analizar quién "financia" el proceso de despauperización observado ya que, evidentemente, no es una transferencia de ingreso de los sectores altos, los cuales, por el contrario, aumentaron su participación en el ingreso.

Si salimos de estas "notas de color" se puede analizar más contundentemente la novedad que observa este proceso socioeconómico en la América Latina contemporánea a partir de los datos que entrega el *Panorama Social* de la CEPAL para el año 2010. No solo se observa el aumento en la concentración de ingresos de los dos deciles superiores en la escala de ingresos, sino que hay signos de inconsistencia al interior mismo de los deciles que agrupan a los sectores asalariados respecto a los deciles que agrupan a los sectores no asalariados, asistencializados y excluidos.[39] De igual manera se pueden encontrar "paradojas" al comparar escalas de ingresos, porcentajes de gasto social e índices de inclusión social (acceso a educación, salud, vivienda, crédito). A partir de análisis más finos también se encuentran contradicciones entre la evolución del empleo y la evolución de los ingresos de los sectores asalariados, sobre todos los de los deciles inferiores. Si por razones de espacio no introducimos aquí cuadros que permitan aseverar empíricamente lo sostenido, se lo menciona porque

---

[39]   Siempre en término de inferencias sociológicas a partir de contrastar datos con el análisis de la realidad contemporánea.

hace a los aspectos estructurales, o a la estructuración, de la nueva realidad social en la región, la cual, a su vez, es la contraparte regional de la realidad económica que se sostiene desde las modalidades globales de producción y acumulación de riqueza. Una realidad que genéricamente se puede definir y entender como un mundo económico que posibilita la acumulación extraordinaria de riquezas, independientemente de los exorbitantes niveles de pobreza y miseria que engloba, según la Organización Mundial de la Salud (OMS), a casi la mitad de la población mundial.

Se puede ver en este contexto a América Latina contemporánea desde la contundente frase que Fernando Henrique Cardoso, siendo presidente de Brasil, le soltara a un periodista: "Brasil no es un país pobre, es un país injusto". Si en vez de "Brasil" decimos América Latina y en vez de "un país" decimos una región, la definición tiene el mismo valor. La cuestión es plantear por qué América Latina es todavía una región injusta luego de una década de bonanza económica y gobiernos progresistas. Una primera respuesta es que, quizás, no se haya planteado en toda su dimensión la nueva cuestión social en la región y, por ende, no se hayan diseñado políticas acordes a ella.

1. Sobre algunos conceptos de la cuestión social

Planteaba en un artículo reciente que lo que podemos denominar "cuestión social", al menos para transformarla en el eje de una comunicación, es la relevancia de la dimensión social en un contexto histórico que la determina.[40] Es decir,

---

[40]   RAUS, D. (2011) "Pensar la sociedad y la cuestión social en América Latina Contemporánea", en MOTTA, L., CATTANI, A. y COHEN, N. *América Latina interrogada. Mecanismos de desigualdad y exclusión social*, UNAM, México.

una configuración que articula problemáticas definidas como sociales y que son producto de una determinada coyuntura histórica. En el mismo artículo sostenía que "por cuestión social quiero señalar los particulares dilemas y clivajes sociales que tornan dificultoso el desarrollo del lazo social, es decir las condiciones del entendimiento y el consenso social por sobre las fracturas y el conflicto. Como tal la cuestión social se define y se acota en una determinada etapa histórica, portadora de nudos problemáticos y sentidos culturales y políticos que la dotan de una especificidad particular". El tema es, entonces, "(...) buscar donde reside y como se plantea la cuestión social hoy".

Desde una perspectiva solo socioeconómica, pero conducente a una pluralidad de situaciones sociales cuyo denominador común es un proceso de exclusión y marginalidad, planteamos la cuestión social hoy en América Latina desde una profunda tensión, al punto de una contradicción entre el crecimiento económico, las mejoras relativas en el problema del desempleo y la pobreza, con el mantenimiento de una desigualdad social inédita en comparación al proceso social latinoamericano antes de los noventa.[41] Esta desigualdad social se manifiesta en el enriquecimiento constante del decil más alto en la escala de ingresos, las mejoras en consumo y acumulación de los dos deciles siguientes, y la pauperización ya estructural de los dos o tres últimos deciles de las escalas de ingresos. Enfatizo lo de "estructural" pues es evidente a esta altura

---

[41] Pensando en la exclusión como un proceso que excluye a vastos sectores sociales del acceso al consumo de bienes materiales y simbólicos, y a la marginalidad como una consecuencia agravada de aquel proceso en tanto se constituiría por la pérdida del sentido de pertenencia a una institucionalidad estatal y a una comunidad política, concretamente una subjetividad que posiciona a individuos y grupos sociales al margen del sistema institucional. Ver: RAUS, D. (2006): "El sentido de la política en la sociedad de las diferencias", en *Revista Postdata* Nº 11, Buenos Aires.

de los tiempos económicos y políticos, que el crecimiento económico y una concepción política que invoca a la justicia social, no bastaron para solucionar las carencias de las personas y familias que componen esos deciles, es decir, entre un 20% y un 30 % de las poblaciones nacionales, lo cual implica, en el tiempo, la pérdida constante de bienes y herramientas materiales y simbólicas para alguna vez emerger de una vida cotidiana de precariedad.

Primer concepto a discutir: pobreza. Es cierto que es un concepto estándar utilizado internacionalmente, que se adapta fácilmente a cualquier estadística socioeconómica y que, como tal, puede utilizarse comparativamente para tomar decisiones o para acompañar, en caso de un descenso estadísticamente comprobado, discursos políticos de gobiernos. El problema con el concepto "pobreza" es que su utilidad y su sobreutilización tendió un manto de olvido sobre: primero, su perspectiva sociológica, y segundo, la responsabilidad política sobre la pobreza.

A la pobreza se la mide, lo cual ya permite un abuso estadístico. A ningún gobierno le gusta admitir la profundización o el mantenimiento de los porcentajes de pobreza, por lo que es válido permitirse sospechar de las formas y metodologías de su medición. Al medir la pobreza, y pensar la situación de pobreza desde esos indicadores cuantitativos, se la hace estática siendo, como todo proceso social, dinámica. Las mediciones de la pobreza se realizan y publican por etapas en un año y permiten ver el ascenso, permanencia o descenso de un número porcentual. En el medio de esas etapas, nada; solo un vacío cubierto por el siguiente indicador.

Ahora bien, la propuesta no es solo pensar, sino ubicar la situación en su lugar de origen, la sociedad, y en su modalidad de desarrollo en tanto proceso social. Si se piensa así se torna ineficaz hablar de la pobreza y se torna sociológica y políticamente necesario dinamizar el concepto-situación:

hablamos entonces de **empobrecimiento, de un proceso social que produce pobreza**, que sumerge en una situación de precariedad, carencia, y hasta miseria, a personas, familias y sectores sociales que no son pobres (o lo son solo estadísticamente), sino que fueron, o son, empobrecidos. Cuando hay pobreza es porque hay gente que fue empobrecida; se registra, de este modo, un proceso económico, social y político que sumerge en la pobreza a personas que no quieren ser pobres pero que no tienen los elementos (capitales, dice Bourdieu) para evitar esa situación. Si las personas son empobrecidas a lo largo de un proceso social ampliado que se define históricamente, es porque otras personas y grupos sociales se beneficiaron con lo mucho o poco que ese proceso generó en materia de riqueza. El empobrecimiento tiene su contracara que es el enriquecimiento o, al menos, las mejoras económicas de grupos sociales que solo aprovecharon dicho proceso. Por eso el empobrecimiento es dinámico, o dinámica social (Comte), porque es un proceso que se constituye cotidianamente sobre la vida personal y social de sectores sociales. Porque se sufre y se espera, también cotidianamente, resolverlo. En definitiva, la gente no es pobre porque quiere ni porque cae en un estrato estadístico; es pobre porque se la empobrece, porque hay quienes empobrecen. Entre empobrecidos y empobrecedores se resuelve un proceso social a lo largo de una historia nacional que tiene responsabilidades y efectos políticos. Pero el punto de partida para cualquier política bien intencionada, es decir, no solo discursiva sino eficaz materialmente, es definir, y por ende *performar*, la situación en su dimensión dinámica, histórica y social.

El otro concepto polémico es el de "distribución del ingreso". Nuevamente un estándar internacional, operacionalizable estadísticamente se da desde el coeficiente de Gini o desde la distribución por deciles, que permite visualizar como se distribuye la riqueza que una sociedad crea a lo largo de un año. La resultante de esa distribución es la progresividad o la regresividad en la participación social de la riqueza, algo que a los gobiernos les interesa en caso de ser positiva pero en menor escala a la pobreza, pues los efectos de la distribución de los ingresos en la cotidianeidad social son más difusos, menos perceptibles en forma directa. Por ser así, a nivel estadístico los movimientos anuales del coeficiente de Gini o de la participación por deciles tienden a ser tan solo un detalle numérico para las personas. Políticamente, el concepto es útil pues remite a un imaginario por el cual el producto anual de una economía se distribuye, es decir se reparte en forma tan "natural" como las manzanas que caen del árbol y los que pasan las toman de acuerdo a su gusto. La distribución del ingreso, como dimensión socioeconómica, despolitiza las relaciones sociales de carácter económico –las más conflictivas– en una sociedad capitalista; por ende es un concepto funcional, útil en tanto aséptico, a cualquier gobierno.

Ubiquemos el concepto en su dimensión económica, social y política, y podremos ver en él, no solo el desenvolvimiento de un proceso social, sino el desarrollo de relaciones sociales en una de las dimensiones más caras en una sociedad capitalista: la socioeconómica. No hay en realidad una "distribución del ingreso" sino una **captación o apropiación social de los ingresos o de la riqueza.** La riqueza que una sociedad crea al año, medida en PBI, no se distribuye naturalmente como las manzanas del árbol: es apropiada por ciertos sectores sociales más que por otros. Quienes tienen más elementos –nuevamente los "capitales" de Bourdieu– sociales para captar una porción mayor de ingresos, lo hacen. Quienes tienen menos elementos solo pueden captar una porción menor, incluso a la necesaria para una vida digna. La cuestión social de los ingresos –riqueza– se define por la lucha social, sea por recursos escasos o por las ansias de acumulación propias de una economía y una cultura social capitalista. Es dinámica en tanto enmarca una de las principales luchas sociales de los dos últimos siglos, y su resultante, estadísticamente reflejada en un mejor o peor Gini o en una profundización en las diferencias entre deciles, en realidad muestra en toda su dimensión el mayor o menor equilibrio en la relación de fuerzas sociales. La distribución regresiva de los ingresos marca contundentemente el resultado histórico de las transformaciones sociales luego de las reformas neoliberales de los noventa, a la vez que la capacidad estructural de ciertos grupos sociales, y no necesariamente las altas burguesías o los ricos, de apropiarse continuamente de una porción muy mayor de la riqueza social.[42] Y esa situación no es distribución sino captación. El primer término se define, y reside, en el orden de lo natural; el segundo en el orden de lo político.

2. La cuestión social y la falacia estadística

> "La estadística es esa ciencia maravillosa por la cual,
> si mi vecino tiene dos autos y yo ninguno,
> se puede decir que en mi barrio tenemos un auto cada uno"
>
> Bernard Shaw

Las estadísticas y las distribuciones que ellas generan son elementos necesarios para trazar diagnósticos, y a partir de ellos, generar políticas. Por su parte, las estadísticas sociales miden y categorizan situaciones, a partir de definiciones conceptuales, para tratar de aprehender y comprender la realidad. El problema aparece cuando

---

[42]   Y en esta constante estadística situamos objetivamente el gran dilema, negativo, por supuesto, de la cuestión social en América Latina en estos últimos 20 años.

se considera la relativa efectividad de ese instrumento como un reflejo total y necesario de la realidad misma y se pierde de vista que solo es una aproximación a la misma desde la ficción numérica. Sin embargo, o quizás por esta traspolación de planos, es necesario reconocer la funcionalidad política de hacer de las mediciones estadísticas una construcción de la realidad. Por esa funcionalidad se observa permanentemente desde los medios de comunicación una continua pelea entre políticos oficialistas y opositores por adueñarse de la "verdad estadística", lucha discursiva por la posibilidad de interpretar ficcionalmente los números y porcentajes construidos tan trabajosamente. Parafraseando a Lenin y su desprecio por el "cretinismo parlamentario", vemos en la actualidad, a veces, un uso "cretino" de las estadísticas.

Vamos al caso mundial: para el Banco Mundial se considera pobre al grupo familiar que ingresa menos de U$S 2 diarios e indigente al grupo familiar que percibe menos de U$S 1 diario. Por supuesto, que esta cifra de corte universaliza los costos de las canastas básicas (tomadas como referencia para esas unidades monetarias) en todos los países del mundo, algo que el sentido común rechazaría.

Vamos a un caso local: en la Argentina se considera bajo la línea de pobreza al grupo familiar que ingresa menos de $ 1.200 mensuales, e indigente al grupo familiar que percibe menos de $ 550 mensuales. Esas cifras se toman en referencia al costo de una canasta básica familiar para el primer caso, y de una canasta básica alimentaria para el segundo caso.

Con el criterio, entonces, de ponerle un valor en moneda a los elementos mínimos necesarios de una unidad social –familia–, se traza una línea de pobreza y una línea de indigencia, bajo las cuales luego se agrupa en forma numérica a X cantidad de personas a las que se designará como pobres e indigentes. [43] La estadística, y su unidad –el número– diagnosticó así la cuestión social. Luego, algunos gobiernos podrán referirse orgullosos a ella señalando algo así como: "hemos bajado la pobreza en un 1,23 % este mes o año". De esa manera, se piensa y se dice, la cuestión social va en vías de resolverse definitivamente.

Pero planteo aquí ciertas dudas respecto a la modalidad de establecer el diagnóstico y, mucho más, al discurso político que plantea las vías de resolución solamente manipulando cifras:

1-¿Cómo se puede saber que la muestra estadística tomada para medir la pobreza y la indigencia esté bien hecha? Después de todo no se trata de una muestra para medir tipo de consumos, imagen de algún gobernante, intención de voto, etc. Es una muestra que tiene que detectar a personas y grupos sociales que viven mal, sin los elementos suficientes para encarar una vida digna, y en muchos casos, sin expectativas de futuro. Las estadísticas sobre pobreza e indigencia las realizan las instituciones oficiales, las menos proclives a admitir que gran parte de sus sociedades son pobres. Las estadísticas son necesarias para tener una imagen cuantitativa de la sociedad pero muchas veces son tergiversadas por factores políticos.

2-La línea de pobreza y la línea de indigencia se trazan sobre costos de consumos necesarios. Quiere decir que ese costo reposa sobre situaciones económicas como la

---

[43]   Que por cierto ya es otra creación estadística. Se consideran esos valores para una familia compuesta por dos adultos y dos menores. Cualquier sentido común puede interpretar que esta creación estadística está lejos de la realidad, pues precisamente la nueva cuestión social desintegró los parámetros clásicos de organización familiar: familias con más hijos, hogares monoparentales, familias ensambladas, crianza de niños ajenos, cuidado de ancianos, hijos que viven con los padres y sus propias familias. La diversidad de la organización familiar contemporánea, factor mucho más socioeconómico que cultural, atomizó la unidad estadística "familia tipo".

inflación. La inflación de costos es otro aspecto que a los gobiernos les cuesta admitir, por lo tanto, y dado el peso que tiene la inflación en economías globalizadas, sobre todo desde el sector financiero, y el impacto de ello en los bonos de deudas públicas, es razonable sospechar que la construcción del Índice de Precios al Consumidor, si no tergiversado como en algunos países, no es total y absolutamente confiable. Dado que sobre él se definen los costos de los insumos familiares básicos, y por ende, la situación de pobreza, difícil es aceptar con total confianza los porcentajes admitidos de pobres e indigentes.

3-La construcción estadística de la cuestión social implica una dinámica que en la vida real no existe. Si dicha cuestión se define por una cifra, es muy probable convertirse rápidamente en pobre o salir rápidamente de la pobreza. Para el primer caso basta con un aumento fuerte de los precios básicos, o la pérdida de algún ingreso familiar por pequeño que sea, para descender bajo la línea de la pobreza (o volverse indigente). Por el contrario, en el segundo caso, basta un control de la inflación, incluso una estanflación a pesar de la recesión que implica, o haber logrado algún trabajo por informal que sea en medio de las dos mediciones estadísticas, para convertirse en una familia no pobre. Por supuesto, en la percepción vital de familias comprendidas en alguno de los dos casos, nada ha cambiado. En todo caso esa maleabilidad en las situaciones, aunque a veces implique temporales mejoras, genera un horizonte de incertidumbre que dificulta diseñar futuros.

4-Por último, ¿qué diferencia hay, en el caso del Banco Mundial, entre percibir U$S 2 diarios o percibir U$S 1,85 diarios o U$S 2,34 diarios? En el caso argentino, ¿qué diferencia existe entre percibir $ 1245 mensuales o $ 1180 diarios? Para la construcción estadística de la cuestión social, estas diferencias son liminares: implica ser considerado pobre o no. Para la vida de los millones de personas y familias que transitan entre un lado y otro de esas fronteras estadísticas, es indiferente. Solo desde el aspecto material, la percepción de algunos de esos ingresos dados a modo de ejemplo, no rescata de la precariedad y la ausencia de posibilidades a ningún ser social.

3. La falacia política sobre la cuestión social

Conceptualizada la cuestión social como se ha hecho en el punto 1, y discutida la pertinencia de la estadística para posibilitar algo más que la medición de indicadores socioeconómicos, en este punto presento la falacia del tratamiento político que se le da a la cuestión social, sobre todo desde instituciones multilaterales o privadas ortodoxas y desde perspectivas gubernamentales neoliberales.

Se trata a la cuestión social en términos de la economía. Concretamente, la receta política, o que desde esas instituciones ortodoxas quieren transformar en políticas, parten de una ecuación planteada de este modo: "Para reducir la tasa del desempleo en un X % ciento anual y, por ende, la pobreza en un X % anual, la economía debe crecer a un ritmo del X% del PBI durante X años consecutivos". Si la perspectiva de las instituciones multilaterales son señeras en términos de inducir políticas públicas, una modalidad de entender el nuevo concepto de desarrollo (económico y social) es tomar algunas elaboraciones de esos organismos. En este sentido una interpretación de las llamadas metas del milenio ofrece una perspectiva significativa de comprensión. Se entiende, desde ahí, como se piensan y se interpretan las formas y modalidades de la cuestión social en el nuevo consenso.

Las Metas del Milenio fueron desarrolladas en "Los Objetivos de Desarrollo de la ONU para el Milenio", a partir de una sesión especial realizada en esa institución en

Septiembre de 2000 en el marco de la Asamblea General del Foro Mundial, en presencia de la mayoría de los Jefes de Estado de los países miembro. Su objetivo liminar era generar diagnósticos y propuestas tendientes a reducir la pobreza en un cincuenta por ciento hacia el 2015 en todo el mundo, por ende, obviamente, en América Latina, la cual contó con un capítulo específico en el desarrollo conceptual y técnico de las Metas del Milenio.

El diagnóstico que fundamentó las Metas del Milenio residió en las alarmantes cifras que demostraban el aumento de la pobreza y la indigencia, a la vez que el objetivo de las metas era su reducción en términos de estándares aceptables a sociedades civilizadas y democráticas.[44] El aspecto crítico que habremos de destacar en este acápite es la insuficiencia de la propuesta dado que fue elaborada en los lineamientos mismos de las políticas que concluyeron en la ampliación de la pobreza.[45]

Hacia 1999 la CEPAL estimaba que el 35% de los hogares latinoamericanos estaban en situación de pobreza, y dentro de ese porcentaje, el 14% en situación de indigencia.[46] En términos de personas los porcentajes representaban el 44% de la población en situación de pobreza y el 18% en estado de indigencia. A su vez esto significaba

---

[44] Si los conceptos significan situaciones concretas, es importante hacer notar la construcción del concepto de indigencia como situación límite de la sobrevivencia. Por sí misma, la indigencia habla de la evidente regresividad social en la distribución del crecimiento económico en los últimos veinte años.

[45] Para señalarlo resumidamente, una insuficiencia de la teoría del derrame (*spill over*) que no se debía a fallas del mercado sino a la carencia de instituciones adecuadas (por ejemplo, para controlar los niveles de corrupción).

[46] CEPAL (2002): *Panorama social para América Latina y el Caribe 2001-2002*, CEPAL, Chile.

211 millones de personas pobres y 89 millones de indigentes.[47] Los porcentajes mostraban una mejora respecto a iguales indicadores en 1990 pero obviaban señalar que 1990 fue el año de las crisis hiperinflacionarias o de altas inflaciones en América Latina, las cuales arrasaron con los empleos y los ingresos empobreciendo rápidamente a vastos sectores sociales. Pero en comparación, por ejemplo, a la década de los sesenta, los niveles de pobreza de 1999 eran escandalosos en su dimensión cuantitativa y en su significación social y política. Hablaban, concretamente, de una regresividad social alarmante.

El objetivo propuesto en las Metas del Milenio consistía en la reducción de la pobreza extrema en América Latina a la mitad para el año 2015. Para eso se desarrolló una base estadística que relacionaba el crecimiento económico y la pobreza. Desde esta base se estimó que para reducir la pobreza extrema a la mitad entre 1999 y 2015 se necesitaría una tasa de crecimiento del producto total en la región no inferior al 3,8% anual o una tasa per cápita no inferior al 2,3% anual. Obviamente se hablaba de crecimiento sostenido. Desagregado por grupos de países esta hipótesis señalaba que los países considerados como de mayor pobreza requerirían un crecimiento anual total del 5,7% y per cápita del 3,5%, los países de niveles de pobreza intermedia un crecimiento total anual del 2,7% y per cápita del 1,4%, y los de menor pobreza un crecimiento total anual del 2,5% y per cápita de 1,3%.

Es importante hacer notar que esta relación entre economía y sociedad se refería solo a la pobreza extrema. Esta se definía como aquella situación en la cual cada individuo percibía menos de un dólar al día.

---

[47]   En CEPAL: op.cit., se pueden observar esos porcentajes en cada país de América Latina y en comparación 1990-1999.

Aquí es necesario profundizar en el análisis que nos ocupa. Independientemente de lo acertado de la hipótesis de las Metas del Milenio y la posibilidad de realizarla, ya no se habla de desarrollo y mucho menos de modernización social. La relación "virtuosa" de posguerra que equiparaba crecimiento económico con modernización social, y esto se denominaba desarrollo, había desaparecido conceptualmente del análisis socioeconómico. Su lugar lo ocupaba la relación entre crecimiento económico y "alivio de la pobreza".[48]

El desarrollo de esta relación se consideraba la mejor, y quizás única, alternativa posible. Incluso en el documento oficial de las Metas del Milenio se consideró un objetivo adicional, es decir si fuera posible y tuviese éxito el objetivo principal, que era la posibilidad de reducir también a la mitad la pobreza total.[49] Concretamente, la cuestión social, producto o efecto del crecimiento económico, pasó a ser la pobreza en vez de la modernización, por ende la sobrevivencia en lugar de los derechos sociales.

Otro aspecto necesario del análisis, tomando como dado que se refiere únicamente a la relación entre crecimiento económico y niveles de pobreza,[50] debe consistir en verificar dicha relación ya que ella se presenta como absoluta en todos los documentos de los organismos multilaterales.

Saliendo ya de las Metas del Milenio, sobre todo en su periodización histórica, y a modo de ejemplo de la falacia

---

[48]   El entrecomillado se utiliza pues el concepto fue acuñado en los documentos del Banco Mundial desde fines de los noventa.

[49]   Para esto se requeriría un crecimiento anual sostenido del 2,6% para la región o 4,8% para los países más pobres, 2,8% para los medianamente pobres y 1,7% para los menos pobres.

[50]   Se insiste en este punto pues es el verdadero giro de la nueva economía, es decir, la imposibilidad de referir el crecimiento económico a las mejoras progresivas y constantes de los niveles sociales de vida. Reitero, lo que antes se denominaba "desarrollo".

relacional presente en ellas, América Latina como región, y la mayoría de sus países componentes, observaron en los años 2003 y 2004 un crecimiento alto y sostenido de sus economías. El crecimiento del producto interno bruto total fue de 2,0% en 2003 y 5,9% en 2004. El crecimiento del producto interno per cápita fue de 0,5% en 2003 y 4,4% en 2004.

A su vez, el crecimiento del producto interno bruto observó picos como el de Argentina (8,8% en 2003 y 9,0% en 2004), Uruguay (2,2% y 12,3% respectivamente), Panamá (4,3% y 6,2%), Chile (3,7% y 6,1%) y Ecuador (2,7% y 6,9%). Es decir, una relativa cantidad de países que inhibe de hablar de casos aislados y, por otra parte, marca la progresividad del crecimiento tal cual muestran las cifras de 2004. Excepto los casos de Haití y Granada ningún país de la región observó un crecimiento negativo del producto, a la vez que más del 75% de los países crecieron en 2004 a tasas superiores al 4%. Concretamente, uno de los aspectos de la relación trazada en las Metas del Milenio –el crecimiento económico– se está cumpliendo en América Latina.[51] Sin embargo, el otro aspecto –la reducción de la pobreza– no evoluciona de acuerdo a la hipótesis original.

Entre el año 2000 y el año 2005 la pobreza solo disminuyó del 42,5% de la población a 40,8% y la indigencia del 18,5% al 16,8%. En millones de personas, la pobreza disminuyó de 214 millones en 2001 a 213 millones en 2005 y la indigencia de 92 millones a 86 millones.[52]

Evidentemente, la dinámica del crecimiento económico no se estaba condiciendo con un efecto equivalente en términos de reducción de la pobreza y la indigencia.

---

[51]   En realidad en esta relación se piensa la cuestión social en la ortodoxia económica, los organismos multilaterales y la mayoría de los gobiernos, sobre todo del G7.

[52]   Para el año 2005 porcentajes preliminares en base a 18 países elaborados por la CEPAL. Ver CEPAL (2005): *Panorama social de América Latina 2005 Informe Preliminar*, CEPAL, Chile.

Con lo cual la relación expuesta en las Metas del Milenio y otras formulaciones muestran una extrema debilidad.

La pregunta sería, entonces, cual es el punto que debilita la relación mencionada. Una primera respuesta aparece como bastante evidente: la distribución de los ingresos, es decir, la modalidad en que se distribuye el producto del crecimiento económico. Una segunda respuesta, menos trabajada pero, entiendo, sustancial, consiste en el error de presuponer que el mercado, o la economía tal cual hoy está planteada, es la responsable de mejorar la distribución de los ingresos. La propuesta alternativa consiste en pensar que una distribución de los ingresos que realmente mejore la situación social es responsabilidad, y única posibilidad, de la política, lo que es decir de la acción de los gobiernos. Con lo cual nos situaríamos en el plano de la redistribución de los ingresos sociales.

Por el primer punto, la CEPAL sostiene que para una reducción del índice de Gini[53] del 2%,[54] lo cual significa mejorar la distribución de los ingresos y por ende aliviar la pobreza, las economías deben crecer a una tasa anual de 0,9%, permitiendo esta relación acercarse a las Metas del Milenio incluso en menor tiempo al estipulado. A su vez, entiende que esta posibilidad reside básicamente en las condiciones de las economías (recursos productivos, patrimonios físicos, dotación de recursos humanos, recursos financieros, etc.).

---

[53] El coeficiente de Gini es la formulación más elaborada para medir la distribución de los ingresos. El mismo, en una escala de 0 a 1 o de la distribución más perfecta a la más imperfecta, permite ver que en una economía cuanto más cerca de 0 esté el índice la distribución es más progresiva, mientras que cuanto más cerca de 1 esté el índice la distribución es más regresiva. Otra modalidad es dividir a los sectores perceptores de ingresos en deciles y luego comparar entre el de más altos ingresos (decil 10) y el de más bajos ingresos (decil 1). A mayor diferencia entre deciles mayor regresividad.

[54] Corresponde a una reducción de 0,01 del coeficiente.

Nuevamente, una relación automática entre el funcionamiento de la economía y la cuestión social, esta vez mediatizada por condiciones estructurales que permitan una mejor distribución de los ingresos. Paradójicamente, los países de la región con peor distribución del ingreso son los más dinámicos económicamente –Chile, Brasil–, mientras que otros países –Argentina, Ecuador– que se han recuperado de una profunda crisis en los tres últimos años creciendo fuertemente, no han logrado mejorar la distribución de los ingresos.

Entonces el segundo punto es, si el crecimiento económico no mejora de manera equivalente la distribución de los ingresos, esto debe ser responsabilidad política y debe vehiculizar la acción estatal (política tributaria, salarios mínimos, formalización del empleo, apoyo a sectores productivos, etc.). La falta de énfasis en el rol estatal para la mejora en la distribución de los ingresos deviene precisamente de la conceptualización de esa cuestión, por la cual se entiende que los ingresos se distribuyen naturalmente en la economía en lugar de pensar que los ingresos se captan socialmente en cada economía.[55] Concretamente, la distribución, en realidad captación, de los ingresos es un producto del estado vigente de la relación entre los distintos

---

[55] Entendiendo a la economía (mercado) como ahistórica y no relativizándola por las nuevas modalidades de producción –tecnología- y acumulación -tasa de ganancia-, a pesar de ser evidente que la actual etapa de la economía mundial se caracteriza por la concentración de capital, recursos y, por ende, ganancia, la orientación de los sectores más dinámicos al mercado global (impidiendo la circulación de capital en forma dinámica en el mercado interno) y la predominancia del sector financiero en la formación de la ganancia (renta). En una idea que da para abundar mucho, la tasa de ganancia de una economía se autonomizó relativamente de los niveles de desempleo y pobreza de la sociedad.

sectores sociales y no un atributo natural de la economía. Es, por ende, una cuestión más política que económica.[56] Sintetizando, ya no se piensa ni se conceptualiza la cuestión social en términos de desarrollo. Su reconfiguración como pobreza implica un acotamiento de esa cuestión pero, sobre todo, simboliza la regresividad social que se ha desplegado en América Latina en los últimos años. Revertir esta situación exige políticas que se fundamenten en criterios de equidad y justicia, y que entiendan que el combate a la pobreza es solo una primera y necesaria etapa en la reconstitución social en la región. De lo contrario solo se consolida un *status quo* reñido con todo criterio de ética y moral pública pero también generador de situaciones políticas que tienden a la inestabilidad y el conflicto. Esta situación nos introduce al siguiente acápite que trata de la cuestión de la democracia y la gobernabilidad política en América Latina. En conclusión, la cuestión social no puede ser pensada, en términos de políticas públicas, como determinada por el crecimiento económico. La razón es (relativamente) simple: **es esta modalidad de crecimiento de la economía lo que permite la estructuración de situaciones de pobreza y exclusión de sectores sociales.** Ahora bien, ¿si no es la economía la que puede tomar a su cargo la cuestión social, cuál es, entonces? Primera respuesta: **la política.** La cuestión social hoy en América Latina pasa por la política, es decir, por las decisiones políticas de los gobiernos y no por los vaivenes de los mercados.

---

[56] Una forma de objetivar esta idea es observar dinámicamente, incluso por cortes históricos, el % del PBI que se distribuye en salarios e ingresos.

4. La reproducción de la cuestión social

Plantear "la cuestión social", insisto, implica ubicar la problemática social en el desempleo, la pobreza, el cruce de ambos, la distribución de los ingresos. La intención, con ese concepto, es ubicar lo social en términos de un "intercambio" de factores que se entrecruzan, se retroalimentan parcialmente o se anulan parcialmente; aparecen para definir la "cuestión" con distintas intensidades en el proceso económico y político, pero lo cierto que sin relacionarlos y dimensionar sus intervenciones, es difícil entender y mensurar correctamente la problemática social contemporánea.

En este ítem voy a rescatar un factor que es necesario añadir para seguir componiendo la cuestión social: el tiempo. Quiero decir, entender la construcción, la conformación y los relacionamientos internos de la cuestión social en un espacio de tiempo que tiende a perpetuarla, con ciertas reconfiguraciones, dada la densidad de ese tiempo de duración, pero a mantenerla, al menos en estas condiciones generales (globales). Este punto implica **la reproducción de la cuestión social.**

El concepto de "reproducción" es claro, desde Giddens y Bourdieu, sobre todo, a la sociología contemporánea. Por él se quiere decir que los aspectos más sustantivos de las conformaciones sociales tienden a reproducirse, proceso que no se comprende a la manera de la biología –reproducción por agregados– sino en tanto sistémica, es decir, lo que hace a la conformación social se reproduce relacionalmente configurando resultados no necesariamente previsibles, claros, pero, dado que relacionales, tendientes a su fortalecimiento. La reproducción de lo social opera sobre la reproducción de las relaciones que constituyen su morfología y sus sentidos.

Con esta idea se quiere señalar que la cuestión social contemporánea, en la negatividad que trata este artículo,

tiende, dadas las condiciones económicas y políticas externas, a su reproducción. Su misma configuración y dotación
de sentido produce la materia y el significado por la que
dicha cuestión genera un entramado relacional, por el
cual se torna muy difícil superarla -superación en tanto su
negatividad-, más allá de la planificación económica, las
políticas sociales y las lógicas políticas de los gobiernos. No
es que estas políticas no ayuden y alivien, sino que existen
internalidades en la cuestión social que permiten un grado
y densidad de reproducción que restringen la efectividad
de planes y políticas.

La reproducción de la cuestión social, definida materialmente por la cantidad de tiempo en que se mantiene,
no implica, sin embargo, que es determinada cantidad
de tiempo la variable explicativa. La reproducción en el
tiempo de la cuestión social se explica, y comprende, en
las condiciones generales -externas e internas; locales y
globales- que la produjeron y que la sostienen en su lógica
constitutiva. Concretamente, mientras este mundo social
tenga las formas y las relaciones de poder que tienen,[57] la
reproducción de la cuestión social se mantiene, por supuesto, dado que los ganadores de la puja social sostienen
el escenario que los torna ganadores; los excluidos (de

---

[57]   Relaciones de poder mucho más sofisticadas que las tradicionales. Como
       señalo en otro ítem de este artículo, no solo hay que entender las relaciones
       de poder entre dominantes y subalternos (con todas sus variantes, la línea
       clásica de análisis del poder), sino también las que se trazan, a veces
       "inconscientemente" al interior de los grupos o clases subalternas. Las
       capacidades políticas e institucionales de los sectores formalizados para
       discutir y apropiarse de recursos disponibles para esas clases, son muy
       superiores a las que tienen los sectores excluidos de esas mismas clases.
       De lo que no hay que suponer rápidamente que los responsables de la
       indigencia y la pobreza son los asalariados formalizados. Solo que hay
       que tomar en cuenta esa franja de disputa por recursos sociales pues son
       otorgados por el Estado y no por el mercado. Lo que abre, por supuesto,
       otras posibilidades para los excluidos del mercado.

una adecuada distribución de los recursos para un "Buen Vivir"[58]) solo obtendrán paliativos y, como resultado final, la imposibilidad de resolver estructuralmente las condiciones de su exclusión.

Operacionalizemos esta conceptualización con la construcción de una imagen: una persona que aparece en el mundo social (adolescente) y tiene que insertarse en él en las mejores condiciones posibles. Proviene de un asentamiento precario sin servicios públicos, de una nula experiencia de trabajo formal y apenas de trabajo informal de bajísimos ingresos, posiblemente familias desmembradas y ensambladas, que salió del sistema educativo a edad temprana, condiciones de salud soportadas solo en su propia biología, una imagen espacial y temporal que se reduce a un espacio segregado, de difícil acceso a lo urbano establecido, sin ninguna experiencia de presencia de la institucionalidad estatal (excepto la represiva), con un imaginario de futuro donde ronda más las muertes juveniles que los proyectos de vida, con la socialización en códigos y normas que exigen menos visibilidad social, con un patrón de relacionamientos que solidifican el propio mundo. En fin, ¿qué se tiene?: un adolescente excluido, producto de la exclusión y que solo podrá producir exclusión. En términos figurativos, creo, esto es lo que define el concepto de reproducción de la cuestión social.

En el modelo social anterior, la pobreza, dadas las condiciones estructurales y la institucionalidad estatal, no reproducía pobreza. Al interior de ella se generaban políticas y recursos que permitían un conjunto de acciones y relacionamientos que, sinérgicamente, se transformaban en formas e incentivos que permitían una mejora en

---

[58]   Concepto cultural, pero que definen a la economía y a la política, de las culturas indígenas andinas. El mismo ha sido introducido en las recientes reformas constitucionales en Bolivia y Ecuador.

las condiciones de vida, generación tras generación.[59] Si actualmente, crisis tras crisis, cualquier análisis periodístico cae en el diagnóstico, ya casi de sentido común, que la generación joven actual y la venidera vivirá en peores condiciones que la generación adulta actual (ni que hablar de la generación de la "ya vieja" sociedad de bienestar), lo que no se señala claramente es que ese diagnóstico cierto y absolutamente probable, implica que los pobres, indigentes y excluidos seguirán siendo pobres, indigentes y excluidos, y lo más probable, en términos de futuro, es que aumenten su número así como las condiciones que los mantiene en la exclusión y en los márgenes de la sociedad (establecida).

La pobreza (acá proponemos "la cuestión social" dada cualidades extraordinarias que agregan a la pobreza), solo produce, por ende reproduce, pobreza. El límite es cuánta exclusión admitirán los sometidos a procesos de reproducción de la exclusión, o cuánta desigualdad –injusticia social–[60] admitirán los sectores sociales establecidos. Las políticas contra la pobreza extrema y la exclusión deben tener en cuenta la construcción de la exclusión social y operar no solo sobre el corto plazo –dar y asistencializar– sino también sobre el mediano plazo: intervenir fuertemente en los puntos de intersección (sujetos-carencias y recursos) en donde se empieza a reproducir la pobreza extrema. Por

---

[59]   La metáfora literaria de "Mi hijo el dotor". Para quienes no están familiarizados con esta obra literaria, aclaro que "dotor" es palabra textual de la misma. Quería significar el lenguaje precario de un sujeto pobre cuyo hijo podía ser doctor. Y ese sujeto podía pensarlo, y proyectarse, así.

[60]   En definitiva de lo que se trata es del problema de la injusticia, y no como maravillosa y discursivamente algunos lo resignificaron y lo transformaron en un problema de "seguridad". Lo que en las sociedades de bienestar se definía como un tema de justicia social, hoy se plantea, piensa y discute como un tema de seguridad. O sea, seguridad de los que tienen, sobre todo los que más tienen, dada la inseguridad que causan los que menos tienen o no tienen nada.

eso, se concluye, es necesario pensar la cuestión social en su conformación, relación y, por ende, reproducción.

5. Las carencias de las políticas públicas sobre la cuestión social

Si existió un denominador común en la "nueva política",[61] consistió en el rechazo que los gobiernos realizaron sobre la situación social generada luego de las reformas económicas; rechazo que operó sobre la naturalización que de la misma hicieran los gobiernos reformistas, y su consideración como una clara situación de injusticia social. Interpelando los sujetos sociales portadores de esa situación de injusticia y ofreciendo programas políticos cuyo eje era la resolución de esa injusticia, muchos gobiernos ganaron elecciones y pusieron en marcha programas para resolver esa cuestión social. Esa intencionalidad política, y la etapa de crecimiento económico alto y sostenido a partir de una suba de la precio de las *commodities* en los mercados internacionales, permitieron el desarrollo de políticas sociales que, a lo largo de esta última década permitieron una baja sustancial en los niveles de pobreza e indigencia, [62] así como una mejora en la distribución de los ingresos. [63]

---

[61]   Sobre el concepto de "nueva política" para caracterizar a los gobiernos progresistas de la región, ver: MOREIRA, C., RAUS, D. y GOMEZ LEYTON, J. C. (2008): *La nueva política en América Latina: Rupturas y continuidades*, Editorial Trilce, Montevideo.

[62]   Las más exitosas y novedosas a la vez son las llamadas "Políticas de Transferencias Condicionadas" algunas de ellas ya desarrolladas en etapas anteriores a estos gobiernos. Estas políticas prevén el otorgamiento de subsidios familiares a condición de la permanencia en el sistema educativo, lo que implica, en el Programa, atacar la pobreza en el corto y en el mediano plazo.

[63]   Ver la serie estadística de la última década sobre la pobreza en: CEPAL (2010), *Panorama social*, CEPAL, Santiago. Chile.

Los resultados positivos obtenidos de la aplicación de estas políticas implicaron también la continuidad y profundización de las mismas, por un lado, y, por otro lado, el fortalecimiento de los sectores sociales, y sus representaciones institucionales (sobre todo, las estructuras sindicales), que devinieron en la base política más sustantiva de los gobiernos. En forma resumida quiero decir: el éxito de las modalidades e implementaciones de los programas sociales contra la pobreza generó incentivos extras para el mantenimiento de las mismas en los dos actores involucrados: gobiernos y beneficiarios. Los primeros aumentaron sus *inputs* de legitimidad política (traducidos en apoyos electorales), y los segundos preservaron y reprodujeron mejoras en sus condiciones sociales de vida.

El tema que surge en esta dinámica es que la nueva cuestión social no se explicaba en sus orígenes, es decir, en el momento de su constitución como cuestión, solo por los elevados índices de desempleo y pobreza, sino también por los amplios márgenes de exclusión del mercado formal de empleo y consumo. Lo que quedaba claro, una vez visibilizada la nueva cuestión social, es que amplios sectores sociales habían agudizado su situación de carencia social: no solo era el desempleo y la pobreza de ingresos sino también la exclusión del consumo de bienes materiales y simbólicos, la desterritorialización, las migraciones forzadas, la desarticulación familiar y la pérdida de la conciencia (subjetividad) de ser sujeto de derechos.[64] El denominador común de todas esas situaciones de carencias era la salida del mercado formal y la extensión en el tiempo de esa situación.

Insisto en que una de las virtudes políticas de los gobiernos latinoamericanos ha sido la de mantener y/o generar programas sociales destinados a sectores sociales al

---

[64]   Ver RAUS, D. en MOTTA,L, Op. Cit., nota al pie n° 2.

margen del sistema de empleo e ingresos formal. La situación que quiero analizar aquí es que, si bien la informalidad está contemplada en la política pública, por una cuestión de lógica política básica los sectores informalizados no tienen la capacidad de presión y, por ende, de obtención de beneficios que los sectores sociales formalizados y organizados institucionalmente en grupos de presión. Concretamente, mientras estos no solo resolvieron la pérdida de ingresos y de condiciones de vida en que habían caído luego de las reformas neoliberales, sino que se transformaron, dadas sus mejoras socioeconómicas, en sostenedores importantes de la economía por su poder de consumo reconstituido, los sectores sociales estructuralmente excluidos y asistencializados lograron resolver sus problemas de consumos sociales básicos pero no así una mejora permanente y progresiva de sus condiciones de vida.[65] Se fue generando con el tiempo y con la duración de los gobiernos progresistas, y, por supuesto, involuntariamente, una situación social por la cual en la amplísima franja de las mayorías sociales un vasto sector observó mejoras sustantivas y progresivas, mientras que otro sector solo lo hizo con cuentagotas. La diferencia entre una y otra situación, entre muchas cosas que hacen a las calidades de vidas, es el diferente imaginario de futuro, y reproducción generacional, que ambas imprimen en la(s) subjetividad(es) social(es).

El punto que en este ítem quiero señalar es que, reitero, el éxito obtenido en las continuas mejoras de los sectores sociales formalizados, y la constitución de incentivos para la reproducción de esas mejoras tanto para los grupos

---

[65] Con esto me refiero a que condiciones de vida social y políticamente justas incluyen también acceso a los bienes públicos, al territorio, a la vivienda, a la justicia, en fin, al Estado. Es decir, toda una serie de cuestiones que estaban contemplados en los programas de estos gobiernos desde el mismo momento que calificaron, con absoluta razón, como injusta la situación de exclusión y marginalidad provocada en los noventa.

sociales como para los gobiernos, generó una dinámica en el diseño, implementación y negociación de las políticas públicas socioeconómicamente orientadas, que recargó a aquellas políticas dirigidas a los sectores formalizados en "desmedro" de los informalizados. El entrecomillado quiere significar que ese desmedro no operó desde una voluntad política de los gobiernos, y menos de los sectores formalizados (básicamente sindicatos), sino desde una lógica política clara por la cual si a dos actores les va bien negociando una política, y si ambos tienen una predominancia clara en el escenario político y social, la resultante es un diseño de políticas que reflejará prístinamente los intereses y preferencias de esos actores.

Se estructuró así, en estos últimos años, una situación por la cual la política pública socioeconómicamente orientada privilegió a los sectores formales, y los gobiernos obtienen amplios apoyos electorales de esos sectores dado que vuelcan la mayor parte del presupuesto orientado a la negociación económica y social hacia ellos. Una ecuación por la cual, si bien en un contexto de recursos relativamente altos, la distribución de los mismos a las clases o sectores de ingresos mayoritarios (los ocho deciles inferiores en una escala de distribución) se realiza de manera regresiva, o si se quiere injusta. Concretamente, quienes mejor paliaron la situación de precariedad luego de las reformas neoliberales fueron quienes siguen obteniendo más recursos, sea del crecimiento económico o de las políticas públicas.

Excluida la "perversidad" (intencionalidad) política en esta situación socioeconómica, es necesario señalarla pues creo que constituye otro de los *insights* emergentes de la nueva cuestión social. Casi se podría enunciar que existe actualmente una desigual apropiación de recursos entre las clases o grupos no propietarios, o que se genera una distribución regresiva de los ingresos entre las clases asalariadas y no asalariadas. Conceptualmente, un mayor poder de apropiación de recursos por parte de los grupos sociales que ya no necesitan tanto de ellos, mientras que los que lo necesitan, para necesidades incluso básicas, carecen de todo poder de negociación para obtener una porción mayor, sobre todo, y este es el problema, de los recursos públicos.

En esta descripción de la cuestión social y política que este artículo prevé, se podría decir que, aceptada la situación antes descripta, una primera alternativa, al modo de un *second best*,[66] consistiría en que se acepte –Estado y organizaciones sindicales– que los sectores sociales formalizados han obtenido una parte importantísima de la renta social en estos años, a la vez que existe una franja social en condiciones muy precarias de vida, al punto de generar asimetrías sociales enormes entre ambas sin necesidad de comparar ya entre las clases ricas y el resto social, por lo cual la distribución de recursos públicos, así como el destino de todo excedente extra logrado por la economía de acá en más, sea dirigido a los sectores informalizados. Llamativamente, excepto que se acepte lo planteado unas líneas más arriba en el sentido que esta es una de las nuevas características de la cuestión social contemporánea, producir mediante la acción estatal y el acuerdo social, una redistribución de ingresos y recursos al interior de las clases o grupos otrora llamados subordinados.

Mejorar la distribución de riqueza al interior de los ocho deciles inferiores de las escalas de ingresos constituye, creo, la política de la época. Por un lado, pone justicia, tal cual los discursos originarios de estos gobiernos, en el resto social todavía en situación de precariedad-injusticia.

---

[66] Si el *first best* fuese ampliar más la base de generación de recursos, sea por un todavía mayor crecimiento de la economía en las condiciones actuales, o una mayor apropiación de los excedentes privados por parte del Estado a partir del sistema tributario.

Pero, por otro lado, no quita, o quita poco, a los sectores sociales incluidos, asalariados y formalizados, que, en forma relativa, han sido hasta aquí los grandes ganadores de las políticas progresistas. Y para los gobiernos es una magnífica oportunidad política, primero, de cumplir con sus programas originales, luego de ampliar, más todavía, sus bases sociales de apoyo político. Este "círculo virtuoso" solo es posible, propongo, si se piensa –conceptualiza– la nueva cuestión social en toda su amplitud, incluso, o sobre todo, en esos aspectos que, como el señalado en este ítem, aparecerían más difusos si no ocultos.

6. "Los de afuera"

Cerrando estas reflexiones y este intento de conceptualizar ciertos nuevos aspectos de la cuestión social en América Latina contemporánea, entiendo que los análisis en general fallan en no contemplar una situación.

Todos los análisis, sean académicos, diagnósticos o propositivos en términos de políticas públicas, se realizan desde la idea acerca de las condiciones de posibilidad de inclusión (y re-inclusión) de los sectores sociales desincluidos luego de los noventa, o que crecieron y se socializaron solo desde la experiencia de la exclusión. Siempre el objetivo, ética y políticamente correcto, lo constituye la necesidad de pensar las modalidades de reinserción de quienes están "afuera" de la economía formal, o al menos informal, y del acceso a políticas públicas de integración. La pregunta incómoda que aquí hago, referida a esa perspectiva, es la siguiente: ¿es totalmente seguro que todas las personas que integran los sectores excluidos quieren volver a vincularse a un sistema socioeconómico y político de integración, tal como está constituido en la actualidad, con sus premisas, condiciones y ordenamientos? Es al menos pensable, desde el análisis social, la posibilidad de que muchas de esas personas, socializadas en la exclusión y que permanecieron en ella por un tiempo cercano a una generación, hayan elaborado sus propias estrategias de pertenencias sociales, culturales e institucionales que, a sus criterios, ofrecen incentivos selectivos preferibles a los institucional y jurídicamente "normales". Esta duda no implica un juicio ético, moral o político, es simplemente una pregunta que obliga, propongo, a replantear ciertos paradigmas y políticas, incluso deseables, desde una perspectiva de justicia e igualdad, que operan sin contemplar, precisamente, esa pregunta.

Desde la conceptualización "dura" de la economía o la sociología del trabajo se empezó a denominar a la exclusión estructural como el "núcleo duro de la desocupación".[67] Quiere aludir, o hacer referencia, al sector social, o la parte de la sociedad, que la economía no incorporó en esta fase de crecimiento dinámico post-crisis. En esta modalidad de análisis se insinúa también, aunque de forma relativa y cautelosa, que ya no van a ser incorporados. Ambos aspectos son importantes y merecen su análisis, pero el objetivo implícito de estas reflexiones sobre la nueva cuestión social es el último de ellos, es decir, el fundamental porque, a nuestro entender, ese "núcleo duro" de agentes sociales ya no van a contar durante su vida social como miembros plenos, nuevamente la cuestión de los derechos instituidos e instituyentes, de estas sociedades.

El problema, entonces, no es un "núcleo duro de desocupación" en el cual hay que pensar como reintegrarlo al mercado de trabajo más o menos formal. Este es el aspecto

---

[67] Nunca mejor Bourdieu y sus "estructuras estructuradas que operan como estructuras estructurantes" (de nuevas situaciones, es decir, de las condiciones del cambio social.) BOURDIEU, P (2004). *Cuestiones de sociología*, Anagrama, Buenos Aires.

material de la nueva problemática social. Esa se dimensiona definitivamente cuando se entiende que ese "núcleo duro" ya no es reintegrable, dado que ha pasado la suficiente cantidad de tiempo como para des-inscribirlo en forma permanente de las nuevas tecnologías y modalidades de gestión del trabajo. Es decir, primer tema, no es cuestión de recalificación y/o capacitación en el nuevo mercado de trabajo. El punto es que este no los necesitó durante el tiempo suficiente para descalificarlos definitivamente, y aun sin esas condiciones ya estructurales de descalificación, no los necesita tampoco ahora. El "núcleo duro de la desocupación" es duro porque ya es estructura, porque ya pertenece a otra esfera del mercado de trabajo: los no necesarios. Después de todo, esa condición social se define en torno al trabajo, aun en su innecesaridad.

Pero hay una segunda cuestión y es que de ese "núcleo duro", una gran parte, ya casi una generación, nunca integrada en el mercado de trabajo formal y con una imagen similar de desplazamiento de su generación anterior (sus padres), se ha socializado en otro mundo económico-social: el mundo de las estrategias cotidianas de sobrevivencia. Este mundo inscribe actividades de búsqueda de recursos inmediatos y no renovables, y va desde las actividades más pauperizadas de la economía legal hasta las actividades de la economía ilegal en sus múltiples y permanentemente renovadas modalidades de generación de recursos.

Este es el mundo económico-social en el cual se desenvuelve gran parte de ese "núcleo duro" y, en sus características, ofrece dos ventajas sobre el mundo laboral formal al cual hoy está establecido: por un lado, tiempo y libertad; por otro lado, mejor "remuneración" promedio. Por lo tanto ese "núcleo duro" –sujeto social– tiene opciones objetivamente válidas para sus posibilidades en la esfera informal/ilegal y, en la medida del paso del tiempo, en ella va a desplegar su vida económica, sociocultural y política, con una clara conciencia estratégica (acción racional) de la opción tomada.

Desde estos aspectos se entiende por qué ese "núcleo duro" no es reintegrable. Ahora bien, el punto no solo es esa situación concreta definida por opciones, sino también la posibilidad de pensar que gran parte del "núcleo duro" no es reintegrable ni quiere ser reintegrado en las condiciones presentes. Y esta segunda gran opción obedece a una elección también estratégica y/o también, y este es el punto más novedoso de esta nueva cuestión social, a que no conoció ni conoce una opción diferente. Parafraseando a Schutz,[68] el "mundo de vida" del "núcleo duro de la desocupación"[69] es uno bien distinto al de los que piensan ese mundo en términos de recalificación y reintegración. Ese mundo de vida es la única conciencia social posible, así como la única opción material, de los que no cuentan. Ese mundo de vida es una imagen social constituida y constituyente de estilo de vida[70], pero también es la imagen sobre la que se entifican redes sociales y económicas, normas autoconstruidas, sistemas urbanos, ámbitos institucionales y para-jurídicos, en fin, organizaciones sociales.

Desde hace unos cuantos años, América Latina presenta fenómenos de socialización e institucionalización de

---

[68] SCHUTZ, A. (1994): *El problema de la realidad social*, Buenos Aires, Editorial Amorrortu.

[69] Por supuesto que hay que agregar a ese sujeto social toda una serie de personas sociales que en esos desocupados se reconocen: parientes, amigos, hijos adolescentes, compañeros de vida y ex-compañeros de trabajo formal o informal.

[70] Llegando al límite de lo etnográfico, pensar en la imagen que se construye en la mente-conciencia del niño que acompaña a su padre en un carro tirado a caballo en la búsqueda de comida u objetos vendibles en las gran ciudad, escena abundante en cualquier ciudad latinoamericana de la actualidad, día tras día y, en muchísimos casos, año tras año, alejado definitivamente de espacios de socialización como la escuela, club, barrio, parroquia, etc.

relaciones sociales juzgados como ilegales (delincuenciales) o marginales (en el viejo sentido de la sociología de Chicago, es decir, como conductas desviadas). Las redes sociales que se trazan al interior del narcotráfico, los territorios urbanos "colonizados" por el narcotráfico, los cocaleros, los chiapanecos,[71] los "antiguos" fogoneros, las comunidades indígenas pachakutic, el Movimiento Sin Tierra de Brasil, el Movimiento Campesino de Paraguay, las maras, etc., y, por supuesto, sin querer poner en pie de igualdad los formatos organizacionales y los objetivos de esas asociaciones, partían de un denominador común estructural y subjetivo a la vez: la exclusión del mercado y la sociedad formal, y la pérdida del sentido de pertenencia a una comunidad de iguales. Estas asociaciones aparecen, desaparecen, se forman nuevas, se reconfiguran, pero gran parte de ellas se explican por componentes (personas) que toman esa opción como estrategia de sobrevivencia y mundo de vida (otra vez Schutz) dado que la sociedad constituida no les ofrece lugar u ofrece incentivos de "calidad" menor al que encuentran en sus redes sociales de pertenencia. Donde sí son individuos, iguales, pertenecientes, sujetos de "derechos", protegidos, protectores, donde, en definitiva, se puede trazar un imaginario de futuro aunque, en las condiciones logradas, ese futuro es muy corto para muchos de ellos.

Loable pero difícil de hablar y diseñar políticas de inclusión si no se piensa la historia de la exclusión en América Latina, su génesis y desarrollo (psicogénesis y sociogénesis, señalaba N. Elías[72]), sus formatos organizacionales, las

---

[71] Señalo siempre en este ejemplo, que la principal consigna fundante del movimiento zapatista fue "Democracia para todos los mexicanos". Esta consigna dejaba en claro que más que una proclama revolucionaria era una proclama que nacía de la realidad y la sensación de exclusión que sufría gran parte de los sectores campesinos e indígenas de Chiapas por parte del Estado mexicano.

[72] ELIAS, N. (2000): Op. Cit.

culturas desarrolladas en torno a una vida excluida. De alguna manera el último rol que les cabe a las devaluadas, en este mundo global, tecnológico y pragmático, ciencias sociales es proponer pensar más exhaustivamente ciertas cuestiones para actuar sobre ellas de manera ética y práctica, correcta y eficaz.

Bibliografía citada

ARENDT, H. (1988): *La condición humana*, Buenos Aires, Paidós.

AUYERO, J. (1997): "Wacquant en la villa", *Revista Apuntes de Investigación* N° 1, Buenos Aires, Fundación del Sur, Octubre.

BAUMAN, Z. (2006): *Vidas desperdiciadas*, Buenos Aires, Visión.

BOURDIEU, P. (2003): *La miseria del mundo*, Buenos Aires, FCE.

BOURDIEU, P. (2004*): Cuestiones de sociología*, Buenos Aires, Anagrama.

CASTEL, R. (1997): *La metamorfosis de la cuestión social*, Buenos Aires, Paidós.

CEPAL (2005): "Las Metas del Milenio", *Documento de trabajo*, Santiago de Chile.

CEPAL (2010): *Panorama Social*, Santiago de Chile.

DURKHEIM, E. (1981*): Las reglas del método sociológico*, Buenos Aires, La Pléyade.

ELIAS, N. (2000): *El proceso de la civilización*, México, FCE.

GIDDENS, A. (2001): *La constitución de la sociedad*, México, Siglo XXI.

GOFFMAN, I. (1996*): Estigma*, Buenos Aires, Amorrortu.

GORZ, A. (1991): *Metamorfosis del trabajo*, Madrid, Sistema.

GUTIERREZ, A., SALGADO, J. y HUAMAN, J. (2011): *Reproducción de la pobreza en América Latina*, CLACSO, Buenos Aires.

LACLAU, E. y MOUFFE, C. (1988): *Hegemonía y alternativas socialistas*, México, Siglo XXI.

LACLAU, E. y MOUFFE, C. (1993): *Nuevas reflexiones sobre la revolución de nuestro tiempo*, Buenos Aires, Nueva Visión.

MOREIRA, C., RAUS, D. y GOMEZ LEYTON, J. (2008*): La nueva política en América Latina: Rupturas y continuidades*, Montevideo, Trilce.

RAUS, D. (1991): "La marginalidad social", *Revista Doxa Cuadernos de Ciencias Sociales Nº3*, Buenos Aires.

RAUS, D. (2004): "Transformaciones sociales y gobernabilidad en América Latina y Argentina", *Cuadernos de Trabajo*, Universidad Nacional de Lanus, Buenos Aires.

RAUS, D. (2006): "El sentido de la política en la sociedad de las diferencias", en *Revista Postdata* Nº 11, Buenos Aires.

RAUS, D. (2011): "Pensar la sociedad y la cuestión social en América Latina Contemporánea", en Motta, L., Cattani, A. y Cohen, N. (2011): *América Latina interrogada. Mecanismos de desigualdad y exclusión social*, UNAM, México

RAWLS, J. (1998): *Teoría de la justicia*, México, Fondo de Cultura Económica.

SCHUTZ, A. (1994): *El problema de la realidad social*, Buenos Aires, Amorrortu.

SENNET, R. (2001): *La corrosión del carácter*, Buenos Aires, Anagrama.

SENNET, R. (2007): *La cultura del nuevo capitalismo*, Anagrama, Buenos Aires.

WACQUANT, L. (2005): *La sociología reflexiva. Conversaciones con Pierre Bourdieu*, Buenos Aires.

¿Hasta dónde llegará la "marea rosa"?

Fabricio Pereira da Silva[73]

La política latinoamericana fue caracterizada en la última década por la asunción de partidos, movimientos y liderazgos de izquierda a gobiernos nacionales. Esa asunción, por su relativa sincronía y delimitación regional, constituye en sí misma un proceso sociopolítico único, que puede ser comprendido en su conjunto (una "ola" de izquierda a recorrer la región), con muchas características coincidentes –pero con sus especificidades locales–. El fenómeno fue llamado por algunos analistas como la "marea rosa" latinoamericana (cfr. por ejemplo, Panizza, 2006). La evidente inspiración viene de la asunción de partidos de centroizquierda europeos al poder en la segunda mitad de los años 1990, nombrada por analistas de la misma manera. Si el fenómeno latinoamericano, desde una mirada más profunda, no tiene mucha relación con el europeo, exigiendo ser comprendido por sí mismo, por lo menos la expresión puede ser mantenida.

Sin embargo, más allá de la forma en que el fenómeno puede ser llamado, lo que debe ser destacado es su carácter inédito, que se deriva tanto del número elevado de países donde se ha expresado, cuanto del hecho de haberse manifestado a través de victorias electorales. Sería innecesario recordar el sinnúmero de convulsiones sociales que asolaron a Latinoamérica a lo largo del último siglo en nombre de las izquierdas o del combate dado contra ellas. Sería igualmente innecesario describir las dificultades de

---

[73] Doctor en Ciencia Política por el *Instituto Universitário de Pesquisas do Rio de Janeiro* (IUPERJ). Profesor en la Universidad Federal para la Integración de América Latina - UNILA, Brasil.

las izquierdas en integrarse a los sistemas políticos y a la disputa democrática. En pocas palabras, había hasta entonces una dificultad de las izquierdas latinoamericanas en ser aceptadas en las frágiles democracias de la región (cuando ellas existieron o ensayaron existir), y al mismo tiempo en aceptarlas de buen grado.

La "marea rosa" empezó en la década de 1990, con la elección de Hugo Chávez en 1998. Chávez, fundador del personalista Movimiento V República (MVR), llegó al poder en medio del colapso de las instituciones y partidos "tradicionales". Enseguida, Ricardo Lagos, oriundo del Partido Socialista de Chile (PSCh), fue elegido en 2000, representando una inflexión a la izquierda en la Concertación, alianza que gobernaba el país desde el retorno a la democracia en 1990. En 2002, Luiz Inácio Lula da Silva, del *Partido dos Trabalhadores* (PT), fue elegido en Brasil. En la Argentina, Néstor Kirchner fue elegido presidente en 2003, y buscó gobernar como parte integrante de ese giro a la izquierda –a pesar de las evidentes dificultades en considerar de izquierda a un gobernante oriundo del peronismo–. Tabaré Vázquez, del Frente Amplio (FA), ganó las elecciones uruguayas en el 2004. En 2005, Evo Morales, del Movimiento al Socialismo (MAS) de Bolivia, ganó las segundas elecciones que disputó, como punto culminante de la crisis político-social vivida en el país en los años anteriores. El año siguiente, Rafael Correa llegó al poder en el Ecuador, después de fundar un movimiento con el objetivo de disputar las elecciones presidenciales, el Patria Altiva y Soberana (PAÍS), también en medio de un colapso de instituciones y partidos "tradicionales". En el mismo año, Daniel Ortega y su Frente Sandinista de Liberación Nacional (FSLN) regresaron al poder en la Nicaragua en ese turno por medios electorales. El activista social Fernando Lugo llegó al poder en el Paraguay en 2008 encabezando un frente de movimientos sociales, sindicatos y partidos de oposición, cerrando una hegemonía de seis décadas de los colorados. Por último, el año siguiente Mauricio Funes, del Frente Farabundo Martí para la Liberación Nacional (FMLN), llegó al poder en El Salvador.

Como es posible constatar por su envergadura, esa fue una tendencia que marcó la política latinoamericana en la última década, de la misma forma que la expansión de las políticas a las que se acostumbró llamar "neoliberales" había marcado la década de 1990. Para reforzar esa afirmación, una característica notable de la asunción de fuerzas de izquierda en la región fue su capacidad de reproducción inmediata. Los presidentes y partidos que fueron testeados en elecciones nacionales pudieron reelegirse o elegir sus sucesores. Chávez (2000 y 2006), Lula (2006), Correa (2009) y Morales (2009) fueron reelegidos. Lagos fue sucedido por Michelle Bachelet, también del PSCh, elegida en 2006. Kirchner pudo apoyar su esposa, Cristina Fernández de Kirchner, como su sucesora, elegida en 2007. El FA eligió en 2009 otro presidente de sus internas, José "Pepe" Mujica. El desarrollo de los "gobiernos progresistas" y la reproducción de la "marea rosa" en el tiempo amplían el número de cuestionamientos que pueden emanar de ese fenómeno. Más allá de comprender las razones de su inédita asunción, un balance preliminar de sus gobiernos ya puede empezar, así como es posible cuestionar hasta qué punto llegaría la capacidad de reproducción de esos gobiernos en el futuro próximo.

La intención de ese artículo es apuntar ejes analíticos para la comprensión de estos problemas. Desde ya, aclaro que, por la complejidad de los fenómenos y por las limitaciones de espacio, la intención es literalmente sugestiva. El artículo está estructurado de la siguiente forma. Primero, destaco factores que conjuntamente pueden explicar la asunción de las izquierdas latinoamericanas al poder, y a partir de eso destacar algunas diferencias entre los casos nacionales. Luego, presento algunos ejes que podrían guiar el análisis de los "gobiernos progresistas" de la región, ejercicio que se inicia tímidamente entre la literatura especializada. Por fin, a partir de todo lo que fue expuesto, propongo algunas prospecciones acerca de las posibilidades de reproducción de los "gobiernos progresistas".

¿Qué explica la "marea rosa"?[74]

Para comprender la asunción de las izquierdas latinoamericanas a gobiernos nacionales en los últimos años, es necesario, antes de todo, abordar algunos cambios más propiamente estructurales que se dieron en las últimas décadas y favorecieron la referida asunción.

En primer lugar, la (re)democratización ocurrida en la región, principalmente en la década de 1980. Después de trayectorias largas y complejas, la literatura especializada pudo concluir que los procesos de "transición" y "consolidación" (como aquella literatura nombró) de las democracias latinoamericanas habían llegado a una conclusión (Linz, Stepan, 1999). Aunque marcado por notables limitaciones institucionales y sociales (O'Donnell, 2004), ese proceso dejó espacio a la emergencia y estructuración de fuerzas opositoras "viables". Esas pudieron desarrollarse y participar de seguidas elecciones en diferentes niveles y relativamente limpias, y ocupar espacios de poder local y en los parlamentos. Finalmente, la llegada de algunas de esas fuerzas al poder, específicamente las asociadas a la izquierda del espectro político, demostró que las democracias

---

[74] El contenido de esa sección, aquí presentado sumariamente, fue desarrollado en mi tesis de doctorado en Ciencia Política, titulada "*Vitórias na crise: trajetórias das esquerdas latino-americanas contemporâneas*", aprobada recientemente en el IUPERJ.

latinoamericanas poseían alguna vitalidad. Aun en los países que enfrentaron colapsos institucionales y presenciaron disoluciones de sistemas de partidos, la salida de la crisis se dio por medios electorales (aunque enseguida las mismas instituciones hayan sido profundamente reformadas por los nuevos ocupantes del poder).

Otro factor que dio espacio para un potencial avance de las izquierdas en las democracias latinoamericanas fue el ocaso de la Guerra Fría, con la derrota del "socialismo real" y el consecuente fin del mundo bipolar. Si la quiebra del "mundo socialista" y la crisis del pensamiento marxista fueron traumáticas, incluso para las izquierdas que no estaban íntimamente relacionadas a los referentes prácticos y teóricos del socialismo, por otro lado, abrieron la posibilidad, específicamente para las izquierdas latinoamericanas, de actuar en democracias menos "bloqueadas". Con el ocaso de la Guerra Fría, hubo una especie de liberación práctica y simbólica en la región en la medida en que la interferencia norteamericana en su vieja "zona de influencia" directa no se agotó, pero por lo menos manifestó cierto reflujo, o empezó a manifestarse de otras formas (Castañeda, 1994; Sader, 2009).

> Um dos indicadores do tipo de restrição que a Guerra Fria impunha à América Latina está expresso no desaparecimento das intervenções militares no pós-Guerra Fria e a consequente erosão do poder dissuasório que os militares detinham com respeito à dinâmica política democrática e à expansão da cidadania social. Nesse novo contexto, governos populares puderam não apenas ser eleitos como também exercer seus mandatos. (Lima, 2008, p. 11).

Si nuevas posibilidades y espacios estaban abiertos, eso no significaba que ellos serían necesariamente ocupados por actores concretos. Sin embargo, eso fue lo que efectivamente ocurrió. Y el espacio fue ocupado por actores que guardaban diversas características en común, que los volvieron mejor adaptados al nuevo ambiente en lo cual se desarrollaron. Destaco a seguir cuatro órdenes de factores.

Los más importantes representantes de las izquierdas del subcontinente, los que constituyeron gobiernos nacionales, se alejaron de los tradicionales modelos organizativos asociados a ese cuadrante político: sea el modelo "clasista de masas" (característico de la socialdemocracia europea en su fase "clásica"), tradicionalmente asociado a los sectores de centroizquierda o de izquierda democrática, sea el modelo "leninista", asociado a las organizaciones comunistas (Gunther, Diamond, 2003). Al alejarse de esos formatos organizativos, se alejaban de modelos poco adaptables a la modernidad contemporánea, a su nueva fase, de la cual el subcontinente es parte integrante, aunque de forma creativa y específica (Domingues, 2009). Por ser poco flexibles, y calcados en movilización colectiva y en identidades sociales ahora en disgregación, los referidos modelos "clásicos" de las izquierdas serían poco adecuados a una realidad progresivamente marcada por un incremento de la complejidad social y por identidades y subjetividades colectivas más flexibles y heterogéneas. Sin embargo, si esas izquierdas se alejaban de modelos organizativos poco adaptables, ellas no lo hicieron en la dirección de un único nuevo modelo. Todo lo contrario, asumieron formas diversas (hasta cierto punto "híbridas"), de acuerdo con las realidades locales, y no a partir de una "fórmula" universal.

Las izquierdas más relevantes del subcontinente igualmente se alejaron de los modelos ideológicos tradicionales de ese campo político, específicamente de las experiencias del llamado "socialismo real" y del marxismo (leninismo) como ideología "oficial", en cierto sentido "nacionalizándose". Considerándose la ya mencionada crisis del ideario marxista y derrocado el "socialismo real", la relativa "independencia" simbólica permitió el alejamiento de referencias en franco colapso y la adecuación a la creciente fluidez y heterogeneidad social de la modernidad contemporánea. Se abrió, sobre todo, la posibilidad para la ampliación de los sectores sociales que esas izquierdas pretenden representar, potencialmente aumentando sus bases sociales y electorales. Se manifestó, efectivamente, un creciente pluriclasismo y supraclasismo entre ellas. Más allá de la potencial ampliación de los sectores aliados, con la inclusión de camadas medias y de sectores "productivos" de la burguesía, es notable el recurso a referencias como "pobres", "ciudadanos", "pueblo" o "nación".

Mientras tanto, en un sentido "mínimo", esas izquierdas se afirmaron demócratas y aceptaron participar del "juego democrático", lo que a algunos analistas y/o adversarios les costaría admitir. Con eso, se alejaron de la imagen comúnmente asociada a izquierdas de todos los cuadrantes, en especial las del subcontinente. Las izquierdas latinoamericanas actuales aceptaron la democracia en sus aspectos representativos, se adentraron en la disputa democrática, y fueron aceptadas como adversarios por sus contendores (algo difícil hasta hace poco en la región). Así, esas izquierdas se adaptaron a la (re)democratización en el subcontinente, sacando provecho de sus posibilidades, que se mostraron, en fin, más fructíferas de lo que algunos sectores críticos más recalcitrantes tienen la costumbre de admitir.

Finalmente, otra característica común fue el antineoliberalismo de esas izquierdas, lo que les permitió preservar su carácter alternativo y opositor en medio de las intensas reformulaciones descritas. Si esas izquierdas son distintas, en diversos puntos, de las tradiciones de ese campo político, se podía esperar que hubiera el riesgo de alejamiento total de aquella identidad, llevando a la pérdida de bases sociales populares mientras nuevos sectores heterogéneos eran atraídos. El antineoliberalismo vendría actuando como un "dique de contención", no permitiendo que se estableciera un juego de "suma cero", garantizándoles el papel de oposición ubicada a la izquierda del espectro político, al mismo tiempo que viejas estructuras, valores e identidades eran renovados en los partidos de más larga duración, o simplemente no se manifestaban en los movimientos de formación reciente. Se pude afirmar así que el antineoliberalismo sirvió simbólicamente de "farol" y de denominador común aglutinador, en medio de la "niebla" de las grandes transformaciones ocurridas en la última cuadra histórica. Adicionalmente, sirvió de catalizador de votos y apoyos cuando el neoliberalismo empezó a dar señales de agotamiento en la región y en el mundo.

En estrecha relación con esos factores, se debe abordar la crisis de legitimidad de instituciones y sistemas partidarios en diversos países latinoamericanos, notablemente en Venezuela, Bolivia y Ecuador. Tal crisis parece haber ofrecido una ventana de oportunidades a algunos movimientos y nuevos partidos de izquierda que surgían como alternativas a partidos considerados "tradicionales". En medio de un proceso de pérdida de legitimidad de partidos y formas de representación tradicionales y de colapso de los sistemas partidarios vigentes hasta entonces, esos nuevos movimientos y liderazgos pudieron canalizar el descontento popular. Asimismo, se debe cuestionar si hay relación entre esos procesos regionales y lo que buena parte de la literatura especializada define como una crisis general de la representación partidaria,[75] problema que no cabe en estas páginas.

---

[75] En buena medida, la literatura especializada se dedicó a renovar el "clásico" modelo de "partidos de masas" de Duverger (1970) en base a los cambios partidarios ocurridos más recientemente en la Europa Occidental – sin embargo, poco se ha cuestionado acerca de su eficacia para otras experiencias partidarias periféricas. Fue diagnosticada la creciente dilución del "partido de masas", y el surgimiento de variaciones a partir de él. Surgieron definiciones como la del partido "atrapatodo" (el *catch-all's people party* de Kirchheimer, 1966, desde entonces llamado *catch-all*) o el "profesional-electoral" (de Panebianco, 1988). Esas

Cuando hablo aquí de "crisis" me refiero a un movimiento estructural, "orgánico", en el cual se manifiesta una crisis de dirección político-social, algo notable específicamente en Bolivia, Venezuela y Ecuador. En esos países, el modelo neoliberal y el bloque de fuerzas que lo sustentaba fueron fuertemente cuestionados (lo que se manifestó en menor medida por todo el subcontinente). Sin embargo, no es solamente con el fracaso del modelo neoliberal que esas crisis se relacionan, es también con el agotamiento de formas de organización estatal, dominación social, baja inclusión político-social y monopolio partidario, expresados en más largas duraciones. En esos países se constata una "crisis de hegemonía", una "crisis del Estado en su conjunto" (Gramsci, 2002, v. 3, p. 60), que está lejos de ser solucionada, posiblemente extendiéndose por un largo período.

Con la llegada al poder de partidos, movimientos y liderazgos de izquierda en América Latina, la literatura especializada empezó a elaborar análisis y tipologías para explicar ese fenómeno. Una de las características más comunes en los trabajos en torno de las izquierdas latinoamericanas actuales parece ser el deseo de establecer tipologías clasificatorias. Sin duda, la más común es la que sugiere la existencia de "dos izquierdas", una "socialdemócrata" o "demócrata" y otra "populista" o "autoritaria", dicotomía propuesta por algunos estudiosos con intención casi siempre normativa, en la cual la primera es entendida como la izquierda "buena" y la otra como la "mala". Organizaciones

---

definiciones apuntan a la dilución del carácter clasista de los partidos; la progresiva valoración del momento electoral en detrimento de su papel socializador; la consecuente profesionalización de las estructuras dedicadas a la arena electoral y la reducción del papel de los miembros en ese y en otros campos de la actividad partidaria; la cartelización del aparato estatal que tendría creciente peso como financiador de las actividades partidarias en detrimento de la militancia; y el surgimiento de nuevos partidos con carácter empresarial con el objetivo de penetrar en los sistemas partidarios "cartelizados".

como el PSCh, el PT y la FA en general son asociadas al primer grupo, mientras el MAS, el MVR (más tarde Partido Socialista Unido de Venezuela - PSUV) y el PAÍS integran la segunda. La FSLN y la FMLN, fueron consideradas y posicionadas a veces en una banda de la escala, y otras veces en otra. Buenos ejemplos de tipologías de ese tipo fueron formulados por Castañeda (2006), Petkoff (2005) y Lanzaro (2009), entre muchos otros.

Debatí esa cuestión con más profundidad en otros trabajos (en especial Silva, 2009, donde analizo la literatura especializada en las izquierdas latinoamericanas contemporáneas). Aquí debo simplemente destacar que considero que esas izquierdas constituyen un "conjunto" único, pero se dividen en dos "subconjuntos": las "renovadoras" y las "refundadoras". Entre las primeras ubico el PT, el FA, el PSCh, el FSLN y el FMLN, a los cuales se agregan hasta aquí los sectores políticos en el poder en la Argentina y en el Paraguay. Entre las segundas, clasifico el MAS, el MRV/PSUV y el PAÍS. Las primeras son caracterizadas por un grado más grande de institucionalización, de integración al sistema político, de aceptación de las instituciones de la democracia representativa en la forma "realmente existente" en sus países y por la crítica moderada al neoliberalismo. Las segundas son caracterizadas por un nivel más bajo de institucionalización, de integración al sistema político, por la integración crítica a las instituciones de la democracia representativa y por la crítica radical al neoliberalismo. Las primeras pretenden "renovar" la política y el gobierno de sus países con un abordaje más igualitario, estatista y ético. Las segundas proponen "refundar" sus institucionalidades, sus sistemas partidarios y el Estado como un todo, superando más radicalmente el *status quo* vigente en el momento en que llegaron al poder, asociado a un colapso de los sistemas partidario e institucional.

Se espera que la clasificación propuesta se aleje de las dicotomías defendidas por gran parte de la literatura especializada, pues ella fue elaborada bajo el principio de que, en un sentido mínimo, todas esas izquierdas son democráticas, y se rechaza, por otro lado, conceptos polisémicos y acusatorios como el de "populismo". Creo que esos ejes no constituyen principios apropiados para estructurar una tipología de esa naturaleza, siendo más interesante destacar la gestación de proyectos distintos, que se explican por las diferencias entre los actores y organizaciones, pero también por coyunturas, institucionalidades y temporalidades distintas. La diferenciación propuesta es más descriptiva que normativa y tiene un carácter dinámico. Ella parte de bases distintas y reconoce las semejanzas entre los casos. La diferenciación propuesta busca, sin embargo, destacar que las izquierdas gobernantes latinoamericanas integran subconjuntos potencialmente mutables, y no conjuntos alejados y estancados.

Es evidente que las diferencias destacadas no se explican apenas por el voluntarismo de los agentes sociales. Lo que queda claro es que los partidos que se insertaron en estructuras institucionales relativamente estables tendieron a una mayor institucionalización, a una moderación y valorización de la representación, realizando (en un espacio de tiempo relativamente corto) trayectorias en dirección al centro del espectro político para captar votos y apoyos. En los países con sistemas partidarios más estables, en los cuales los partidos continúan actuando como los conductores de los procesos electorales, las izquierdas desarrollaron organizaciones más estructuradas, competitivas e integradas *"de forma a evitar o transbordamento do conflito político e contribuir para a sua moderação"* (Anastasia, Ranulfo, Santos, 2004, p. 35). Mientras tanto, organizaciones recién fundadas (como el MVR y el PAÍS) o de corta trayectoria (como el MAS) sacaron provecho de institucionalidades en colapso para construir mayorías, sin la necesidad o la posibilidad de enfrentar un proceso de institucionalización y de moderación. Adicionalmente, sobre todo el MAS, llegó al poder en el auge de la iniciativa de movimientos sociales, todavía en el medio de largos ciclos de protesta. Así, estructuras y temporalidades distintas son importantes factores explicativos de las diferencias entre esas izquierdas.

"Gobiernos progresistas": la hora del balance

Las cuestiones planteadas por la literatura especializada a lo largo de la década que se cierra trataron de comprender el ascenso de esas izquierdas y sus diferentes manifestaciones. Sin embargo, es de esperarse que progresivamente el foco deba volver al análisis más concreto de sus experiencias de gobierno. Algunos análisis nacionales y comparados ya empiezan a surgir en ese sentido (cfr. por ejemplo, Moreira, Raus y Leyton, 2008; y Lima, 2008). En la medida que empiece a refluir la "marea" de izquierda y a gestarse nuevas alternativas (algo natural en un ambiente democrático), la necesidad de una evaluación de esas experiencias se va a imponer con todavía más fuerza. Así, es razonable suponer que la realización de un "balance" del primer ciclo regional de gobiernos de izquierda de la historia de América Latina constituirá una tendencia creciente de la literatura especializada en los próximos años. A continuación, apunto en carácter preliminar algunos factores que podrían servir de núcleos centrales para la caracterización de los "gobiernos progresistas" latinoamericanos. A partir de eso, procuro apuntar eventuales diferencias entre los gobiernos constituidos por las izquierdas anteriormente definidas como "renovadoras" y los formados por las izquierdas llamadas "refundadoras".

Innegablemente, como afirma Lima (2008), *"políticas de inclusão social amplas e generosas constituem um
elemento comum e definidor desses governos"* (p. 13). Se
trata de políticas sociales que no constituyen un retorno al
modelo de Estado de bienestar social de algunas naciones
latinoamericanas atacado en las décadas anteriores. Esas
políticas apuntan, efectivamente, a inversiones sociales que
no pueden ser consideradas promotoras de derechos, ni
son basadas en concepciones universalistas (en el límite, en
una "casi-universalización" por su monto de beneficiados).
Sin embargo, tales inversiones parecen tener su impacto
en los indicadores sociales regionales. Con eso, avances
sociales apenas moderados pueden ser considerados un
primer denominador común de los "gobiernos progresistas".

En ese sentido, si evaluamos estos resultados hasta el
momento, todos los países en cuestión tuvieron avances
moderadamente positivos (aspecto evaluado en Sant'Anna,
Silva, 2008). En resumen, la desigualdad social viene bajan-
do lentamente en la región, mientras la pobreza presenta
una reducción más vistosa. Si utilizamos el criterio de la
promoción de la igualdad como parámetro de evaluación –en la medida que, resumidamente, la defensa de la
igualdad sea el principal definidor de las izquierdas según
Bobbio (1995)– constatamos que, en la práctica, muchos
de ellos solo podrían ser considerados "de izquierda" en
un sentido moderado. De eso deriva la preferencia por la
utilización aquí del término "progresista" para nombrar a
estos gobiernos: la expresión "gobiernos de izquierda" sería
polémica en algunos casos, posiblemente no adecuándose a
todas las administraciones construidas a partir de la victoria
electoral de fuerzas de izquierda en la región.

Otro factor de proximidad entre los "gobiernos progresistas" podría ser su actuación internacional. En cierto
sentido, ellos buscaron una mayor autonomía en relación con los organismos internacionales –como el Fondo

Monetario Internacional (FMI) –, y, en algunos casos, una mayor inserción en las discusiones en torno de la regulación global. En las relaciones internacionales, buscaron alternativas económicas y políticas respecto del peso de la influencia norteamericana, incrementando sus relaciones con la Unión Europea, los "países emergentes" y la periferia global. Por fin, bloquearon en la práctica el proyecto de integración económica continental (Alianza de Libre Comercio de las Américas -ALCA) que fue propuesto por los Estados Unidos cuando la "marea rosa" empezó a formarse.

Como corolario de ese cambio, los referidos gobiernos valoraron alguna modalidad de integración regional, proponiendo y volcándose en la construcción de organismos como la Alianza Bolivariana de las Américas (ALBA) y la Unión de Naciones Suramericanas (UNASUR). Sin embargo, sería posible esperar que esos proyectos avanzaran más rápidamente, y que esos gobiernos insistieran aun más en la integración, poniendo en ella un énfasis más estructural, por ejemplo, la integración de la infraestructura y circulación de personas. Sin esperar que la asunción de las izquierdas apuntase automáticamente en esa dirección, y reconociendo que hubo avances en ese tema, considero que estos gobiernos deberían insistir en la alternativa de la regionalización e incluso en formas de "supranacionalidad", en la medida que estrategias autosuficientes de desarrollo nacional parecen inviables hoy día.

Por fin, si todas las izquierdas analizadas se opusieron a las experiencias neoliberales anteriores, sus gobiernos, más que simplemente tener que convivir con el legado dejado por aquellas experiencias, no consiguieron hasta el momento superarlas completamente –lo mismo entre los "refundadores" y sus esporádicas defensas de un indefinido "socialismo del siglo XXI" –. Hay una negación total o parcial de las experiencias neoliberales de la década anterior, pero en la práctica es visible hasta aquí una dificultad en superarlas definitivamente. En efecto, el "núcleo duro" de las políticas económicas de los gobiernos anteriores, especialmente mecanismos de mantenimiento de la estabilidad económica, fue poco modificado por los "gobiernos progresistas" (con la excepción parcial de la Venezuela de los últimos años, con un estatismo más fuerte y algunas políticas económicas más "voluntaristas").

Sin embargo, más allá de las dificultades con el legado neoliberal, los "gobiernos progresistas" de manera general realizaron una "recuperación discursiva y práctica (política) del Estado en términos de intervención en la vida del país" (Moreira, Raus y Leyton, 2008, p. 12). En el cierne de esa recuperación, la idea esgrimida en la década anterior por los gobiernos neoliberales de una intrínseca "perfección" de los mecanismos de mercado cede lugar a un reconocimiento de la necesidad de regular y complementar el mercado con la actuación estatal. En ese proceso, introdujeron reformas y elementos heterodoxos en diversas áreas. Investigar esas novedades institucionales podrá convertirse en una interesante área de estudios para la literatura especializada, que podrá informar sobre las tentativas de construir alternativas en el quehacer de la gestión estatal y de las prácticas políticas.

Con eso, también en cuanto al desempeño de los gobiernos, las semejanzas entre las diversas experiencias parecen ser tan significativas como sus diferencias. La rápida comparación de los "gobiernos progresistas", aquí introducida, demuestra que el necesario cambio en la región más desigual del mundo parece seguir más lenta de lo que se podría desear. Sin embargo, se pueden apuntar también algunas diferencias entre los gobiernos. Se puede afirmar que todas las izquierdas que llegaron al poder en América Latina son "reformistas" en el sentido más tradicional del término, en la medida que todas llegaron al poder por la vía legal y, de una forma o de otra, gobiernan dentro de los límites democráticos; por otro lado, ellas no caminan con claridad (hasta aquí) en la dirección de la superación del sistema económico-social capitalista. En ese sentido, ambos "modelos" de izquierda en el continente se traducen en procesos de reforma. Sin embargo, algunos proponen reformas que no cuestionan y superaran en definitiva al neoliberalismo, mientras otros proponen reformas articuladas con la meta de refundar el "*Estado em torno da esfera pública, de modo a possibilitar a constituição de um novo bloco de forças no poder e o avanço na resolução da crise hegemônica na direção pós-neoliberal*" (Sader, 2009, p. 129).

Aquí se ubican las diferencias entre los "gobiernos progresistas". Las izquierdas aquí denominadas "refundadoras" se diferenciaron de las "renovadoras" en cuanto a la reconstrucción de la institucionalidad y a la reconfiguración de las relaciones de poder y de sus sistemas partidarios. Esas diferencias pueden ser consideradas de más aliento (aunque no necesariamente "estructurales" en el sentido clásico del término), en la medida que vienen produciendo grandes transformaciones político-institucionales en estos países. Además de eso, en ese proceso esas izquierdas adoptan discursos y a veces prácticas más "rupturistas", mientras las "renovadoras" se muestran más "gradualistas".

Moreira, Raus y Leyton (2008) definen de forma interesante las diferencias advertidas sobre esto. Según ellos, los gobiernos liderados por las izquierdas que aquí llamo "refundadoras" tenderían en primer lugar a enfrentar con más decisión prácticas, referencias ideológicas e instituciones legadas por los gobiernos neoliberales. En ese sentido, serían económicamente más heterodoxos (especialmente Venezuela), sin abandonar el "núcleo duro" anteriormente referido. En segundo lugar, valorarían más las relaciones con las subjetividades colectivas y la interpelación de identidades colectivas (principalmente el "pueblo" y la "nación") que individuales (como el "ciudadano"). En tercer lugar, procurarían basarse más en la movilización de manifestaciones de apoyo popular y en las relaciones directas con la población que en partidos, y poseerían una clara vocación "hegemónica" (más autoritaria que negociadora). En este sentido, la política de estos países demoraría en "normalizarse". Esos gobiernos efectivamente generarían una fuerte polarización política basada en el apoyo u oposición a ellos, que, sin embargo, no se traduciría todavía en nuevos sistemas partidarios estables, especialmente por parte de la oposición. En cuarto lugar, serían más "decisionistas", poseyendo una mayor tentación en dirección a una centralización del poder –sin que eso implique "trasvasar las formas y los límites de la democracia" (p. 18) –, y generando con eso una dificultad para producir consensos y un incremento de la confrontación y de la posibilidad de aislamiento. Finamente, invirtieron más en la integración regional y en la independencia en relación con Estados Unidos.

Tiendo a concordar sin grandes reservas con las cuatro primeras características apuntadas por los autores y a discordar de la última. En ese punto, considero que no hay grandes diferencias en términos de integración regional entre los casos (a excepción del gobierno de la Concertación en Chile, que combinó la búsqueda de integración regional con la realización de acuerdos comerciales bilaterales como forma de inserción a la globalización). Los gobiernos liderados por los "refundadores" asumen un discurso antiimperialista que no se efectiviza (véase las sustanciales relaciones comerciales entre Estados Unidos y Venezuela). En ese sentido, no es posible afirmar hasta el momento que la ALBA –iniciativa lanzada por los "refundadores"– haya dado resultados más efectivos y sustanciales que los intentos de formación de la UNASUR o de relanzamiento del Mercado Común del Sur (MERCOSUR), iniciativas propuestas originalmente por "renovadores". Las dificultades de la integración latinoamericana siguen vigentes en todos los casos e iniciativas, e intentos más concretos y promisorios (como la institución del Banco del Sur, con inversión de diversos países sudamericanos) son apoyados por "gobiernos progresistas" de todos los matices, sin distinciones. De cualquier forma, el debate en torno del "balance" de los "gobiernos progresistas" está recién empezando.

Perspectivas de reproducción de la "marea rosa"

Ahora que algunas características de los "gobiernos progresistas" fueron analizadas, se puede ir un poco más allá. Partiendo de las claves analíticas apuntadas hasta aquí, me dedico en las próximas páginas a la arriesgada tarea de discutir las perspectivas de reproducción en el futuro próximo de la "ola" de izquierda en América Latina.

La crisis económica no afectó a América Latina con la intensidad que se podría esperar desde su eclosión en 2008. Ella efectivamente se ha manifestado en la región, especialmente en los primeros meses de 2009. Sin embargo, en el segundo semestre gran parte de los países latinoamericanos pudo superarla a partir de la implantación de diversas medidas anti-cíclicas. Países como Bolivia y Ecuador no llegaron a entrar en recesión, mientras otros como Brasil retomaron el crecimiento en los últimos meses. La "nota disonante" fue dada por Venezuela, alcanzada por la crisis tardíamente, pero con fuerza, y que tuvo que enfrentar problemas de recesión, inflación y crisis energética (Domingues y Silva, 2010).

Cuando la crisis económica empezó a manifestarse, se podría haber pensado que ella afectaría el desempeño y la evaluación de los "gobiernos progresistas", y que sería así el comienzo de la reversión de esa tendencia regional. Sin embargo, eso no fue notado con claridad hasta aquí.

Pinheiro (2009) muestra que no hubo relación entre la crisis e índices que miden la popularidad de los presidentes y la estabilidad política regional. Así, se pueden refutar argumentos de que la crisis llevaría a la ciudadanía a "castigar" a los gobernantes de turno (aunque que ellos no tuviesen responsabilidad en ella, en la medida en que su epicentro se ubicó en los países centrales), e incrementaría la inestabilidad institucional de la región.

En Domingues y Silva (2010), hicimos un balance de los resultados electorales de los últimos meses en la región. A partir de ello, se puede sugerir que las victorias electorales asociadas a las izquierdas fueron más numerosas que las relacionadas con la derecha. Entre ellas, se debe ubicar la aprobación en referendo de la nueva Constitución de Bolivia en enero de 2009, y de la enmienda constitucional que permite reelecciones indefinidas en Venezuela en el mes siguiente; la victoria de Funes en El Salvador en marzo; la reelección de Correa en Ecuador en abril; la elección de Mujica en Uruguay en noviembre; y la reelección de Morales en Bolivia en diciembre. Por otro lado, los resultados electorales que beneficiaron a la derecha fueron la elección de Ricardo Martinelli para presidente del Panamá en mayo del 2009; la derrota de la versión "progresista" del peronismo en las elecciones parlamentarias del mes siguiente; y finalmente la (más significativa) victoria de Sebastián Piñera en las elecciones presidenciales chilenas de enero de 2010, poniendo fin a veinte años de gobiernos concertacionistas.

Con todo eso, se puede sugerir que el ciclo de izquierdas empieza a vivir un desgaste que, sin embargo, no se manifiesta en la forma de una "derrota". El fenómeno parece guardar una relación apenas moderada con la crisis económica global, siendo, más que eso, fruto de impasses "naturales" después de (en algunos casos) una década de "gobiernos progresistas". No se debe esperar que en democracia una tendencia política se perpetúe en el poder, ya que el surgimiento de alternativas y la alternancia de poder son más que saludables. Insuficiencias y límites de proyectos y políticas parecen llevar a algunos "gobiernos progresistas" a enfrentar dificultades en mantener sus amplias votaciones, garantizar mayorías parlamentarias y elegir sucesores. Dos casos nacionales pueden ilustrar el argumento.

En Chile, la derrota de la Concertación podría ser atribuida en primer lugar al agotamiento de la Coalición. En cierta medida, su "suceso" la habría matado, en la medida que su razón de ser fue prioritariamente realizar la transición y, luego, mejorar los indicadores sociales legados por la dictadura: "humanizar" el modelo chileno. Se puede sugerir que, en la medida que esas metas fueron alcanzadas, la coalición no ha sabido reinventar su proyecto, ir más allá de ello. El gobierno de Bachelet (y su aprobación popular) podría ser comprendido como el punto máximo al cual la alianza pudo llegar, y al mismo tiempo el principio de su disolución. La asunción de Bachelet, hasta entonces sin proyección en la máquina partidaria del PSCh, constituyó un fenómeno de popularidad que, finalmente, los partidos de la Concertación tuvieron que aceptar. Una vez en el poder, ella gobernó prescindiendo de ellos, en medio de un creciente descontento de la ciudadanía en relación con la política (Huneeus, 2010). Finalmente, mientras los partidos de izquierda y centro se encontraron inmersos en graves crisis y divisiones internas y presenciaron el agotamiento del proyecto concertacionista, la derecha parece haber conseguido "reinventarse", por lo menos en alguna medida, alejándose del legado pinochetista, buscando alianzas con el centro y la modernización de su discurso, insistiendo en propuestas de "cambio", incremento del empleo y eficiencia administrativa.

Ya en Venezuela, se percibe en los últimos meses un deterioro de la situación política. Como fue dicho, el país fue impactado tardía y fuertemente por la crisis, y más recientemente parece haber un efectivo incremento de la inestabilidad. En medio de protestas opositoras crecientes, Chávez parece estar asumiendo un tono más violento en sus declaraciones. Mientras tanto, su gobierno parece dar señales de falencia administrativa y de su proyecto, con la salida de diversos ministros y el deterioro de los servicios públicos. En ese país, la crisis económica parece tener más relación con ese principio de crisis política. Sin embargo, los problemas del chavismo son mucho más grandes y más complejos. Si la crisis económica impactó más fuertemente en ese país, fue porque el gobierno de Chávez después de una década no ha sabido reverter la situación de dependencia de la economía venezolana en relación con el petróleo, principal bien de exportación del país y que financia la creciente importación de casi todo que se consume. Así, la incapacidad para enfrentar ese elemento estructural del país, junto con el descenso de los precios de las *commodities*, llevó a que la crisis, finalmente, se hiciera sentir. . A eso parece sumarse la insistencia del gobierno en cambiar rumbos y proyectos a todo momento, bloqueando la "normalización" del proceso de "refundación" y el desarrollo de políticas públicas progresistas que efectivamente enfrenten los problemas sociales del país.

Con eso, se puede concluir que la tendencia "progresista" permanece en escena, pero ella no se manifiesta con la misma intensidad de la década pasada. Es posible especular que ella va a convivir en los próximos años con una tendencia de centro-derecha "modernizada". Esperando que eso no sea un acto de *wishful thinking*, puede notarse que va surgiendo una "nueva derecha" *aggiornada* –que podría ser simbolizada tanto por Piñera cuanto por Martinelli–. De la misma forma que las "nuevas izquierdas" no superaron totalmente el legado neoliberal de los años 1990, preservando algunos de sus aspectos y combinándolos con elementos progresistas, se puede esperar que esa "nueva derecha" mantenga características de la última "década progresista". Por ejemplo, que ella siga invirtiendo en los amplios programas sociales, que acepte un peso más grande del Estado y de las políticas anti-cíclicas, y que no abandone totalmente los más recientes proyectos de integración de la región. En suma, una derecha que no podría más ser exactamente (o tan solo) neoliberal, y mucho menos retornar a su mayoritario autoritarismo anterior.

Así, mi sugerencia es que en los próximos años va trabarse una batalla entre la "nueva izquierda" y una "nueva derecha", que no necesariamente deberá encontrar un claro vencedor. Ambas pueden convivir y alternarse en el poder. La expectativa es que un tercer grupo no se junte a esas dos. Esa tercera fuerza sería una nueva versión de autoritarismo latinoamericano, que podría manifestarse en los países más inestables de la región. Eso se manifestó en Honduras, donde en junio de 2009 el presidente Manuel Zelaya, elegido por el Partido Liberal (PL), pero convertido posteriormente en aliado de Chávez, fue derrocado por los militares con el apoyo y participación de la mayoría de los políticos locales. La razón alegada por los golpistas fue la pretensión del presidente de realizar una consulta popular (sin carácter vinculante) acerca de la posibilidad de reelección. Algo semejante podría repetirse en Paraguay, que viene enfrentando problemas de gobernabilidad crecientes. A las previsibles dificultades del gobierno en gestionar un Estado dominado por el Partido Colorado (PC) por más de seis décadas, y de controlar una base parlamentaria heterogénea y por veces hostil, se sumó el escándalo de la divulgación de diversos casos de paternidad, ocurridos cuando Lugo todavía era obispo. El presidente ya tuvo que reemplazar varias veces a los comandantes de las Fuerzas Armadas, en medio a un creciente rumor de golpe militar (Domingues y Silva, 2010). Se espera que el evento hondureño haya sido un caso excepcional, y que no inspire otros procesos semejantes.

Para concluir, considerando que el "ciclo progresista" no será eterno, se puede discutir el legado que él podría dejar a largo plazo, en términos de cambios más propiamente estructurales en sus sociedades. Para eso, puedo retomar algunos ejes analíticos introducidos anteriormente. Me referí a la "crisis de hegemonía" manifestada en países como Venezuela, Ecuador y Bolivia, que estuvieron en el cierne del surgimiento de alternativas "refundadoras" en esos países, promotoras de una reorganización de la política. Alternativamente a la utilización del concepto de "populismo" como eje para analizar esas izquierdas y sus gobiernos, considero que en Venezuela y Ecuador el "empate catastrófico" de fuerzas sociales y políticas, surgido en medio de la crisis hegemónica, tendría resultado, hasta el momento, en experiencias de liderazgos "heroicos" que constituyeron formas de "cesarismo progresista" –con algunos elementos "jacobinos" en su manifestación–. Según Gramsci, "*o cesarismo é progressista quando sua intervenção ajuda a força progressista a triunfar, ainda que com certos compromissos e acomodações que limitam a vitória*" (2002, v.3, p. 76). Ya en Bolivia, a pesar de ciertos aspectos de "arbitraje" presentes también en el liderazgo de Morales y en la actuación del MAS, los nuevos grupos sociales y políticos en el poder son los que más podrían ser tratados como constructores potenciales de una nueva hegemonía y consenso, configurando un nuevo "bloque histórico", que no es nada más que la identificación concreta y sin contradicciones de fondo entre nuevos contenidos económico-sociales y nuevas formas ético-políticas (Gramsci, 2002, v. 1, p. 308).

Así, el eje sería la capacidad de los "refundadores" en progresar de las mayorías momentáneas formadas por ellos a la efectiva construcción de un nuevo "bloque histórico". En ese sentido, se puede sugerir aquí una diferenciación interna. Si el caso boliviano se caracterizara por su "organicidad", mientras los casos venezolano y ecuatoriano constituyeran fenómenos de "cesarismo progresista", en el primero, el elemento "cambio" tendría un potencial más grande, tanto de desarrollo cuanto de reproducción en el tiempo. Habría así más motivos para esperar que las transformaciones ocurridas en Bolivia puedan tener una mayor permanencia, más allá de la administración de Morales y del MAS. Mientras tanto, es más difícil prever lo que podría permanecer, por ejemplo, del largo y desgastante proceso liderado por Chávez. En medio de la crisis actual manifestada en Venezuela, radicalizar aun más el proceso podría alejarlo de las bases sociales que todavía lo apoyan. Por otro lado, buscar institucionalizar avances y normalizar las relaciones con las oposiciones podría preservar en el largo plazo gran parte de los cambios llevados adelante en la última década (pero para eso Chávez tendría que reconocer que su ciclo va a agotarse en algún momento, algo difícil para un liderazgo con su perfil).

Por fin, en los países donde las señales de agotamiento del neoliberalismo se manifestaron con menor intensidad, o estuvieron separadas de otras disgregaciones institucionales (como en Brasil, Chile, Uruguay, Nicaragua, El Salvador e, incluso, Argentina), es probable que elementos del paradigma neoliberal permanezcan con más intensidad y por más tiempo en el repertorio de los bloques de poder que van configurándose, mezclados a propuestas más o menos alternativas y heterodoxas. Esos bloques de poder no se configuran como "nuevos" y potencialmente constructores de una nueva hegemonía, estando "bloqueados" de diversas maneras (Domingues, 2009, p. 192).[76] Sin

---

[76] Entre los casos considerados más "moderados", tal vez en el chileno fuese posible apuntar más claramente la presencia de elementos de lo que Gramsci llamó "transformismo", en el cual sectores que aparentaban ser

embargo, no cabe desmerecer los cambios más lentos y suaves implantados por los gobiernos que buscan con más énfasis el consenso. Por lo que fue afirmado sobre el caso venezolano, podría aun ocurrir que esos cambios, aunque de naturaleza distinta, tuviesen mayores posibilidades de reproducirse en el largo plazo. Esos gobiernos más "moderados" no cambiaron sus sistemas políticos y sociedades en todas sus dimensiones, pero podrían ser reconocidos más adelante (un ejercicio más de *wishful thinking*) como inauguradores de un lento, pero consistente, proceso de enfrentamiento de los problemas sociales y de reinserción internacional de sus países.

---

irreconciliablemente enemigos van hundiéndose en una amplia clase dirigente.

Bibliografía citada

ANASTASIA, FÁTIMA, RANULFO, CARLOS, SANTOS, FABIANO (2004): *Governabilidade e representação política na América do Sul,* Rio de Janeiro, Konrad Adenauer, UNESP, São Paulo.

BOBBIO, Norberto (1995): *Direita e esquerda – razões e significados de uma distinção política,* Unesp, São Paulo.

CASTAÑEDA, Jorge (2006): "Latin America's left turn", *Foreign Affairs,* maio/junho.

CASTAÑEDA, Jorge (1994): A *utopia desarmada – intrigas, dilemas e promessas da esquerda latino-americana,* São Paulo, Companhia das Letras.

DOMINGUES, José Maurício, SILVA, Fabricio Pereira da (2010): "A América Latina em 2009", Paulo Verano (org.), *Enciclopédia Barsa. Livro do ano 2010* Internacional, São Paulo, Barsa Planeta.

DOMINGUES, José Maurício, SILVA, Fabricio Pereira da (2009): *A América Latina e a Modernidade Contemporânea: uma interpretação sociológica,* Belo Horizonte, Editora UFMG.

DUVERGER, Maurice (1970): *Os Partidos Políticos,* Rio de Janeiro, Zahar.

GRANSCI, Antonio (2002): *Cadernos do cárcere,* 6 v, Rio de Janeiro, Civilização Brasileira.

GUNTHER, Richard, DIAMOND, Larry (2003): "Species of political parties: a new typology". *Party Politics,* v. 9, Nº 2.

HUNEEUS, Carlos (2010): "Las elecciones del 2009 y el peso del continuismo", *Mensaje,* Nº 586.

KIRCHHEIMER, Otto (1966): "The transformation of the Western European party systems", en: Joseph LaPalombara, Myron Weiner (eds.), *Political parties and political development,* Princeton University Press, Princeton.

LANZARO, Jorge (2009): "La socialdemocracia criolla", *Análise de Conjuntura OPSA*, N° 3.

LIMA, Maria Regina Soares de (org.) (2008): *Desempenho de governos progressistas no Cone Sul: agendas alternativas ao neoliberalismo*, Rio de Janeiro, Edições IUPERJ.

LINZ, Juan, STEPAN, Alfred (1999): *A transição e consolidação da democracia – a experiência do Sul da Europa e da América do Sul*, Paz e Terra, São Paulo.

MOREIRA, Carlos, RAUS, Diego, GÓMEZ LEYTON, Juan Carlos (coords.) (2008): *La nueva política en América Latina: rupturas y continuidades*, Flacso Uruguay, UNLa, Arcis, Trilce, Montevideo.

O'DONNELL, Guillermo (2004): *Contrapuntos. Ensayos escogidos sobre autoritarismo y democratización*, Buenos Aires, Punto Sur.

PANEBIANCO, Angelo (1988): *Political parties: organization and power*, Cambridge University Press, Cambridge.

PANIZZA, Francisco (2006) "La marea rosa", *Análise de Conjuntura OPSA*, N° 8.

PETROFF, Teodoro (2005): *Dos izquierdas*. Caracas, Alfadil.

PINHEIRO, Flávio Leão (2009): "Efeitos da crise financeira internacional e o atual ciclo eleitoral na América do Sul", *Observador On-Line*, v. 4, N° 11.

SADER, Emir (2009): *A nova toupeira: os caminhos da esquerda latino-americana*, São Paulo, Boitempo.

SANT'ANNA, Júlia, SILVA, Fabricio Pereira da (2008): "Esquerdas latino-americanas e gasto social: há coerência entre propostas e práticas?", *Revista Debates*, v. 2, N° 1.

SILVA, Fabricio Pereira da (2009): "Izquierdas latino-americanas: ¿una tipología es posible?", XXI Congreso Mundial de Ciencia Política (IPSA), Disponible en paperroom.ipsa.org/papers/paper_318.pdf.

Parte II: Reflexiones sobre la calidad de la democracia en América Latina

La calidad de la democracia en América Latina: contexto histórico y debates teóricos[77]

Carlos Moreira[78]

Definido a grandes rasgos, el objetivo del presente capítulo es analizar los elementos y rasgos centrales de la agenda pública contemporánea sobre la calidad democrática en América Latina. Existen diversas maneras de afrontar el tema, por ejemplo, según los resultados o efectos del juego institucional sobre la calidad democrática, o según los principios que sustentan las políticas públicas, y en nuestro caso lo abordaremos a partir de los problemas de la calidad democrática que deberían estar incluidos en una agenda de políticas públicas. A esos efectos, el capítulo se divide en tres partes y un apartado final a modo de conclusiones. En primer lugar, se desarrollarán los principales aspectos contextuales e históricos del debate contemporáneo sobre la calidad de la democracia, con énfasis en la identificación de los problemas públicos más relevantes respecto al funcionamiento de la justicia y la seguridad pública, la transparencia del sector público, el papel de los partidos políticos, la capacidad de liderazgo de las élites, los desafíos que plantean el multiculturalismo y la inequidad social en la región. En segundo lugar, se desarrollarán los principales aspectos del debate teórico normativo contemporáneo sobre la calidad de la democracia, con el objetivo de llegar a

---

Este capítulo se publica de manera simultánea en el número 139 de la *Revista Paraguaya de Sociología* editada por el Centro Paraguayo de Estudios Sociológicos [nota de los editores].

[78] Profesor en la Facultad de Economía y Relaciones Internacionales de la Universidad Autónoma de Baja California - Miembro del Sistema Nacional de Investigadores (SNI) de México. Profesor en la Universidad Nacional de Lanús (Argentina).

una definición sobre qué se entiende por una democracia con calidad y cuáles son sus dimensiones, instituciones y actores principales. En tercer lugar, se analizarán los contenidos y rasgos centrales que deberían tener las políticas públicas que aspiran a integrarse a una agenda pública para mejorar la calidad democrática en América Latina, tanto desde el punto de vista de la protección de los derechos civiles y subordinación de los individuos al imperio de la ley, como de la efectividad y satisfacción ciudadana con las políticas que abarcan sus derechos sociales y políticos.

Se dice que América Latina es el continente del presidencialismo, a lo que podríamos agregar que también es el continente de la ingobernabilidad, o al menos de los problemas graves de gobernabilidad. Por eso la democracia ha sido una preocupación constante en el continente a lo largo de su historia. La sucesión de golpes de Estado, rupturas institucionales, protestas sociales y la política en las calles que muchas veces ha sustituido a la política desde las instituciones, ha marcado la existencia de América Latina prácticamente desde su origen independiente del imperio español. Así ha sido en los siglos XIX y XX, y continua siéndolo en estos primeros años del siglo XXI.

En los años cincuenta y sesenta, bajo el predominio de las visiones sociocéntricas y teleológicas, la democracia era considerada una variable dependiente de la modernización y el desarrollo. En cambio, en los años ochenta y noventa, luego de las dictaduras militares que asolaron buena parte de la región, la democracia fue considerada una variable independiente, como un objetivo en sí mismo a lograr por los países latinoamericanos (Nun, 1994). Y hay que decir que en parte ese objetivo se ha cumplido. La democracia lentamente se ha ido consolidando en América Latina, y aunque este continente siempre nos alerta contra realizar conclusiones definitivas, especialmente respecto del funcionamiento *para siempre* de la democracia, es cierto que la misma se ha ido extendiendo a lo largo del mismo, y que ha soportado verdaderas pruebas de fuego en los últimos años, como lo han sido las recurrentes sublevaciones populares que culminaron con la destitución de algunos presidentes antes de cumplir su mandato. Basta recordar que entre 2000 y 2010, en nueve países hubo problemas graves o serios de gobernabilidad (Paraguay 2000, Perú 2000, Ecuador 2000, 2005 y 2010, Argentina 2001, Venezuela 2002, Bolivia 2003 y 2005, Haití 2004, Nicaragua 2004 y 2005, Honduras, 2005 y 2009), en uno de ellos hubo un golpe de Estado fallido (Venezuela, 2002), y siete presidentes democráticamente elegidos debieron abandonar el gobierno antes de cumplir su mandato (Fujimori en Perú, De la Rúa en Argentina, Sánchez de Losada y Mesa en Bolivia, Mahuad y Gutiérrez en Ecuador, Zelaya en Honduras) (cfr. Calderón, 2008). La democracia se ha mantenido en pie, y eso es un dato importante, en tanto indica que para los ciudadanos y para las elites latinoamericanas la democracia vuelve a tener un carácter cercano a la de un contrato social y político que no es posible romper sin grandes consecuencias para quien lo hace. En conclusión, al menos en sus aspectos minimalistas (elecciones sin fraude, libertad de asociación y expresión, alternancia de los partidos, etc.) es decir, los que hace al funcionamiento electoral, los últimos veinte años vieron la consolidación de la democracia en América Latina.

Ahora bien, con la preocupación de tratar de comprender esta recurrentes crisis de la democracia latinoamericana, y a la vez establecer algunos parámetros para defender y reforzar las posibilidades de la democracia en la región, diversos organismos y académicos han elaborado en los últimos años una serie de trabajos, informes y documentos (Achard y González, 2006; IBERGOP, 2003; PNUD, 2004; Strasser, 2004). El planteamiento común es que diversos países han enfrentado crisis institucionales y que, sin embargo, no se ha interrumpido el juego electoral o el funcionamiento del congreso. ¿Cuál es el problema, entonces? Una de las preocupaciones establecidas en esos trabajos ha sido vincular la reflexión sobre la temática de la democracia a recomendaciones de políticas que puedan dar soluciones a los desafíos políticos y sociales que enfrenta. En consecuencia, ahora el debate se ha trasladado desde las posibilidades de consolidación de la democracia a los grados de calidad de los diferentes regímenes democráticos latinoamericanos. En este punto, es perceptible que las democracias en América Latina tienen diferentes grados de calidad según la percepción que sobre el tema hacen expertos y ciudadanos (Adenauer, 2008; Corporación Latinobarómetro 2008; Freedom House, 2008, entre otros). Lo que nos lleva a realizarnos las siguientes preguntas: ¿qué se entiende por calidad democrática, y cuáles deberían ser las políticas a incluirse en una agenda para obtener y consolidar una democracia de calidad?

I. El contexto

Veamos la presentación de nuestra época desde dos perspectivas; una general, haciendo referencia al ciclo largo del que forma parte nuestro tiempo, y otra particular, referida a la coyuntura actual. Y hagámoslo en ese sentido, de lo general a lo particular.

Lo primero que hay que decir es que estamos en el umbral de una tercera etapa del gran cambio de época ocurrido en el capitalismo hace tres décadas. A partir de los años setenta y ochenta, el capitalismo centrado en el Estado de Bienestar, y las formas desarrollistas y Estado céntricas entró en una fase de crisis y cambio de época hacia un capitalismo orientado al mercado y la apertura al comercio exterior, que tuvieron en América Latina dos fases definidas: un comienzo bajo regímenes autoritarios y una continuación desde mediados de los ochenta con transiciones a la democracia, acompañadas de reformas estructurales. La etapa inicial estuvo caracterizada por la lógica de apertura comercial, que luego que los diferentes regímenes autoritarios comenzaron a dar paso a los regímenes democráticos se continuó en una segunda etapa al comienzo con cierto ajuste caótico de las cuentas públicas, hasta que en determinado momento se enunció una especie de plan general de reformas para la nueva época, cuya síntesis se dio en 1989 en el llamado Consenso de Washington. Básicamente, el mismo consistió en escribir diez recomendaciones de política pública donde se resumían las reformas pro mercado en marcha y, al mismo tiempo, se establecían como un conjunto de medidas que todos deberían seguir, a saber (Williamson, 1990):

1. Disciplina y equilibrio fiscal con un ahorro privado elevado.
2. Reordenamiento de las prioridades del gasto público hacia salud, educación e infraestructura pública.
3. Reforma impositiva ampliando la base imponible y mejorando la administración impositiva.
4. Liberalización de los tasas de interés las cuáles serán determinados por el mercado.
5. Un tipo de cambio competitivo y flexible con banda móvil para estimular las exportaciones.
6. Liberalización del comercio internacional reduciendo el proteccionismo especialmente en el sector de las importaciones.
7. Liberalización de la entrada de inversiones extranjeras directas suprimiendo las barreras arancelarias y subsidios a las empresas. Locales.

8. Privatización de las empresas estatales ineficientes que acrecientan el déficit fiscal y la inestabilidad macroeconómica.
9. Desregulación de las actividades productivas ya que la intervención estatal genera incertidumbres y oportunidades para la corrupción.
10. Derechos de propiedad accesibles, seguros y con costos razonables.

El corazón del decálogo reformista fue la recomendación número 8 acerca de la privatización de las empresas públicas. De esta manera se consolidó el proceso que algunos han denominado la doble transición, es decir, la transición de la matriz Estado céntrica a la economía de mercado y la transición del autoritarismo a la democracia (Przeworski, 2003), y significó una verdadera "inflexión socio histórica", para el mundo capitalista en general, y para América Latina en particular (Calderón y Dos Santos, 1991). Concluido el ciclo de la doble transición, ingresamos a partir del nuevo siglo en una nueva etapa, la tercera, que podemos denominar (provisoriamente) del post Consenso de Washington, donde las reformas neoliberales ortodoxas parecen ir quedando atrás.

Ahora bien, en términos generales, y en sus tres fases, esta nueva época del capitalismo se caracterizó también por ampliar algunas brechas entre las grandes transformaciones que han ocurrido en un mundo globalizado y la capacidad de gestión de los Estados y de la política para procesarlas al interior de las fronteras nacionales. Es decir, la globalización de la economía de mercado a escala mundial, y las transformaciones tecnológicas económicas y financieras que implicaron, significaron una serie de problemas de primer orden para los Estados Nación, especialmente los de América Latina. Por otro lado, durante el período 1990-2007 hubo un incremento del Índice de Desarrollo Humano de la región.

Cuadro 1
América Latina Índice de Desarrollo Humano
1990, 2000, 2007

Posición					Crecimiento en %	
2007	País	1990	2000	2007	1990-2000	2000-2007
44	Chile	0.795	0.849	0.878	6.8	3.4
49	Argentina	0.804	------	0.866	No aplica	No aplica
50	Uruguay	0.802	0.837	0.865	4.4	3.3
53	México	0.782	0.825	0.854	5.5	3.5
54	Costa Rica	0.791	0.825	0.854	4.3	3.5
58	Venezuela	0.790	0.802	0.844	1.5	5.2
60	Panamá	0.765	0.811	0.840	6.0	3.6
75	Brasil	0.710	0.790	0.813	11.3	2.9
77	Colombia	0.715	0.772	0.807	8.0	4.5

Fuente: PNUD, 2010.

Como puede verse en el Cuadro 1, ese mejoramiento del IDH fue del 0.78% para la década de los noventa y del 0.41 % para el período 2000-2007, y el mismo fue sumamente heterogéneo según los países considerados. Las causas fundamentales de este progreso social fueron el crecimiento económico de la región en la últimas décadas (véase Cuadro 2) y la aplicación de programas sociales de ayuda económica a los sectores de la población que se encontraban en situación en extrema pobreza, tales como el Programa Oportunidades de México, Bolsa Escola y Bolsa Familia en Brasil, Puente Chile Solidario en Chile,

Programa Familias en Acción en Colombia, Programa Asignación Familiar en Honduras, Red de Protección Social y Sistema de Atención a Crisis en Nicaragua, Plan de Emergencia Social en Uruguay, Red de Protección y Promoción Social en Paraguay y el Programa Juntos en Perú, entre otros.

Cuadro 2
América Latina Tasa de Variación del
Producto Interno Bruto (1991-2010)

1991	1992	1993	1994	1995	1996	1997	1998	1999	2000
4.2	3.6	3.9	4.9	0.6	3.6	5.5	2.4	0.1	3.9

2001	2002	2003	2004	2005	2006	2007	2008	2009	2010
0.3	-0.5	2.1	6.2	4.7	5.5	5.6	4.2	-1.9	5.9

Fuentes: CEPAL (Oficina en Colombia), disponible en www.eclac.org (consulta realizada el 30-07-2011); CEPAL, 2010 y 2011.

Sin embargo, el crecimiento económico y mejoramiento en el desempeño del Índice de Desarrollo Humano no lograron ocultar que el pasaje de grandes sectores de población de la protección del Estado de Bienestar hacia la mercantilización y las reglas de la economía de mercado significó que la desigualdad social se mantuviera en América Latina de manera alarmante a niveles altos.

Cuadro 3
Índice de Gini por regiones del mundo

Región/Período	Década de 1970	Década de 1980	Década de 1990	Período 1970-2000
América Latina	48.4	50.8	52.2	50.5
Asia	40.2	40.4	41.2	40.6
Europa Oriental	28.3	29.3	32.8	30.1
OCDE	32.3	32.5	34.2	33.0

Fuente: PNUD, 2010.

En síntesis, los progresos económicos y sociales obtenidos no fueron suficientes y la desigualdad social continuó siendo el rasgo estructural característico de América Latina, poniendo en riesgo en diversas ocasiones, como lo señaláramos al comienzo de este capítulo, la gobernabilidad democrática de la región

II. Los problemas públicos

Los problemas públicos de América Latina que desafían las capacidades democráticas pueden clasificarse en dos tipos, distinguiendo aquellos que tienen una raíz social de los que tienen una índole política.

Es sabido que a pesar de un quinquenio de recuperación y crecimiento económico, se han agravado los fenómenos de pobreza y desigualdad social, y como sostiene Fernando Calderón (2006), el desafío actual para la democracia latinoamericana es encontrar el camino y los instrumentos para afrontar la cuestión social y contrarrestar la baja calidad institucional democrática.

Las brechas entre los países desarrollados y los países en desarrollo (como los latinoamericanos) se han ampliado, y a esto se suma que América Latina es, como viéramos en el Cuadro 3, la región más desigual del mundo. Pero fundamentalmente, la relevancia de la cuestión social nos muestra que hay un aspecto que a menudo pasa desapercibido. Y es que la sociedad latinoamericana se ha transformado profundamente en las últimas décadas. Es decir, la sociedad se transformó, y, por lo tanto, este es un elemento central a la hora de tomar en cuenta la falta de adecuación del Estado y la política a sus demandas. Son nuevos sujetos, o sujetos viejos transformados, y por tanto las respuestas tienen que modificarse.

Hay consenso tanto entre las elites como entre los ciudadanos de los países latinoamericanos que el hecho de que casi un tercio de los latinoamericanos vivan debajo de la línea de pobreza, y uno de cada cinco en situación de marginalidad social, plantea extraordinarios problemas y desafíos a la gobernabilidad y a la calidad democrática. Y que, a no ser que se transformen las condiciones de vida y que se incorpore a estas personas a la participación activa e institucionalizada en el escenario público, es posible que se sucedan nuevas explosiones sociales (Corporación Latinobarómetro, 2006; González y otros, 2007). Claro, no sabemos si efectivamente eso será así, pero lo cierto es que el pesimismo natural de los latinoamericanos se ha ido acentuando y esto es un llamado de atención ante el permanente malestar y la potencialidad de conflictos en el espacio público que esto genera.

Aunque hay sociedades donde las expresiones sociales de protesta son prácticamente inexistentes (Uruguay y Chile, por ejemplo, aunque este último país podría estar abandonando esa condición a raíz de las protestas estudiantiles que se sucedieron en el 2011), en algunos casos sabemos que aquellos que están en una situación más difícil, acentúan cierta tendencia a la participación. Esto es visto claramente en países como Guatemala, donde la rebeldía cívica coexiste con otras manifestaciones más anómicas que a veces se observan especialmente en movimientos con fuerte presencia juvenil (como los Maras en Centroamérica). Para algunos, lo ideal sería lograr que las participaciones populares se den como en el caso de Bolivia, donde las expresiones de protesta social se institucionalizan en una fuerza política como el MAS, la fuerza política que apoya al presidente Evo Morales (Sader, *La Jornada*, 11-07-2010). Para otros, la base de un movimiento social fuerte es su autonomía de los partidos políticos (Moreira y Moreira, disponible en www.carlosmoreirauruguay.blogspot.com, consulta realizada 29 de septiembre de 2011).

La cuestión política, por su parte, incluye una serie de preguntas y dilemas acerca de cómo reconfigurar el orden, la institucionalidad y la capacidad de gestión del Estado democrático frente a la cuestión social, la inseguridad, o los fenómenos de desprestigio y deslegitimidad creciente de la política en los últimos años. Como dice Ludolfo Paramio (2005), a comienzos del siglo XXI, América Latina vivió (y vive) en muchos países (simultáneamente) dos crisis. Por un lado, una crisis de gobernabilidad simbolizada en la imagen del ex presidente argentino Fernando de la Rúa cercado por manifestaciones populares de protesta subiendo a un helicóptero para huir de la Casa de Gobierno en Buenos Aires. Y por otro lado, una crisis de representación por ineficiencia estatal, reflejada en parlamentarios y políticos electos asediados por el voto en blanco, las demandas de refundar la democracia sobre bases participativas y directas, y fundamentalmente, por asambleas de ciudadanos que agitaban la consigna *que se vayan todos*.

En primer lugar, una enumeración de los problemas políticos de América Latina nos indica que los temas de orden público y la crisis del estado de derecho deben figurar prioritariamente en cualquier agenda pública. Esto comprende aspectos tan sensibles como el de la ineficiencia de los cuerpos de seguridad del Estado, la corrupción en el sistema judicial, o los obstáculos que encuentran gran parte de la ciudadanía para conocer sus derechos y acceder a los procesos judiciales. En otras palabras, la mayoría de las sociedades del continente viven acechadas por la inseguridad pública y la ineficiencia de los aparatos de seguridad y de los sistemas judiciales, lo cual constituye un déficit central de la calidad democrática (Solís y Rojas, 2008; Bobea, 2003).

En segundo lugar, el nuevo siglo muestra democracias latinoamericanas funcionando con grandes cuestionamientos a la eficiencia y la transparencia en el sector público. El tema de la corrupción aparece como uno de los grandes problemas públicos para los ciudadanos del continente y, según un estudio de opinión pública realizado a fines de la década, el 69% cree que los funcionarios estatales de su país son corruptos (Corporación Latinobarómetro, 2008).

En tercer lugar, hay una crisis de la representación de los partidos políticos, esto es, la sociedad no se siente representada por ellos, y según el mismo estudio mencionado en el párrafo anterior, solo uno de cada cinco latinoamericanos confía en los partidos políticos. Es más, dejando de lado los casos de Uruguay, Chile y Costa Rica, los demás países presentan niveles críticos de confianza en la democracia como sistema. La cuestión es de fondo, pues se plantea el dilema de saber si los partidos pueden ser el eje exclusivo de la representación (Corporación Latinobarómetro, 2008). Asociado a ello, indudablemente ha crecido en América Latina la influencia política de los medios de comunicación y el papel de estos como mediadores entre la ciudadanía y los políticos. En otras palabras, estamos asistiendo a la instalación de lo que Benjamín Manin (1998) ha denominado democracia de audiencia. Es más, en general en América Latina los medios de comunicación, especialmente la televisión, tienen mayor credibilidad que los partidos, el congreso y el presidente (Corporación Latinobarómetro, 2006). Esto, por un lado, afecta la calidad democrática, desde el momento en que los partidos políticos pierden sus fuentes tradicionales de poder y los medios de comunicación se transforman en los canalizadores de demandas y representación de los ciudadanos (Guerrero y Chávez, 2009; Carreño Carlón, 2007). Y, por otro lado, contribuye a la calidad democrática, ya que obliga al sistema de partidos a intentar revertir estas tendencias.

En cuarto lugar, las reformas estructurales de los noventa coordinadas por los organismos financieros internacionales acentuaron un problema tradicional de América Latina, como lo es la falta de liderazgo de sus elites. Y ello tiene una relación directa en las crisis de calidad de la democracia, porque no existe salida a este problema sin liderazgo. Y los ciudadanos lo perciben y crece la distancia que sienten respecto a sus líderes, a quienes identifican a menudo como corruptos. Se suma a esto, el cuestionamiento por la falta de capacidad para defender y actuar por el interés general, obviamente todo ello tiene una relación directa con la calidad democrática, especialmente en su aspecto de representación, dado que los países con mayores niveles de estabilidad institucional son aquellos donde los ciudadanos identifican a sus elites con actitudes en pro del bien común y menores niveles de corrupción (cfr. Corporación Latinobarómetro, 2006).

En quinto lugar, las décadas pasadas pusieron en el tapete con mayor fuerza las manifestaciones de multiculturalismo, con la presencia masiva en el escenario público de los llamados pueblos originarios, y esto planteó problemas a una democracia latinoamericana que intenta absorber esas nuevas formas de acción colectiva. Sin duda, el multiculturalismo es un reto pero también una oportunidad para la democracia, ya que responder a estas demandas significará, seguramente, un salto de calidad de la misma (cfr. Domingues y otros, 2009).

En sexto lugar, las nuevas realidades latinoamericanas posreformas muestran características de inequidad de género que afectan la gobernabilidad en tanto las mujeres reclaman una igualdad de género en su condición de ciudadanas y posibilidades de participación en la toma de decisiones (cfr. Zaremberg, 2007). La situación es tan grave que aun países como Uruguay, con grandes niveles de institucionalización y confianza en sus instituciones y cuyos políticos están más a salvo de acusaciones de corrupción, muestran escasa presencia de mujeres (10.1%), por ejemplo, en el Parlamento en el período 2010-2015.

En séptimo lugar, se han acentuado las disparidades, las brechas y, por tanto, los conflictos entre los niveles local, nacional y regional de cada país latinoamericano, especialmente los grandes, aunque no solamente. Ahora las perspectivas políticas públicas deben ser pensadas regionalmente. Por ejemplo, el caso paradigmático es Bolivia, donde los problemas políticos ocultan una crisis estatal de grandes proporciones (Mayorga, 2008). En conjunto, las cuestiones sociales y políticas afectan la calidad de la democracia en tanto cuestionan los objetivos de libertad e igualdad que deberían estar asegurados (Morlino, 2008a). Sin embargo, existe un punto en el cual abordar la cuestión social es también hacerlo con la cuestión política. Y esto porque la solución, por decirlo de alguna manera, de los fenómenos y desafíos que presenta la cuestión social requieren que los pobres y excluidos sean integrados a la vida activa en el escenario público, no dejar que los mismos se recluyan en salidas individuales o de retraimiento, ni en la desinstitucionalización a la que hacíamos referencia. El objetivo es (re) integrar a los sectores pobres a la sociedad y de esta manera revertir el desprestigio y los problemas de la representación política, recuperando la legitimidad perdida. Y solucionar lo urgente tiene que ver con empezar por lo importante, porque evidentemente la solución de la cuestión social exige además elevar los niveles de eficiencia y eficacia de la acción estatal, esto es, de los tomadores de decisión y de los que implementan las mismas, la burocracia. De esta manera, la resolución de la cuestión social pasa por tener un Estado activo y eficiente, y una ciudadanía social y participativa.

III. El debate teórico normativo

Sabido es que la consolidación del funcionamiento institucional minimalista de la democracia contemporánea en América Latina, a la manera de las garantías prescriptas por Robert Dahl (1989) para la poliarquía, no ha significado que ella haya progresado en materia de calidad. Que los gobiernos latinoamericanos hayan sido democráticamente elegidos y que esté asegurado que continuará siendo de esta manera, no implica decir mucho sobre la calidad de su funcionamiento institucional, por ejemplo, respecto al sistema judicial, la transparencia de los procedimientos de gestión, la eficiencia de la burocracia estatal o el acceso a la información por parte de los ciudadanos.

En América Latina el regular funcionamiento minimalista de la democracia muchas veces ha ocultado, como en el pasado reciente, profundas insatisfacciones de los ciudadanos respecto de la marginación a la que son sometidos por las instituciones democráticas, y a causa de demandas que no son adecuadamente representadas y satisfechas, han surgido movimientos sociales radicalizados, que critican a la democracia meramente electoralista. Como decíamos más arriba, por este funcionamiento insuficiente de la democracia, el 43%, esto es casi una de cada dos democracias latinoamericanas, ha sido afectada en los últimos diez años por crisis agudas o graves de gobernabilidad. Por lo cual, el debate teórico normativo hoy en la región es a propósito de establecer las relaciones de continuidad y ruptura entre dos categorías de democracia: la democracia mínima o procedimental, que significa el cumplimiento de las condiciones electorales; y la democracia de calidad, que abarca un complejo conjunto de aspectos y dimensiones. Estas relaciones problemáticas se expresan en dos órdenes de asuntos: la democracia implica dar respuesta a la denominada cuestión social, lo que significa transformar y mejorar la competencia técnica del Estado para obtener políticas públicas eficientes, y alejar así el peligro siempre latente de sufrir una crisis de gobernabilidad; y la democracia latinoamericana tiene hoy una crisis de gobernabilidad, que encierra un déficit de representación (procedimental y de legitimidad) que implica, entre otras cosas, reforzar el papel de los partidos políticos y de las organizaciones sociales en la formulación, implementación y evaluación de las políticas. En conjunto, las mejoras de las competencias técnicas del Estado y del carácter de la representación del sistema político, construyen las cuestiones centrales que debe contener una agenda de la calidad de la democracia en América Latina.

Ahora bien, estos aspectos de la calidad de la democracia en América Latina y su vinculación con las políticas públicas han sido motivo de preocupación en los últimos años de importantes politólogos como Guillermo O´Donnell o Leonardo Morlino. Según el primero, existe la posibilidad de un subtipo de democracia al que denomina delegativa, caracterizada por un ejercicio fuerte y personalista del Poder Ejecutivo, acompañado de la emergencia de un Poder Legislativo débil e incapaz de oponérsele. Frente a esta democracia delegativa, existe una posibilidad de mayor calidad a la que designó como democracia representativa.

En su concepto, este subtipo de democracia se caracteriza por una fuerte institucionalización de la negociación parlamentaria, limitando al titular del ejecutivo y obligándolo a aceptar un ritmo más lento y más gradual en, por ejemplo, la aplicación de las políticas públicas. De hecho, según este argumento las democracias representativas se caracterizarían por un ritmo más pausado en la toma de decisiones y una mayor eficacia en la implementación de las mismas. Más importante aun, "la representación acarrea la idea de *accountability*": de algún modo, el representante es considerado responsable por la manera en que actúa en nombre de aquellos por los que él afirma que tiene derecho a hablar" (O´Donnell, 1997, 2000). De esta manera, O'Donnell introdujo una noción importante para este capítulo (la *accountability*) diciéndonos que esta opera en un doble sentido: vertical, atendiendo a la relación entre el representante y el elector o ciudadano que lo ha elegido, y horizontal, atendiendo a la relación entre poderes autónomos donde unos tienen "la capacidad de cuestionar y eventualmente castigar" los comportamientos de otros. Dado que en una democracia delegativa en última instancia el presidente también responde ante sus electores, la dimensión vertical de la *accountability* está presente, y la única dimensión verdaderamente cuasi-ausente es la *accountability* horizontal, y por tanto ella se convierte en el sello distintivo de una democracia representativa (O´Donnell, 1997). Comparativamente, en términos analíticos la democracia representativa, pues, resulta de mayor calidad que la variante delegativa. Sin embargo, hay que decir que –aunque más no sea en el ámbito de la sugerencia– fue también O'Donnell quien estableció que su distinción entre democracias delegativas y democracias representativas como subtipos de la democracia no lograba ocultar que todas las democracias, en tanto representativas, son delegativas, y que todas las democracias, en tanto delegativas, son a la vez representativas. Como dice el autor, "la idea de representación incluye un elemento de delegación", y por tanto "es difícil distinguir radicalmente tipos de democracia organizados en torno de lo que yo llamaría 'delegación representativa' de aquellos en que el elemento delegativo es fuertemente predominante", por lo que "consecuentemente, representación y delegación no son polos opuestos" (O´Donnell, 1997). Claro que si aceptamos que los términos de representación y delegación están íntimamente relacionados al punto que toda democracia moderna es representativa y delegativa a la vez, no es posible descartar teóricamente que representación y delegación formen parte de una misma definición de democracia: concluimos, por nuestra parte, que ella puede ser concebida como mixta, en tanto es una mezcla de ambos elementos. Es necesario desechar por improductivas, entonces, las concepciones acerca de la democracia delegativa y la democracia representativa formando parte de una sola e imaginaria línea de calidad democrática. Y el motivo de preocupación no debería ser que existan algunos elementos delegativos en el funcionamiento de la democracia representativa, sino que lo patológico desde el punto de vista de la calidad democrática sería el predominio de la delegación sobre la representación (Moreira, 2003).

Ahora bien, así como Guillermo O´Donnell puso el primer pilar en la discusión contemporánea sobre la calidad de la democracia en América Latina, el politólogo italiano Leonardo Morlino desarrolló una serie de estudios que intentan establecer parámetros empíricos para abordar el tema. Este autor parte de definir la democracia de calidad como aquella que desarrolla satisfactoriamente procedimientos destinados a favorecer la libertad y la igualdad civil y política, y cuyas políticas públicas satisfacen las demandas de los ciudadanos. En ese sentido describe ocho dimensiones para medir la calidad de una democracia, a saber:

cinco dimensiones procedimentales (estado de derecho, *accountability* electoral, *accountability* interinstitucional, participación política, competencia), una dimensión de resultados de las políticas públicas (*responsiveness*) y dos dimensiones de contenido (libertad y solidaridad/igualdad (Morlino, 2008b, Diamond y Morlino, 2005).

Respecto a la primera dimensión (*rule of law*), es definida como la supremacía de la ley, donde la ley no es retroactiva y su conocimiento por parte de la ciudadanía es universal, estable, predecible y no ambiguo, integrándose con cinco subdimensiones: seguridad individual y orden civil, independencia y modernidad del sistema judicial, capacidad institucional y administrativa (*civil servant*) de los poderes legislativo y ejecutivo, eficiencia en el combate de la corrupción (transparencia), control civil y políticas de reformas de las fuerzas de seguridad. La segunda dimensión (*electoral accountabilitty*) comprende la obligación que tienen los líderes políticos de responder por sus decisiones ante los ciudadanos que tienen el poder de sanción electoral, y no presenta indicadores o subdimensiones directamente operativas, sino que se integra con una serie de condiciones que deben cumplirse necesariamente: elecciones libres, fuentes de información plurales e independientes, libertad para la organización de los partidos y la presencia estable de alternativas político partidarias con posibilidades reales de alternancia. La tercera dimensión (*inter-institutional accountability*) significa que la rendición de cuentas de los gobernantes se hace ante otras instituciones o actores colectivos que tienen el poder de sancionar, e incluye como subdimensiones básicas las relaciones entre el Ejecutivo y el Legislativo, la Suprema Corte, el Ombudsman, las Auditorías y los modos y formas de descentralización y gobiernos locales. La cuarta dimensión (*political participation*) incluye las formas convencionales o no convencionales de acción política de individuos y grupos para influir en la toma de decisiones, desde el referéndum hasta las huelgas y acciones terroristas. Sus dimensiones básicas son las oportunidades de participación electoral, las membresías a partidos y organizaciones sociales, la participación en huelgas y el desarrollo de formas de democracia deliberativa. La quinta dimensión (*political competition*) hace referencia a la posibilidad que más de un actor político esté involucrado en el proceso de toma de decisiones, y por lo tanto se trata de observar los patrones de competencia entre actores políticos y sociales y la formación de coaliciones en el ámbito de los poderes ejecutivo y legislativo. La sexta dimensión (*responsiveness*) se define como a la capacidad de los gobiernos de responder con sus políticas a las demandas de los ciudadanos. Para medir esta dimensión se analiza la legitimidad de los gobiernos y sus políticas a través de los estudios que se ocupan de las preferencias ciudadanas y, adicionalmente, se establecen los objetivos, constricciones y obstáculos de las políticas. La séptima dimensión (*freedom*) se refiere a la noción de derechos básicos de los individuos y se articula en tres subdimensiones: los derechos individuales (a la vida, a no sufrir tortura, la prohibición de trabajo esclavo), civiles (autodeterminación, libertad de movimiento, de expresión, de creencias y pensamientos), y políticos (de elegir y ser elegidos, de formar partidos políticos y hacer campañas). La octava dimensión (*solidarity/equality*) constituye, junto a la anterior, la clave de una concepción liberal de la democracia, y se refiere a la disminución de las diferencias sociales entre los individuos con la instalación de una ética de la solidaridad y la igualdad, siendo sus subdimensiones básicas la económica social (extensión de recursos materiales y reducción de la pobreza, universalización de la educación y la salud), y la cultural (desalentar toda forma de discriminación de género y étnica). Para Leonardo Morlino, dado que estudios como el de *Freedom*

House muestran que una importante proporción de los regímenes democráticos existentes son en realidad mixtos, es decir, combinan algunas características de la democracia (elecciones y pluripartidismo, por ejemplo) con otras del autoritarismo, de lo que se trata en realidad es de trabajar con regímenes híbridos.

Ahora bien, de estos desarrollos de O´Donnell y Morlino extraemos en principio dos enseñanzas: en primer lugar, cuando hablamos de la calidad democrática estamos haciendo referencia a una serie de instituciones y mecanismos para defender la libertad y la igualdad de los ciudadanos que analíticamente pueden desagregarse en diferentes dimensiones. Y, a su vez, estas dimensiones combinadas con las políticas públicas son las que permiten ordenar y definir la agenda de políticas a llevar adelante para asegurar la gobernabilidad y para obtener, así, mayores grados de calidad democrática. Al hablar de la calidad de la democracia, pues, nos referimos a tipos de procedimientos, contenidos de los procedimientos y las políticas y sus resultados. En segundo lugar, las democracias perfectas (así como los autoritarismos perfectos) no existen, son solo tipos ideales, lo que hay en realidad son combinaciones de elementos democráticos y autoritarios.

Esto significa que es posible identificar muchos casos en América Latina como democracias mixtas o regímenes híbridos, donde algunas dimensiones funcionan adecuadamente desde el punto de vista de la calidad democrática, y otras se alejan mucho de ese óptimo. Se trata de concentrarse en estos elementos y determinar y desarrollar las políticas adecuadas para resolverlos.

IV. Rasgos y contenidos de las políticas públicas

¿Cuáles son los rasgos y contenidos que deberían tener las políticas públicas para lograr el objetivo de tener una democracia de calidad, esto es, que aseguren los derechos ciudadanos y la gobernabilidad? Veamos un esbozo de respuesta a esta problemática. La discusión sobre la manera de abordar conceptualmente estos temas tiene varios aspectos, cuestiones y dimensiones a tomar en cuenta. Por un lado, hay que atender al eje epistemológico y al cuerpo teórico a utilizar en esta discusión. En los años ochenta y noventa, de la mano del regreso de la democracia al continente, el neo institucionalismo fue hegemónico en varias disciplinas sociales, entre ellas la ciencia política. Para decirlo en pocas palabras, el lema fue *las instituciones importan* (Przeworski, 2008). En estas décadas, con el neoinstitucionalismo y sus variantes ortodoxas, o que se combinaban con la elección racional, hubo también una gran confianza (creemos, quizás, exagerada) en los diseños institucionales, como que allí estaba la posibilidad de crear las bases para alcanzar la ansiada gobernabilidad democrática de América Latina, y que debíamos guiarnos por la premisa *sin reglas formales (que se cumplan) no somos nada* (Moreira y otros, 2011).

En fin, el neo institucionalismo en sus formas más ortodoxas se ha ido agotando, básicamente porque el énfasis en las reglas formales y su respeto como manera de poner límites y evitar fenómenos de ingobernabilidad, no pudo evitar que ellos ocurrieran, paralelamente al desprestigio de los partidos y las instituciones. En su lugar, las cuestiones de calidad democrática y gobernabilidad están siendo abordadas (implícita o explícitamente) desde la óptica del concepto de *gobernanza* (traducción al castellano del inglés *governance*), que básicamente pretende abordar el estudio de una época donde el Estado ya no es el gran director de orquesta, y generar dinámicas que involucren a diferentes actores sociales en la resolución y conducción de los procesos colectivos. Se parte de admitir que ningún actor puede salir de la crisis solo, y que es necesario construir una conducción articulada, con una ética de responsabilidad para los ciudadanos y los movimientos sociales que reclaman ser habilitados para participar en la escena política. Estos desarrollos tienen como consecuencia el complejizar el análisis de la gobernabilidad. Ya no se trata de tener una perspectiva politológica desde el neoinstitucionalismo puro, o de una perspectiva economicista desde una posición de la elección racional, sino de tener una posición sociopolítica, emparentada heterodoxamente con las teorías de sistemas y de la gobernanza, que significa reconocer la gobernabilidad como un problema grave de desarrollo de las capacidad políticas de los actores políticos para absorber las demandas sociales y dar respuestas a esta problemática a través de las políticas públicas. Creemos que este es el punto central a tomar en cuenta, que la gobernabilidad es multidimensional y compleja, y que proveer las condiciones para consolidar la misma exigen ajustes institucionales que tomen en cuenta la cuestión social (y la nueva escenografía en que se desenvuelve) y que ello requiere trabajar los aspectos políticos de la representación y de la capacidad estatal para implementar políticas públicas.

Ahora bien, la participación considerada como un componente central de la solución de la crisis de gobernabilidad debe ser incorporada a la definición de calidad de la democracia. Esto significa que necesariamente debemos ampliar la definición de la democracia en su aspecto representativo, para incorporar (sin que parezca que estamos haciendo algo contradictorio) elementos de la democracia directa en las instituciones de la democracia representativa, es decir, la participación ciudadana y la búsqueda de la equidad social como nuevos prerrequisitos para una democracia consolidada y de calidad.

Y esto es muy importante, no solamente por sus derivaciones epistemológicas, sino por sus consecuencias teóricas. Se trata de reconstruir un concepto de democracia que combine las concepciones clásicas y modernas, que en los orígenes, con las revoluciones de los siglos XVII y XVIII, hizo emerger solamente la representación como sinónimo de democracia, cuando en realidad, lo sabemos, era nada más el costado conservador de la democracia entendida como gobierno del pueblo (Manin, 1998; también véase Liscano, 2006).

Finalmente, y regresando al plano de los hechos, uno de los grandes dilemas de la democracia en América Latina es decidir entre lo que es urgente y lo que es importante.

En la primera opción, y por la denominada cuestión social, el Estado democrático tiene que ver cómo enfrentar y dar solución a los fenómenos de desigualdad social, pobreza y marginalidad. En la segunda opción, la cuestión política incluye una serie de preguntas y dilemas acerca de cómo reconfigurar el orden y la institucionalidad, y la capacidad de gestión del Estado democrático frente a los fenómenos de desprestigio y deslegitimidad creciente de la política en los últimos años. Obviamente, parece que el sentido común dice que primero hay que ocuparse de lo urgente, y después de lo importante; ergo, primero de lo social, y después de lo político propiamente dicho. Esto es tan así, que un poco la lógica de los gobiernos hoy es seguir este procedimiento sin percibir que la cuestión social exige su articulación con la cuestión política y viceversa. No se puede imaginar de otra manera una solución a los problemas de la calidad democrática en la región.

En ese sentido, tres son los elementos contextuales en los que se desenvuelven las políticas públicas en la región.

En primer lugar, el adecuado funcionamiento del estado de derecho es una demanda generalizada en el continente, lo cual incluye aspectos como la transparencia, el combate a la corrupción y el crimen organizado, elevando los niveles de seguridad pública y modernizando los cuadros administrativos y técnicos de los poderes judiciales, fortaleciendo sus autonomías frente al poder político.

En segundo lugar, existe una suerte de consenso opositor a las reformas estructurales de los ochenta y noventa, tanto en la ciudadanía como en las élites, especialmente en lo que tiene que ver con las privatizaciones, y por eso, coherentemente, se reclama un mayor papel del Estado, más activo, que en definitiva culminó en los últimos diez años con la llegada al gobierno de las fuerzas opositoras a las reformas en muchos de los países de la región.

En tercer lugar, existe un rechazo de parte de la ciudadanía del continente a los formatos de las políticas públicas armados solamente desde las cúpulas o desde las oficinas del Estado, en lugar de lograr que las mismas surjan de la discusión, el debate y la participación con reglas de los actores involucrados. En síntesis, la democracia es un régimen de gobierno cuyas instituciones y procedimientos deben garantizar la libertad y la igualdad de los ciudadanos, y la gobernabilidad de la sociedad. En ese sentido, las políticas públicas deberían tener los siguientes rasgos y características: I) consolidar el estado de derecho (seguridad, transparencia y funcionamiento eficiente del sistema judicial); II) construir gobernabilidad (capacidades institucionales y administrativas de los gobiernos, enfrentar las constricciones y obstáculos de las políticas, y dar gran importancia a las preferencias ciudadanas respecto a la satisfacción con el resultado de las mismas); III) por último, profundizar los mecanismos de rendición de cuentas vertical (elecciones libres, fuentes de información plural e independientes, sistema de partidos y organizaciones de la sociedad civil competitivas y representativas) y horizontal (el poder legislativo, el poder judicial y otras instituciones), junto a la participación de la sociedad civil en las políticas (desarrollando, por ejemplo, modos de democracia deliberativa, descentralizada y, por supuesto, participativa).

V. Conclusiones

En el final del capítulo, queremos reseñar algunas ideas y brindar algunas conclusiones del mismo. Ellas son:

1.- Vivimos una nueva época que se ha ido consolidando, donde el modelo neoliberal más ortodoxo de solución a través de reformas estructurales y de democracia electoral ha ido demostrado, paulatinamente, su agotamiento, y ha dejado paso a una nueva etapa que podríamos denominar de post Consenso de Washington.

2.- La etapa neoliberal ha tenido una consecuencia positiva para la región, como es la extensión de la democracia electoral a la región; sin embargo, dejó como herencia negativa problemas de gobernabilidad serios para América Latina, los que se presentan en dos dimensiones, la social y la política, las que combinadas hacen que los niveles de calidad la democracia latinoamericana sean menores a los deseables.

3.- Desde el punto de vista conceptual, parece necesario abandonar las disyuntivas tan claras en los años ochenta y noventa entre un enfoque politólogo de raíz neoinstitucionalista puro, o un enfoque socioeconómico más propio de la elección racional. Hoy necesitamos utilizar una perspectiva que podríamos denominar sociopolítica, por la cual se entiende que la política no puede dar cuenta de todo en sí misma, como en una esfera cerrada; ni es posible entender los cambios ocurridos en la sociedad latinoamericana sin hacer referencia a la institucionalidad democrática. Por lo

tanto, se impone considerar paralelamente una reforma social y una reforma política para asegurar la
gobernabilidad democrática de la región.

4.- Decir que la cuestión política debe tener en cuenta la
dimensión social, implica tomar en cuenta las transformaciones ocurridas a nivel social, con la emergencia de nuevos sujetos, y que no hay posibilidades de
alcanzar la gobernabilidad democrática si no se toma
en cuenta eso. Y decir que la dimensión social tiene
un fuerte componente político, implica considerar
que los ciudadanos en situación de pobreza, exclusión y marginalidad, deben integrarse como activos
participantes de los escenarios públicos y políticos,
que el Estado debe alcanzar una capacidad eficiente
de respuesta ante la cuestión social, y que la calidad
democrática está estrechamente asociada a ella.

5.- Esto implica de alguna manera superar los estrechos
límites de las definiciones poliárquicas o pluralis-
tas de democracia, incorporando un componente de
participación que antes no estaba siendo tomado su-
ficientemente en cuenta.

Bibliografía citada

ACHARD, D y GONZÁLEZ, L. E. (2006): "Los proyectos 'Análisis Político y Escenarios Posibles, *PAPEP*': métodos, instrumentos y rasgos distintivos", *Documento de Trabajo*, Buenos Aires, PNUD.

ADENAUER, K. (2008): *Indice de Desarrollo Democrático de América Latina*, disponible en www.idd-lat.org (enero 2010).

BOBEA, L. (2003): *Entre el crímen organizado y el castigo. Seguridad ciudadana y control democrático en América Latina y el Caribe*, Caracas, Nueva Sociedad.

CALDERÓN, F. (2008): "Una inflexión histórica. Cambio político y situación socioinstitucional en América Latina", en *Revista de la CEPAL* N° 96 (diciembre), Santiago de Chile.

CALDERÓN, F. G. (2006): "Panorama electoral en América latina: ¿qué reemplaza al modelo neoliberal?", en *Nueva Sociedad. Democracia y política en América latina*, Edición Especial, (marzo).

CALDERÓN, F. G. y DOS SANTOS, M. (1991): *Hacia un nuevo orden estatal en América Latina: Veinte tesis sociopolíticas y un corolario*, Santiago de Chile, Fondo de Cultura Económica-CLACSO.

CARREÑO Carlos, J. (2007): *Para entender los medios de comunicación*, México, Nostra Ediciones.

CEPAL (2010 y 2011) *Estudio económico de América Latina y el Caribe*, Santiago de Chile, CEPAL.

CORPORACIÓN Latinobarómetro (2006 y 2008): *Informe Latinobarómetro*, disponible en www.latinobarómetro.org (enero 2010).

DAHL, R. (1989): *La poliarquía. Participación y oposición*, Madrid, Tecnos.

DIAMOND, L. y MORLINO, L. (2005): *Assesing the quality of democracy*, Baltimore, The Johns Hopkins University Press.

DOMINGUES, J. M., SOARES GUIMARAES, A., MOTA, F., Pereira da Silva (2009): *A Bolivia no espelho do futuro*, Belo Horizonte, UFMG.

FREEDOM House, (2008): *Freedom in The World*, disponible en www.freedomhouse.org, (enero 2010).

GONZALEZ, L. E. y J. G. VALDÉZ, J. E. VEGA (2007): *Situación actual y perspectivas de América latina según las élites de Estados Unidos, Unión Europea, Argentina, Brasil y México*, Buenos Aires, PNUD.

GUERRERO, M. A. y M. CHÁVEZ (2009): *Empowering Citizenship through Journalism Information, and Entertainment in Iberoamérica*, México, Universidad Iberoamericana.

IBERGOP (2003): *Gobernabilidad: nuevos actores, nuevos desafíos*, México, Editorial Porrúa.

LISCANO, F. (2006): *Entre la utopía y la realidad. Enfoques para una reinterpretación histórica y conceptual de la democracia en América Latina*, México, UAEM-UNAM.

MANIN, B. (1998): *Los principios del gobierno representativo*, Madrid, Alianza.

MAYORGA, F. (2008): "El gobierno del Movimiento al Socialismo en Bolivia: entre nacionalismo e indigenismo", en Moreira, C. et. al, *La Nueva Política en América Latina. Rupturas y continuidades*, Montevideo, FLACSO Uruguay, UNLa, ARCIS, Ediciones Trilce.

MOREIRA, C. y S. BARBOSA, D. RAUS (2011): *Teoría política contemporánea. Perspectivas y debates*, Buenos Aires, Universidad Nacional de Lanús.

MOREIRA, C., (2003): *Una mirada a la democracia uruguaya. Reforma del Estado y delegación legislativa 1995-1999*, México, M. A. Porrúa.

MORLINO, L. (2008a): "Regímenes híbridos y calidades democráticas", Conferencia en el *Seminario Internacional La calidad de la democracia en América Latina*, México, mayo, disponible en www.cmq.edu.uy, (enero 2010).

MORLINO, L. (2008b): *Democrazie fra consolidamento e crisi*, Milano, Il Mulino. Larry Diamond and Leonardo Morlino, 2005, *Assesing the quality of democracy*, Baltimore, The Johns Hopkins University Press.

NUN, J. (1994): "La democracia y la modernización, treinta años después" en De Sierra, Gerónimo (comp.), *Democracia emergente en América del Sur*, México, UNAM.

O´DONNELL, G. (2000): "Teoría democrática y política comparada", en *Desarrollo Económico. Revista de Ciencias Sociales*, Buenos Aires, Vol. 39, N° 156, enero-marzo.

O´DONNELL, G. (1997): "¿Democracia delegativa?", en *Contrapuntos. Ensayos escogidos sobre autoritarismo y modernización*, Buenos Aires, Editorial Piados.

PARAMIO, L. (2005): "Populismo y crisis de representación", *Ponencia al Seminario Una nueva agenda de reforma política para América latina*, Santander, agosto.

PNUD (2010): *Informe sobre desarrollo humano*, disponible en www.undp.org (consulta realizada el 30 de septiembre de 2011).

PNUD (2004): *La democracia en América Latina. Hacia una democracia de ciudadanas y ciudadanos*, Buenos Aires, Aguilar, Altea-Alfaguara.

PRZEWORSKI, A. (2008): "La última instancia. ¿Son las instituciones la causa del desarrollo económico?" en Lavezzolo, Sebastián, *Los determinantes del desarrollo económico. La causalidad en las ciencias sociales*, Madrid, Editorial Pablo Iglesias.

PRZEWORSKI, A. (2003): *Democracia y mercado*, Madrid, Akal.

STRASSER, C. (2004): *Algunas precisiones (y perspectivas) sobre equidad, democracia y gobernabilidad a principios del siglo XXI*, Buenos Aires, FLACSO, Argentina.

SOLIS, L. G. y F. ROJAS ARAVENA (Ed.) (2008): *Crimen organizado en América Latina y el Caribe*, San José, FLACSO Secretaría General.

WILLIAMSON, J. (1990): "What Washington Means by Policy Reform", en *Latin American Adjustment: How Much Has Happened?*, Washington, Instituto de Economía Internacional.

ZAREMBERG, G. (2007): *Políticas sociales y género*, México, FLACSO México.

La calidad de la democracia y la lógica mediática. Apuntes para un modelo teórico[79]

Carlos Manuel Rodríguez Arechavaleta[80]

En la literatura reciente de ciencia política es evidente cierta reacción anti-shumpeteriana contraria al énfasis procedimental competitivo que constituyó el *requisito mínimo* de la definición de democracia.[81] Al parecer, se ha tomado conciencia de que los procesos componentes y las normas de procedimiento nos ayudan a especificar *qué* es la democracia, pero no nos dicen mucho sobre *cómo* funciona en realidad (Schmitter; 1996, 43).

Si bien es cierto que el hecho diferencial de la democracia es que los representantes se eligen a través de elecciones (Martínez i Coma; 2008: 5), esta es un sistema de derechos políticos positivos que "por sí misma no crea las condiciones sociales y económicas necesarias para que estos derechos se ejerzan eficazmente" (Przeworski; 1998: 374). De ahí la importancia de entender a la democracia como "un sistema de gobierno en el que los gobernantes son responsables de sus acciones en el terreno público ante los ciudadanos, actuando indirectamente a través de la competencia y la cooperación de sus representantes electos" (Schmitter; 1996, 38).

---

[79] Este capítulo se publica de manera simultánea en el número 139 de la *Revista Paraguaya de Sociología* editada por el Centro Paraguayo de Estudios Sociológicos [nota de los editores].

[80] Profesor-Investigador en la Universidad Iberoamericana - Campus Santa Fe (México).

[81] Schumpeter (1983:343) asumió el *método democrático* como "la libre competencia entre los pretendientes al caudillaje por el voto del electorado".

El énfasis de la observación académica, no solo en las normas que condicionan cómo los gobernantes llegan al poder democrático, sino en las prácticas que los hacen responsables por sus acciones ha generado un debate sobre qué tan buena es una democracia o la calidad de la misma (Morlino, 2005; O' Donnell, 2005a; 2000b; Schmitter, 2005; Powell Jr., 2005; Beetham, 2005; Levine y Molina; 2007).

En primera instancia Morlino define la *democracia de calidad* como aquella que presenta una estructura institucional estable que hace posible la *libertad e igualdad* de los ciudadanos mediante el funcionamiento legítimo y correcto de sus instituciones y mecanismos (2005: 38). Sin embargo, si bien la legitimidad democrática es el piso mínimo sobre el que opera el análisis de la calidad de la democracia, el nivel de intensidad de la competencia en el sistema político no es en sí mismo una dimensión de esta, aunque sí es un factor que afecta dos de sus dimensiones: *la participación y la representación*.[82]

Según Levine y Molina (2007), vincular la calidad con legitimidad democrática implica centrar el análisis sobre los procedimientos establecidos para *escoger y controlar los gobiernos, y para que los ciudadanos influyan en las decisiones de estos*: las reglas del juego y su funcionamiento real (instituciones formales e informales) y los *derechos asociados* con ellas; lo cual necesariamente conlleva dos elementos adicionales que se requieren para que haya legitimidad democrática: ciudadanía inclusiva (sufragio

---

[82]   Levine y Molina (2007: 21) consideran que las elecciones y los sistemas electorales nos dan un importante punto de entrada, pero ellos deben ser situados dentro del contexto social, prestando atención, no solo a las reglas formales de representación, sino también a los factores que afectan el flujo de información y el acceso a este, conjuntamente con las condiciones para la organización y las barreras que enfrentan los grupos y candidatos cuando intentan participar democráticamente en política.

universal) y derecho efectivo a la organización y participación. Por ejemplo, el interés por analizar la representación debe prestar atención a cómo los ciudadanos adquieren las capacidades que hacen posible que tengan acceso a mecanismos de poder; que les den poder (*em-powerment*) y eleven la "calidad" y la "autenticidad" de la representación.

Por ello Morlino (2005: 38) agrega que una buena democracia es aquella en la que los ciudadanos, asociaciones y comunidades que la componen disfrutan de libertad e igualdad, así como el poder de los propios ciudadanos de verificar y evaluar si el gobierno trabaja por los objetivos de libertad e igualdad de acuerdo al gobierno de la ley, monitoreando la eficiencia de la aplicación de las leyes, la eficacia de las decisiones tomadas por el gobierno, la responsabilidad y la rendición de cuentas políticas de los gobernantes electos en relación con las demandas expresadas por la sociedad civil.

Como reconoce el mismo Morlino (2005: 40), el punto principal es que los temas señalados están en el corazón de una democracia en la que los procesos más importantes son los que funcionan de *abajo hacia arriba* y no viceversa, siendo sus dimensiones constitutivas el gobierno de la ley (*rule of law*); la rendición de cuentas; reciprocidad (*responsiveness*); el respeto pleno a los derechos y libertades; y la implementación progresiva de mayor igualdad política, social y económica.

Para Levine y Molina (2007: 23-ss) la calidad de la democracia no es un fenómeno de suma cero, sino más bien una escala que, partiendo del cumplimiento de las condiciones mínimas arriba indicadas para que exista democracia, va de lo mínimo aceptable a las mejores condiciones posibles en tres áreas interrelacionadas cuyo funcionamiento nos indica los niveles de calidad: la decisión electoral, el proceso de adopción de políticas públicas, y los mecanismos para exigir responsabilidad a los gobernantes.

La definición se centra en cinco dimensiones conceptuales: 1) decisión electoral; 2) participación; 3) respuesta a la voluntad popular; 4) responsabilidad; y 5) soberanía. Por lo tanto, la calidad de la democracia viene dada por la medida en que los *ciudadanos participan informadamente* en procesos de votación libres, imparciales y frecuentes; influyen en la toma de decisiones políticas; exigen responsabilidad a los gobernantes, y por la medida en que estos últimos son quienes efectivamente toman las decisiones y lo hacen respondiendo a la voluntad popular.

Schmitter (2005: 70), a partir de su definición antes citada (página 1 del capítulo), reconoce que entre más activamente participen los ciudadanos en la "decisión de tomar una decisión" pondrán más atención al proceso siguiente y sentirán mayor obligación para cumplir con lo que finalmente se decida, incluso si se opusieron a la propia decisión. Por su parte los representantes que presumiblemente desempeñaran un rol clave en la movilización colectiva, durante la toma de una decisión, entrarán en competencia bajo las reglas preestablecidas con los representantes de otros partidos, asociaciones y movimientos para influir y, a pesar de no tener éxito, estarán dispuestos a aceptar el resultado como justo. Al seguir una lógica similar, entre más accesibilidad proporcionen los gobernantes a un número mayor y a una más amplia variedad de ciudadanos individuales u organizaciones de la sociedad civil, más alto será el nivel de información que llevarán hacia sus deliberaciones, y más alta será la probabilidad de que las decisiones que finalmente se tomen respondan a los intereses y pasiones de sus ciudadanos y representantes. Esto implica que entre más responsables políticamente sean los gobernantes con los ciudadanos, más alta será la calidad de la democracia.

Es evidente que la definición conceptual y operativa del concepto *calidad de la democracia* enfatiza en los

fundamentos cualitativos de la representación, la participación y los factores que afectan el flujo de información y
el acceso a este, específicamente por los ciudadanos. Así,
la calidad de la democracia depende directamente de la
medida en que los ciudadanos alcancen el mayor y más
igualitario nivel de información posible. Levine y Molina
(2007: 24) lo resumen:

> Si la igualdad política formal (cada persona un voto) es un
> requisito mínimo de la democracia, la igualdad política
> sustantiva, uno de cuyos componentes principales es la
> distribución de recursos cognitivos entre la población, es un
> indicador de la calidad de la democracia dada su vinculación
> directa con uno de sus elementos cruciales: la medida en que
> el electorado puede tomar decisiones políticas informadas"
> (Levine y Molina (2007: 24).

Mientras más igualitaria y más abundante sea la distribución de *recursos cognitivos* tales como educación e
información, mayor probabilidad de que las decisiones
políticas de los ciudadanos estén acordes con sus intereses;
también será más probable que los ciudadanos estén en
capacidad de tomar esas decisiones conociendo sus consecuencias potenciales (Morlino; 2005; Levine y Molina;
2007). Sin embargo, si bien los ciudadanos son el elemento
más característico en las democracias (Schmitter, 1996: 38),
"estamos ante un nuevo monstruo: la democracia sin una
ciudadanía eficaz" (Przeworski; 1998: 374).

Como se puede apreciar, la calidad de la democracia
depende directamente de la medida en que los ciudadanos
alcancen el mayor y más igualitario nivel de información
posible; en otras palabras, la distribución de *recursos cognitivos* entre la población indica la medida en que el electorado podrá tomar decisiones políticas informadas (Dahl,
2002). Mientras más igualitaria y más abundante sea la
distribución de recursos cognitivos tales como educación e
información, más probable será que las decisiones políticas

de los ciudadanos sean acordes con sus intereses, y también será más probable que los ciudadanos estén en capacidad de tomar esas decisiones conociendo sus consecuencias potenciales (Levine y Molina, 2007: 25).

Desde esta perspectiva, entender la lógica del sistema de medios de comunicación y su dinámica interacción con el sistema político en una determinada sociedad constituye un aporte importante a la evaluación de la calidad democrática. De ello dan cuenta recientes y reveladoras investigaciones (Rodríguez Arechavaleta y Moreira, 2011; Gunther y Mughan, 2000; Hallin y Mancini, 2004; Price, Rozumilowicz y Verhulst, 2002; Martínez i Coma, 2008; Chalaby, 1998).

A pesar de la "carencia de una agenda integrada de investigación" al respecto, lo que explica la fragmentación de enfoques y la restricción de la investigación a los efectos a nivel individual (micro) de la comunicación política, usualmente durante campañas electorales (Gunther y Mughan, 2000), los estudios referidos combinan las perspectivas micro y macro para examinar los diferentes roles de los medios y el sistema político en diferentes tipos de régimen político (autoritarios, transición democrática y democracias establecidas).

Hallin y Mancini (2004; 19-43) analizan la coevolución de las instituciones mediáticas y políticas dentro de unos contextos históricos específicos y proponen cuatro dimensiones principales para la comparación de los sistemas de medios de comunicación: la estructura de los mercados mediáticos, incluido especialmente el grado de desarrollo de la prensa de gran tirada; el grado y la forma del paralelismo político; el desarrollo de la profesionalidad periodística; y el grado y la forma de la intervención estatal en el sistema de medios de comunicación.

Al correlacionar estas pautas de desarrollo mediático con características estructurales del sistema político como el papel del Estado en la sociedad; el carácter de mayoría o de consenso del sistema político; la pauta de organización de los grupos de interés, incluida la distinción entre el sistema liberal más fragmentado y el sistema más corporativo; la distinción entre el pluralismo moderado y el polarizado; y el desarrollo de la autoridad racional-legal en comparación con las formas clientelistas de organización social, los autores observan una alta correlación, y aunque no se debe interpretar como una "correspondencia mecánica exacta" (2004: 271), les permite definir tres modelos ideales: el *Pluralista Polarizado o Mediterráneo*, el *Modelo Democrático Corporativo o del Norte y Centro de Europa*, y el *Modelo Liberal o del Atlántico Norte*.[83]

El *Modelo Pluralista Polarizado* se caracteriza por un alto nivel de politización que se manifiesta en una importante intervención del Estado y de los partidos políticos en muchas áreas de la vida social, y las fuertes lealtades de gran parte de la población hacia ideologías políticas muy variadas; lealtades que van acompañadas de un escepticismo muy extendido con respecto a la idea de "bien común" y una relativa ausencia de reglas y normas consensuadas. Se caracteriza además, por un consumo desigual de la información pública, al existir una división clara entre la población políticamente activa que consume con avidez el comentario político en la prensa y una población políticamente inactiva que consume poca información política. Los medios de comunicación informativos se caracterizan por un alto nivel de pluralismo externo, al asumir el papel

---

[83] Los autores precisan que los sistemas de medios de comunicación de los países individuales encajan con los tipos ideales que representan sus modelos solo aproximadamente, y muchos sistemas mediáticos deben considerarse casos mixtos. No obstante, los tipos ideales son útiles tanto para una comprensión de las pautas de relación entre características de los sistemas mediáticos y políticos como para desarrollar una perspectiva comparada de estos (2004: 272).

de defensores de diversas ideologías políticas, y dicho compromiso suele pesar más que el compromiso con una cultura profesional común. Las relaciones entre periodistas y actores políticos son estrechas, el Estado interviene activamente en el sector mediático y los periódicos dan mucha importancia al comentario sofisticado dirigido a los activistas políticos que suelen leerlos.

El *Modelo Democrático Corporativo* se caracteriza por un fuerte énfasis en el papel de la sociedad de los grupos sociales organizados, pero a la vez, por un compromiso con el "bien común" y con las reglas y normas consensuadas a través de las divisiones sociales. Le concede gran valor a la libre circulación de la información y entiende que el Estado tiene una verdadera obligación de fomentar esa circulación. Existe, además, una cultura de gran consumo de información sobre asuntos públicos y la cultura mediática se caracteriza por una tradicional concepción de que los medios son vehículos de expresión de los grupos sociales y de ideologías diversas. Presenta, además, un alto grado de compromiso con normas y procedimientos comunes y la intervención estatal en los medios es extenso, pero la autonomía de estos es muy valorada. Asimismo, se valora bastante la información política que se produce para difundir entre una audiencia de masas.

El *Modelo Liberal* se caracteriza por una concepción más individualista de la representación, en la cual se enfatiza menos que en los otros dos sistemas el papel de los grupos sociales organizados, el cual se considera a menudo negativo en el sentido que eleva los "intereses especiales" por encima del "bien común", al cual suele dar prioridad en relación con la lealtad y coherencia ideológicas. El papel del Estado suele verse en términos negativos y se entiende que la libre circulación de la información requiere una limitación de la intervención estatal. La cultura individualista tiende a dar prioridad a la vida privada por encima de la pública y el papel de los medios suele interpretarse, más que en términos de representación de los grupos sociales y de diversidad ideológica, en términos de provisión de información a los ciudadanos-consumidores y como "vigilantes" del gobierno. Una cultura profesional común de periodismo está en cierto modo desarrollada, aunque no institucionalizada formalmente como en los países del *Modelo Democrático Corporativo*, y existe un fuerte énfasis en la limitación de la intervención gubernamental en la esfera de los medios, y estos suelen dirigir su programación a una amplia audiencia de masas con un limitado énfasis en los asuntos públicos.

Por último, los autores perciben una probable relación entre el desarrollo de la prensa de gran tirada y la profesionalización, por una parte, y el paralelismo político y el papel del Estado, por otra. Es posible que la profesionalización se desarrolle donde la prensa de gran tirada sea fuerte, en parte porque ambas son el resultado del fuerte desarrollo del capitalismo, de la democracia de masas y de la clase media, y en parte porque la profesionalización suele desarrollarse en organizaciones mediáticas grandes y económicamente autónomas, en las que la relación entre los periodistas y sus lectores es fundamental para el éxito de la empresa.

Por otro lado, en los países donde el Estado desempeña un papel importante en la sociedad, es probable que los partidos tengan raíces sociales profundas y una gran influencia, y hasta cierto punto, puede funcionar al revés: donde los partidos son fuertes, la acción colectiva a través del estado podría constituir un medio popular para solucionar problemas sociales. Además, donde la política ocupa una posición central en la vida social y los partidos desempeñan un papel fundamental en el proceso comunicativo de la toma de decisiones, es lógico que la influencia del terreno político sobre los medios de comunicación sea considerable y el nivel de paralelismo político alto.

Por su parte Gunther y Mughan (2000: 403) concluyen que la naturaleza del impacto político de los medios es configurada por la interacción entre un número de variables de nivel micro y macro que pueden asumir diferentes formas en diferentes países. Desde el punto de vista *macro*, las características que ayudan a configurar los mensajes mediáticos y sus patrones de circulación son la cultura política; la estructura de la sociedad, los medios y las instituciones gubernamentales; las normas que rigen la relación periodistas y políticos; las prácticas regulatorias; y el nivel de desarrollo tecnológico de la industria de la comunicación. Desde una perspectiva *micro* refieren a las características individuales de los miembros de la audiencia que condicionan su receptividad a la comunicación política; por ejemplo, predisposiciones culturales, actitudes, el grado de exposición a cada medio, el nivel educativo y la complejidad cognitiva, así como la pertenencia a subculturas autónomas o redes de asociación secundaria.

Según los autores, los medios de comunicación están regidos por dos modelos regulatorios con un rol del Estado marcadamente diferente, al igual que el impacto sobre la calidad de la democracia: el modelo de *servicio público* y el *modelo comercial*. La principal distinción es que el servicio de transmisión público es caracterizado por un énfasis sobre las noticias y asuntos públicos, documentales, artes, música y deportes, y las transmisiones en la radio y la televisión comercial se enfocan al entretenimiento fundamentalmente. El modelo de *servicio público* inglés representado por la BBC, ha sido regulado por normas no partidarias, lo que se ha traducido en coberturas políticas imparciales y un acceso equitativo de los diversos partidos políticos. Por su parte el *modelo comercial* norteamericano ha optado por un sistema de transmisión privado, regionalizado y orientado al mercado, caracterizado por el creciente desarrollo de construcciones periodísticas que transportan los elementos focales del evento fuera de contexto al encuadrarlos en diferentes marcos de historias:

news reality frame (Bennet, 2005). El resultante *nuevo marco noticioso* borra la conexión entre la nueva realidad y su original contexto circundante, siendo precursor de un *pseudo event* (Boorstin, citado en Bennet, 2005).

Esta lógica mediática refiere a la difusión de las noticias políticas en formato de entretenimiento, donde la línea entre información seria y el contenido de *infoentretenimiento* es ambiguo (Schulz, Zeh y Quiring, 2005). De acuerdo con Bennet (2005), la construcción de estos *news reality frames* puede ser más fácil que construir historias que puedan ayudar a los electores a distinguir la verdad de lo falso.[84]

Por otro lado, la comunicación electoral es crecientemente dependiente de los medios, los cuales imponen sus formatos y rutinas a los partidos, disminuyendo así su control sobre el contenido y el estilo de los mensajes de las campañas, derivando en altamente personalizados[85] y crecientemente negativos con un alto grado de conflictividad, drama y emoción. Al parecer, la actual tendencia a la desregulación del sistema mediático incentiva el predominio de estos elementos propios de la *"Americanization"* (Plasser and Plasser, citados en Schultz, Zeh y Quiring, 2005; Bennett, 2005; Negrine y Papathanassopoulos, 1996).

Al respecto, Gunther y Mughan (2000: 15) concluyen que el propósito primario de la televisión es divertir más que edificar a las audiencias: al presentar información de forma simplista, no sustantiva, ni histórica ni contextual, contradiciendo la calidad del desempeño de los medios en las democracias, los cuales deben dotar de información

---

[84] Para Bennet, cuando la cultura popular comienza a definir la política y viceversa, el resultado puede ser un alcance compartido de emoción y comprensión humana (2005).

[85] La personalización de la comunicación de la campaña resulta en un incremento de la personalización de las decisiones de votación. La creciente sofisticación política del electorado puede contribuir a este proceso (Dalton citado en Schultz, Zeh y Quiring, 2005: 69).

imparcial sobre los candidatos, programas y políticas al ciudadano, incentivando así la elección informada de este y la acción responsable de los gobernantes.

El carácter del mercado de los medios tendrá, además, implicaciones en los efectos políticos de estos. Es decir, a mayor grado de dependencia de los ciudadanos de un medio particular, mayor será la capacidad de aquel medio de moldear la opinión pública; por el contrario, cuando los ciudadanos tienen diversas fuentes de información para escoger, estos serán menos susceptibles a la influencia potencial de cualquiera de ellos. A pesar de que la estructura de medios y el grado de (im)parcialidad de la cobertura mediática son factores importantes (Boas, 2005), el impacto potencial de los mensajes mediáticos es complejo y contingente, y depende de la interrelación de factores macro-micro en sociedades específicas: algunos factores pueden mejorar la recepción y al mismo tiempo impedir la aceptación.

Por ello, el limitado poder explicativo del modelo de "efectos mínimos", al ignorar las más sutiles manifestaciones del impacto de los medios sobre los individuos, no tomar en consideración características humanas que permiten resistir los esfuerzos de manipulación y mantener las predisposiciones actitudinales iniciales, imposibilita la comprensión del carácter dual de las transformaciones en el sistema de medios y la estructuras de socialización del contexto en que operan estos (Paramio, 2002; Gunther y Mughan, 2000; Hallin y Mancini, 2007). Como acertadamente nos recuerda Paramio (2002), no solo han cambiado las estructuras y dinámicas mediáticas, sino también los mecanismos interpretativos de la información al debilitarse las ideologías y los referentes identitarios de la modernidad.[86]

---

[86] Según Paramio, el balance del caso Lewinsky apunta en una dirección muy opuesta a la de las profecías apocalípticas. "Pese al escandaloso tratamiento de los medios, en 1998 los ciudadanos votaron a los candidatos demócratas,

Para Baker (2001), la prensa y los medios constituyen instituciones centrales de la democracia, pues su diseño debe facilitar el proceso de deliberación sobre los valores elegibles y las concepciones del bien común, e intenta definir los medios de comunicación ideales de las teorías participativas. En primer lugar, la prensa debe proveer a los individuos y grupos organizados con información que les indique cuando sus intereses están en juego; los medios también deben ayudar a movilizar a las personas a participar y promover sus intereses divergentes; y para que la democracia pluralista se desarrolle, la información sobre las demandas populares debe fluir correctamente, es decir, dado el vínculo práctico entre ciudadanos y los definidores de políticas, la prensa debe hacer conscientes a los segundos del contenido y la fuerza de las demandas populares (148-ss). Una democracia compleja requiere entidades mediáticas no segmentadas que apoyen la búsqueda de un acuerdo social general sobre el "bien común".

Resumiendo, la calidad democrática aumenta proporcionalmente a la calidad de sus mecanismos de elección, los cuales rebasan el aspecto meramente procedimental. El acto de elegir se fundamenta de manera importante en la distribución de recursos cognitivos en el electorado; y estos son garantes de sus decisiones informadas, así como del grado de responsabilidad y participación de ambos actores.

Si las campañas electorales producen publicidad y control bidireccional (Martínez i Coma; 2008), es decir, garantizan la información necesaria para la toma de

---

sobre todo porque apoyaban la gestión y las políticas impulsadas por la administración Clinton, y en alguna medida también por el uso interesado del caso Lewinsky por los republicanos. Lo que reveló, por tanto, no solo fue el límite de los criterios secundarios –sobre moralidad privada o carácter– para evaluar una gestión y una trayectoria política, sino también el límite de la capacidad de los medios para imponer una agenda alejada de las percepciones y los intereses de los electores" (2002: 464).

decisiones y la responsabilidad del ejercicio público, su regulación implica comprender el carácter complejo, dual y contingente de la relación entre estructuras políticas, sociales y mediáticas en una determinada sociedad; solo así podrán institucionalizarse sin violar derechos y libertades intrínsecas.

Bibliografía citada

BAKER, C. Edwin (2001): *Media, Markets and Democracy*, Cambridge University Press.

BEETHAM, D. (2005): "Calidad de la democracia: el gobierno de la ley", *Metapolítica*, 8 (39), pp. 89-108.

BENNETT, W.L. (2005, june): "News as Reality TV: election coverage and the democratization of truth", *Critical Studies in Media Communication*, 22 (2), pp. 171-177.

BOAS, T. C., (2005): "Television and Neopopulism in Latin America: Media effects in Brazil and Peru", *Latin America Research Review*, 40 (2), pp. 27-49.

CHALABY, J. K. (1998): "Political Communication in Presidential Regimen in Non-consolidated democracies. A comparative perspective". *Gazzette*, 60 (5), pp. 433-449.

DAHL, R. (2002): *La Poliarquía. Participación y Oposición*, Tecnos, Madrid.

GUNTHER, R. & MUGHAN, A. (2000): *Democracy and Media*, Cambridge University Press.

HALLIN, D. & MANCINI, P. (2007): *Sistemas mediáticos comparados*, Editorial Hacer, Barcelona.

HOLZNER, C. (2007): "Voz y voto: participación política y calidad de la democracia", *Revista América Latina Hoy*, 45, pp. 69-87.

LEVINE, D. H. & MOLINA, J. E. (2007): "La calidad de la democracia en América Latina: una visión comparada", *América Latina Hoy*, 45, pp. 17-46.

MARTÍNEZ i Coma, F. (2008): *¿Por qué importan las campañas electorales?*, Madrid, Centro de Investigaciones Sociológicas.

MORLINO, L. (2005, enero-febrero): "Calidad de la democracia. Notas para su discusión", *Metapolítica*, 8 (39), pp. 37-53.

NEGRINE, R. y PAPATHANASSOPOULOS, S. (1996): "The Americanization of Political Communication. A critique", *Press/Politics* (2), pp. 45-62.

O' DONNELL, G. (2005ª, enero): "Democracia y Estado de Derecho", *Nexos*, pp. 19-27.

O' DONNELL, G. (2005b enero-febrero): "Es una obligación y un derecho criticar nuestras democracias", *Metapolítica*, 8 (39), pp. 55-59.

PARÁS, P. y LÓPEZ, C. (2007, primer semestre): "Auditoria de la democracia: México 2006", *Política y Gobierno*, CIDE, XIV (1), pp. 491-512.

PARAMIO, L. (2002, octubre-diciembre): "Democracia y ciudadanía en el tiempo de los medios audiovisuales", *Desarrollo Económico*, 2 (167), pp. 455-468.

PRICE, M.E., ROZUMILOWICZ, B. y VERHULST, G. (2002): *Media reform: democratizing the media, democratizing the state*, London, New York, Routledge.

PRZEWORSKI, A. (1998, segundo semestre): "El Estado y el ciudadano", *Política y Gobierno*, CIDE, V (2), pp. 341-379.

POWELL Jr., G. B. (2005, enero-febrero): "Calidad de la democracia: reciprocidad y responsabilidad", *Metapolítica*, 8 (39), pp. 77-97.

RODRÍGUEZ ARECHAVALETA, C. M. y MOREIRA, C. (Coordinadores) (2011): *Comunicación política y democratización en Ibero América*, Universidad Iberoamericana de México - CPES Paraguay, Asunción.

SCHMITTER, P., (2005, enero-febrero): "Las virtudes ambiguas de la rendición de cuentas", *Metapolítica*, 8 (39), pp. 61-73.

SCHULZ, W., ZEH, R., y QUIRING, O. (2005):."Voters in a changing media environment. A data-base retrospective on consequences of media chance in Germany", *European Journal of Communication*, 20(1), pp. 55-88.

SCHUMPETER, J., (1983): *Capitalismo, Socialismo y Democracia*. Ediciones Obis, S.A., Vol. I y II.

ZALLER, J. (1992): *The Nature and Origins of Mass Opinion*. Cambridge University Press.

Libertad de expresión y participación ciudadana como déficits de la democracia mexicana (2006-2010)[87] [88]

Jesús Tovar[89]

Introducción

El propósito principal de este capítulo es hacer una evaluación empírica de la dimensión de la *representación* que, a partir de un modelo del teórico de la democracia Robert Dahl, constituye uno de los ejes de la democratización siendo el otro el de la *competitividad*. Hemos integrado a la dimensión de la representación datos que nos reflejan dos de sus componentes: libertad de expresión y la representación ciudadana en el contexto de la política mexicana a partir del año 2000, aunque con especial énfasis en el periodo 2006-2010.

Nos interesa saber en qué medida la libertad de expresión y la participación ciudadana influyen en la evolución de la democracia mexicana. Para Dahl, la *competitividad*, es entendida como la pluralidad de opciones partidarias que quieren acceder al gobierno a través de procesos electorales; y la *representación,* es la forma en que se generan y expresan las preferencias ciudadanas, con el propósito de ser tomadas en cuenta y realizadas por sus representantes (1993: 13-25).

---

[87] El autor agradece la colaboración de la Mtra. Ana Cárdenas González de Cosío en la realización de esta investigación.
[88] Este capítulo se publica de manera simultánea en el número 139 de la *Revista Paraguaya de Sociología* editada por el Centro Paraguayo de Estudios Sociológicos [nota de los editores].
[89] Investigador del Tribunal Electoral del Poder Judicial de la Federación (México).

Ubicamos la libertad de expresión y la participación ciudadana como parte de la dimensión de la *representación*, dado que son las formas por las que los ciudadanos canalizan sus preferencias al ámbito público. En ese sentido, la ampliación de la libertad de expresión y la participación ciudadana es una de las vías que permite la evolución de un régimen político autoritario hacia una democracia o poliarquía, como prefiere denominarlo el propio Dahl (1993: 18).

No obstante, esta evolución democratizadora puede estacionarse únicamente en la apertura hacia la participación ciudadana, empezando con la aprobación del sufragio universal, lo cual se constituiría solo como un tipo de democratización, que Dahl denomina "hegemonía representativa" (Ruta I). Otro tipo se da cuando el régimen autoritario o "hegemonía cerrada" se abre exclusivamente a la competencia partidaria, lo cual es calificado como "oligarquías competitivas" (Ruta II). La realización simultánea de ambas: "competitividad" más "representación" es otra vía hacia una poliarquía (Ruta III), tal como se muestra en la figura 1.

Figura 1
Dimensiones teóricas de la democratización
y rutas democratizadoras

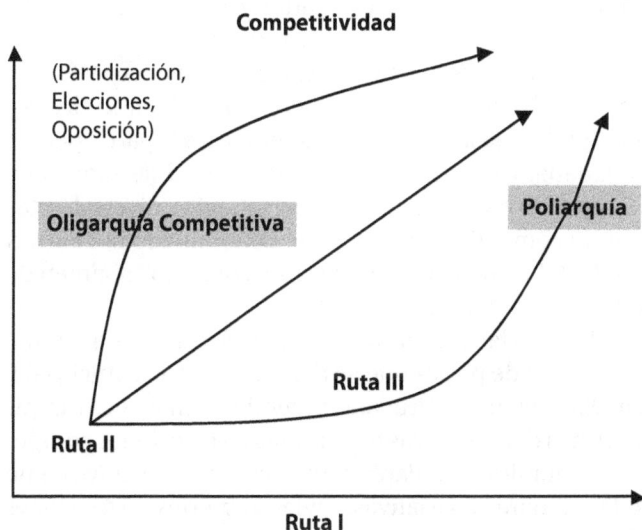

Fuente: Adaptado de Dahl, 1993: 17, 18, 43

De acuerdo a las rutas I, II o III de la democratización podemos clasificar diversas transiciones. Así, tomando como referencia a países europeos, se transita por la ruta I cuando la participación precede a la competitividad, como el caso de Alemania. En cambio, la ruta II, cuando la competitividad precede a la representación, es recorrida por Suecia e Inglaterra. Finalmente la ruta III, que expresa la simultaneidad de ambas, es mejor ejemplificada por Francia (Idem: 42-3).

Cuarenta años después de la propuesta de este modelo por Robert Dahl, publicada por primera vez en 1971, podemos proyectar las transiciones democráticas de América Latina. Así, las democratizaciones de Chile, Argentina y

Uruguay de los años 80 se podrían ubicar en la ruta III, donde se da simultáneamente una conquista de libertades (incluyendo la de expresión) y de participación ciudadana, más el reconocimiento de partidos y elecciones competitivas, a la caída de sus respectivas dictaduras.

Un ejemplo de la ruta I es expresada mejor por México y Brasil donde, previo a la competencia partidaria en elecciones plurales y justas, había una tolerancia a la participación ciudadana, y un cierto margen de libertad de expresión. Aun cuando había elecciones con sufragio universal, estas no eran competitivas; lo cual fue denominado por Sartori (2002: 157), para el caso mexicano, como un "régimen de partido hegemónico".

Por otro lado, encontramos que el tránsito por la ruta II es propio de países que se democratizaron a inicios del siglo XX: Colombia, Uruguay, Argentina, Chile y Perú, cuyas aperturas democráticas expresadas en elecciones competitivas, plurales y regulares, tanto del poder ejecutivo como de las cámaras legislativas, tuvieron fuertes restricciones a las libertades y a la participación ciudadana, surgidas todas de un contexto previo de violencia y guerras civiles. En estas predominaron diversas facciones militares y oligárquicas que se enfrentaban mutuamente hasta que se impuso alguna de ellas, o negociaron una paz de elecciones partidarias con márgenes de participación ciudadanas y libertades muy limitadas (Tovar, 2008).

En las diversas rutas que nos permiten clasificar las transiciones a la democracia, una que empieza como II (oligarquías competitivas) puede complementarse posteriormente con mayores márgenes de participación ciudadana y libertades, acercándose más a la poliarquía. Hoy en día, muy pocos países latinoamericanos (Uruguay, Chile, Costa Rica) se acercan al máximo nivel de una poliarquía, mientras que los demás se ubican en los espacios intermedios de la figura 1, en una combinación que expresa más avances en una dimensión que en otra, es decir, más orientados hacia el eje de la competitividad o al de la representación.

Basados en esas herramientas analíticas, hicimos un diagnóstico comparado de las democracias de dieciocho países latinoamericanos, a través de los indicadores de "Proceso Electoral y Pluralismo" para la dimensión de competitividad y "Libertades Civiles" para la dimensión de representación, del *Democracy Index* de la "Unidad de investigación" del diario *El Economista*. Con esta información pudimos incorporar el modelo de Dahl de la figura 1 y construir la figura 2 (ver infra), la cual nos muestra cómo se ubican los dieciocho países latinoamericanos (incluyendo México) para dos periodos: 2006 y 2010, e identificar las variaciones intertemporales.

Este ejercicio nos permitió reconocer la situación que México tiene en su proyección democrática, y observar los avances y retrocesos que ha tenido en un cuatrienio. En primer lugar, ubicamos a México en una situación intermedia de los países latinoamericanos en ambos periodos. En segundo lugar, observamos que su mayor fortaleza se encuentra en la dimensión de competitividad, lo cual implica partidos fuertes, un sistema de partido institucionalizado, instituciones electorales confiables (sobre todo en el nivel federal) y elecciones regulares y justas. En tercer lugar, los déficits de la democracia mexicana se centran en la dimensión de la representación, lo cual nos orienta a realizar una exploración más precisa de dos elementos de la misma: un diagnóstico de la libertad de expresión y un balance de la participación ciudadana en política.

Los rezagos en ambas nos indican cómo la ruta I de la democratización mexicana antes del 2000 se ha trasladado a la ruta II, sobre todo después del 2006. En otras palabras, México ha pasado de ser una "hegemonía representativa" antes del 2000 y se acerca más a una "oligarquía competitiva" en el 2010. Este cambio de ruta se verá argumentado con mayor precisión en las conclusiones y en la última figura (Nro. 8: La ruta mexicana de la democratización).

Finalmente, el presente capítulo concluye con algunas reflexiones sobre las restricciones empíricas de la libertad de expresión y la participación ciudadana en México. En ese sentido, se proponen posibles causas que las han afectado, ya sea desde una perspectiva temporal inmediata vinculada con los hechos recientes de la coyuntura política, como es la situación actual de inseguridad, o desde una visión de mayor alcance histórico, como es la hipótesis que "[las instituciones] no fueron diseñadas con el objetivo de promover la intervención de la ciudadanía en los asuntos públicos, sino que, por el contrario, fueron más bien pensadas para desalentar dicha participación" (Gargarella, 2002: 93).

1. Marco teórico y hallazgos empíricos

1.1. Poliarquía: herramienta para evaluar el proceso de democratización

Dahl propone el concepto de poliarquía para identificar a los regímenes democráticos, conformado por dos dimensiones analíticas: debate público y participación ciudadana (Dahl, 1993), asumidas por nosotros como competitividad y representación, respectivamente.

La competitividad concierne al ámbito del poder público, donde interactúan gobierno y oposición, y los partidos políticos negocian y compiten por acceder a cargos de autoridad. Competitividad amplia y consolidada implica que exista rivalidad real y medios pacíficos y equitativos para acceder el poder. En contraste, una competitividad restringida o ausente implica que la oposición tiene limitaciones en su desempeño político y pocas o nulas posibilidades reales de conseguir el gobierno. En consecuencia, el poder político se concentra en una sola opción, y la alternancia se hace difícil o imposible.

Asimismo, la competitividad se refleja en la pluralidad de los actores, ya sea en la integración de asambleas parlamentarias e instituciones colegiadas, o en la incidencia de los partidos políticos de la oposición respecto de las decisiones en asuntos públicos. La celebración de elecciones periódicas y transparentes organizadas por instituciones independientes del gobierno, también refleja competitividad.

Por otro lado, altos niveles de representación implica que todos los ciudadanos tienen iguales condiciones para manifestarse y perseguir sus intereses (Dahl, 1993: 14-5). Son condiciones necesarias de la representación, primero, que exista sufragio universal; segundo, que los ciudadanos tengan libertad plena para expresar opiniones e intereses acerca de los asuntos públicos; y, tercero, que los ciudadanos participen activamente en la vida pública través de la discusión y deliberación de los asuntos públicos.

La representación limitada de los intereses de los ciudadanos puede implicar, por un lado, que el grueso de la ciudadanía permanezca ajena a esa discusión y deliberación, pero además que no haya libertades que garanticen esa representación. La protección de libertades es pieza central del régimen democrático pues son indispensables para que exista competencia (Levitsky & Way, 2010: 6 y Tovar, 2009: 82). Por ende, la efectividad y el respeto de las libertades como la de expresión, afiliación y asociación, son condiciones necesarias para que los ciudadanos tengan voz e influencia sobre cuestiones públicas.

En particular, la libertad de expresión es piedra angular de la representación ciudadana, pues garantiza que exista un intercambio de ideas sobre los intereses individuales y compartidos. Las preferencias de los ciudadanos están mejor representadas cuando existe libertad de información y opiniones (Turnpin, 1999). Un debate pleno, público y amplio contribuye a que, por un lado, los actores políticos presenten y divulguen una oferta a los votantes, y, por otro, que los electores puedan conocer las diversas propuestas y elegir una de ellas (Roldán, 2010: 17-9). Por lo tanto, la libertad de expresión contribuye a una mayor comprensión de asuntos de relevancia pública, a conocer y confrontar ideas y propuestas de candidatos y partidos políticos (Carbonell, 2008 y Roldán, 2010).

La libertad de expresión es objeto de límites que protegen otros derechos o valores como los derechos de terceros, el orden público o la seguridad nacional.[90]

En el caso mexicano, se realizó una reforma constitucional con el objeto de proteger la libertad de expresión considerando que no había equidad en la contienda, específicamente en la elección presidencial en el 2006, refiriéndose al rol que los medios de comunicación tuvieron en la misma (Madrazo, 2011: 4; Roldán, 2010: 5-6). Sin embargo, esta reforma tuvo efectos perversos que afectaron al principal valor que pretendían defender: la propia libertad de expresión, al prohibir la participación ciudadana en el debate político en los medios de comunicación.[91]

---

[90]   El artículo 13 de la Convención Americana sobre Derechos Humanos establece que el ejercicio de la libertad de expresión debe respetar los derechos o la reputación de los demás, así como proteger la seguridad nacional, el orden público, la salud o la moral pública. Las constituciones de 18 países latinoamericanos analizados coinciden, en gran parte, en prever como excepción a la libertad de expresión a los derechos de terceros (establecida en el 55.5% de los textos analizados), la moral (presente en el 33.3%), y el orden público (establecido en el 27.7%).

[91]   Si el nuevo texto constitucional efectivamente restringe la libertad de expresión a favor de la equidad, es actualmente objeto de debate, tanto en el plano académico (véase, por ejemplo, Córdova y Salazar, 2009; Madrazo, 2011; Roldán, 2010) como en el jurisdiccional: el Tribunal

En conclusión, son poliárquicos los sistemas en los cuales las fuerzas opositoras tienen posibilidades reales para acceder al poder, y la ciudadanía incide en la discusión y deliberación de los asuntos públicos.

1.2. Selección de indicadores

El *Democracy Index* evalúa el estado de la democracia en 165 estados y dos territorios a través de cinco categorías: proceso electoral y pluralismo; libertades civiles; funcionamiento del gobierno; participación ciudadana y cultura política. Cada categoría está evaluada en una escala del cero al diez. Seleccionamos dos de esas categorías que permiten operacionalizar las dimensiones analíticas de competitividad y de representación que proponemos medir y evaluar, tal como se explica a continuación.

- Competitividad

Seleccionamos la categoría de "Proceso Electoral y Pluralismo" para evaluar la competitividad. Esa categoría está conformada por los siguientes indicadores: elecciones libres y justas de legislaturas, jefes de gobierno y ayuntamientos; voto libre y universal; igualdad de oportunidad en campañas; financiamiento igualitario de partidos políticos; existencia de mecanismos legales postelectorales; libertad de asociación en partidos independientes del gobierno y no gubernamentales y sin interferencias del gobierno; elecciones competitivas, y acceso abierto a los ciudadanos para acceder a cargos públicos.

- Representación

Proponemos medir la representación a través de la categoría de "Libertades Civiles", la cual atiende los siguientes indicadores: existencia de medios electrónicos y medios

---

Electoral del Poder Judicial de la Federación y la Suprema Corte de Justicia de la Nación.

escritos libres, libertad de expresión y de protesta, cobertura amplia de medios, discusión libre, abierta y diversa de asuntos públicos, acceso políticamente restringido a internet, libertad para formar organizaciones profesionales y sindicatos, vías institucionales para solicitar reparación de daños al gobierno, uso de tortura, independencia de la judicatura, tolerancia de credo y de manifestaciones religiosas, y tratamiento igualitario ante la ley.

El primer índice de democracia se conformó en 2006, por lo cual seleccionamos este y el último de 2010, para analizar las variaciones en este periodo.

1.3. Primeros hallazgos

Los resultados de las dimensiones competitividad y representación correspondientes a 2006 y 2010 de los dieciocho países latinoamericanos que analizamos se encuentran en el cuadro 1. Este nos indica algunas características que señalamos a continuación.

Los países que más se destacan de la región en cuanto a su desempeño democrático, en función de las dimensiones estudiadas, son: Uruguay, Chile, Costa Rica, Brasil, Panamá y Colombia. Los peores son Venezuela, Honduras, Nicaragua, Ecuador y Bolivia.

México se encuentra en un lugar intermedio en ambos periodos, sin embargo, ha empeorado su situación en este grupo en el lapso de cuatro años. Pasó del noveno lugar en el 2006 al decimosegundo en el 2010. Bajó tres lugares y es el país de peor *perfomance* en este periodo. Inversamente, el país que mejoró más en el mismo periodo fue Perú, subiendo tres posiciones.

En términos generales, el promedio del desempeño democrático de todo el grupo latinoamericano en estos cuatro años disminuyó en ambas dimensiones.

La figura 2 (ver infra), que elaboramos con los datos del cuadro 1, nos muestra una tendencia mayoritaria en el 2006 de países más inclinados a un mejor funcionamiento en la dimensión competitiva en comparación con los que se inclinan ligeramente hacia la representación: Ecuador, Paraguay y Chile. No obstante, ya para el 2010, todos los países latinoamericanos están ubicados en el cuadrante de la competitividad, lo cual refleja un deterioro de la dimensión representativa, en términos agregados.

Los países más inclinados en el 2010 a la dimensión de competitividad y, por consiguiente, más alejados de la dimensión alterna, son Guatemala y México. Por tanto, son países que se acercan más a lo que Dahl denomina como "oligarquía competitiva".

Cuadro 1
Evaluación de competitividad y participación en América Latina 2006 y 2010

	Países	2006				Países	2010		
		Competi-tividad	Partici-pación	Promedio			Competi-tividad	Partici-pación	Promedio
1	Uruguay	10	9.71	9.86	1	Uruguay	10	10	10.00
2	Chile	9.58	9.71	9.65	2	Chile	9.58	9.41	9.50
3	Brasil	9.58	9.41	9.50	3	Costa Rica	9.58	9.41	9.50
4	Costa Rica	9.58	9.41	9.50	4	Brasil	9.58	9.12	9.35
5	Panamá	9.58	8.82	9.20	5	Panamá	9.58	8.82	9.20
6	Colombia	9.17	9.12	9.15	6	Colombia	9.17	8.82	9.00
7	Rep. Dominicana	9.17	8.24	8.71	7	El Salvador	9.17	8.24	8.71
8	El Salvador	9.17	8.24	8.71	8	Rep. Dominicana	8.75	8.24	8.50
9	México	8.75	8.53	8.64	9	Perú	8.75	8.24	8.50
10	Argentina	8.75	8.24	8.50	10	Argentina	8.75	7.94	8.35
11	Perú	8.75	7.94	8.35	11	Paraguay	8.33	8.24	8.29

12	Paraguay	7.92	8.53	8.23
13	Guatemala	8.75	7.65	8.20
14	Bolivia	8.33	7.65	7.99
15	Ecuador	7.83	7.94	7.89
16	Nicaragua	8.25	7.35	7.80
17	Honduras	8.33	7.06	7.70
18	Venezuela	7	5.88	6.44
	Promedio	**8.81**	**8.30**	**8.55**

12	México	8.75	7.65	8.20
13	Guatemala	8.75	7.35	8.05
14	Ecuador	7.83	7.65	7.74
15	Bolivia	7.92	7.35	7.64
16	Nicaragua	7.42	7.35	7.39
17	Honduras	7.5	6.76	7.13
18	Venezuela	6.17	5.88	6.03
	Promedio	**8.64**	**8.14**	**8.39**

Fuente: Elaboración propia con datos de *Democracy Index* 2006 y 2010.

Figura 2
Países latinoamericanos comparados bajo
el modelo de Dahl 2006 y 2010

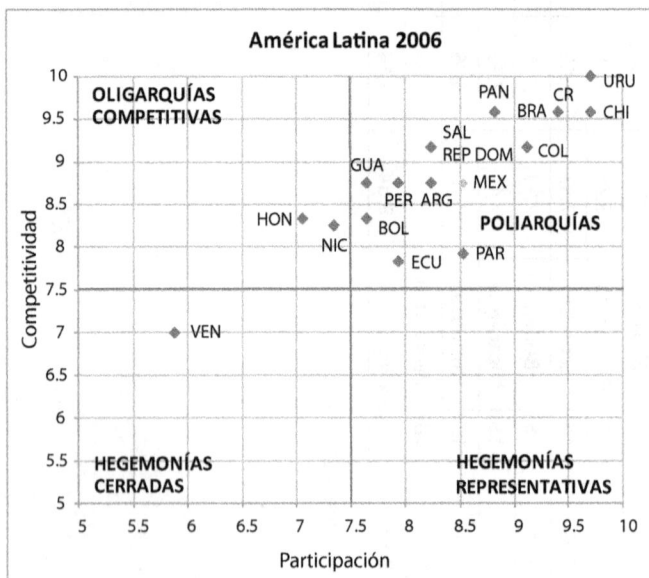

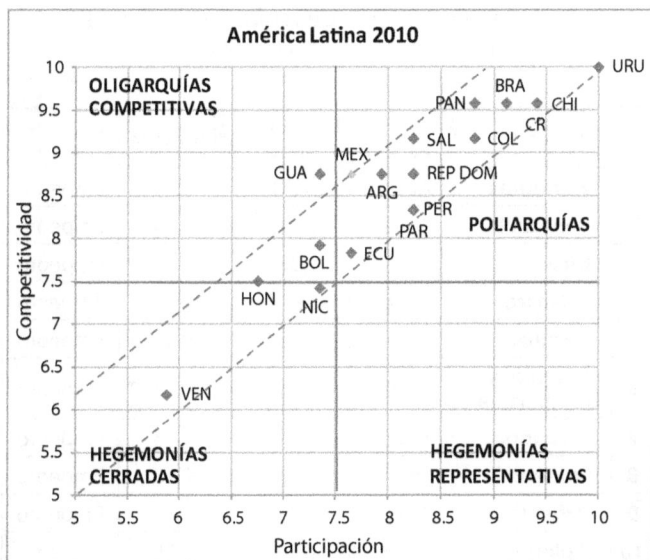

América Latina 2010

(Gráfico con ejes: Competitividad (vertical, de 5 a 10) y Participación (horizontal, de 5 a 10))

Cuadrantes:
- OLIGARQUÍAS COMPETITIVAS
- POLIARQUÍAS
- HEGEMONÍAS CERRADAS
- HEGEMONÍAS REPRESENTATIVAS

Países: URU, BRA, PAN, CHI, CR, SAL, COL, MEX, REP DOM, GUA, ARG, PER, PAR, BOL, ECU, HON, NIC, VEN

Fuente: Elaboración propia con datos de *Democracy Index* 2006 y 2010.

El cuadro 2 nos permite reflejar las variaciones de cada país latinoamericano y de todo el conjunto. Se observa que hubo un mayor número de países (doce) que empeoraron en este periodo, que aquellos países que mejoraron (Paraguay, Uruguay y Perú) y de aquellos que no tuvieron cambios (El Salvador, Panamá y Costa Rica).

Cuadro 2
Avances y retrocesos de regímenes políticos
latinoamericanos 2006 y 2010

	Países	Promedio 2006	Promedio 2010	Variación	
1	Honduras	7.695	7.13	-0.73	Empeoró
2	Venezuela	6.44	6.025	-0.64	Empeoró
3	Nicaragua	7.8	7.385	-0.53	Empeoró
4	México	8.64	8.2	-0.51	Empeoró
5	Bolivia	7.99	7.635	-0.44	Empeoró
6	República Dominicana	8.705	8.495	-0.24	Empeoró
7	Ecuador	7.885	7.74	-0.18	Empeoró
8	Guatemala	8.2	8.05	-0.18	Empeoró
9	Argentina	8.495	8.345	-0.18	Empeoró
10	Colombia	9.145	8.995	-0.16	Empeoró
11	Chile	9.645	9.495	-0.16	Empeoró
12	Brasil	9.495	9.35	-0.15	Empeoró
13	El Salvador	8.705	8.705	0	Sin cambios
14	Panamá	9.2	9.2	0	Sin cambios
15	Costa Rica	9.495	9.495	0	Sin cambios
16	Paraguay	8.225	8.285	0.07	Mejoró
17	Uruguay	9.855	10	0.15	Mejoró
18	Perú	8.345	8.495	0.18	Mejoró
	Promedio	8.55	8.39	-0.19	Empeoró

Fuente: Elaboración propia con datos de *Democracy Index* 2006 y 2010.

El cuadro 3 reitera una constatación anterior, consistente en la variación negativa en ambas dimensiones, de toda la región latinoamericana en promedio. Los países de mayor variación negativa entre los dos periodos en la dimensión de competitividad son Venezuela, en primer lugar, luego Nicaragua y Honduras.

Asimismo, los países de mayor variación negativa en la dimensión de representación entre 2006 y 2010 son México, en primer lugar, luego Honduras, Bolivia, Ecuador y Argentina.

Cuadro 3
Cambios en la competitividad y participación entre el 2006 y 2010

	Países	2006 Competi-tividad	Partici-pación	Prome-dio	Varia-ción
1	Uruguay	10	10	10	0%
2	Brasil	9.58	9.58	9.65	0%
3	Chile	9.58	9.58	9.50	0%
4	Costa Rica	9.58	9.58	9.50	0%
5	Panamá	9.58	9.58	9.20	0%
6	Colombia	9.17	9.17	9.15	0%
7	El Salvador	9.17	9.17	8.71	-5%
8	Rep. Dominicana	9.17	8.75	8.71	0%
9	Argentina	8.75	8.75	8.64	0%
10	Guatemala	8.75	8.75	8.50	0%
11	México	8.75	8.75	8.35	0%

	Países	2010 Competi-tividad	Partici-pación	Prome-dio	Varia-ción
1	Uruguay	9.71	10	9.86	3%
2	Chile	9.71	9.41	9.56	-3%
3	Costa Rica	9.41	9.41	9.41	0%
4	Brasil	9.41	9.12	9.27	-3%
5	Colombia	9.12	8.82	8.97	-3%
6	Panamá	8.82	8.82	8.82	0%
7	Paraguay	8.53	8.24	8.39	-3%
8	El Salvador	8.24	8.24	8.24	0%
9	Rep. Dominicana	8.24	8.24	8.24	0%
10	México	8.53	7.65	8.09	-10%
11	Argentina	8.24	7.94	8.09	-4%

12	Perú	8.75	8.75	8.23	-5%
13	Bolivia	8.33	7.92	8.20	5%
14	Paraguay	7.92	8.33	7.99	-10%
15	Honduras	8.33	7.5	7.89	-10%
16	Nicaragua	8.25	7.42	7.80	-10%
17	Ecuador	7.83	7.83	7.70	0%
18	Venezuela	7	6.17	6.44	-12%
	Promedio	8.81	8.30	8.55	-2%

12	Perú	7.94	8.24	8.09	4%
13	Ecuador	7.94	7.65	7.80	-4%
14	Bolivia	7.65	7.35	7.50	-4%
15	Guatemala	7.65	7.35	7.50	-4%
16	Nicaragua	7.35	7.35	7.35	0%
17	Honduras	7.06	6.76	6.91	-4%
18	Venezuela	5.88	5.88	5.88	0%
	Promedio	8.64	8.14	8.39	-2%

Fuente: Elaboración propia con datos de *Democracy Index* 2006 y 2010.

2. El deterioro de la representación en México

Evaluamos los aspectos de libertad de expresión y participación ciudadana como elementos significativos de la dimensión de la representación para México, en tanto que son derechos que promueven la inclusión e incidencia de los ciudadanos en la vida pública de este país (Fix, 2006; Salazar y Gutiérrez, 2008).[92]

No solo el *Democracy Index* nos muestra la evolución negativa que México ha tenido en la dimensión de representación, la cual incluye la libertad de expresión. Otra fuente de datos sobre democracia coincide que México es uno de los cuatro países latinoamericanos (junto con Honduras, Ecuador y Bolivia) cuya evaluación en libertad de expresión recayó más de siete puntos de 2006 a 2011 (Freedom House 2011-A: 34). Esto significó que en 2006 era considerado como "parcialmente libre", ocupando el lugar 28 dentro de los países americanos, y en 2011, bajó a la categoría de "no libre", ubicado en el lugar 33, solo por arriba de Venezuela y Cuba en América Latina (Freedom House 2006: 3; Freedom House 2011-A: 22).

Asimismo, evaluamos el desempeño de México en cuanto a la participación ciudadana, entendida como los mecanismos, convencionales o no, legales o cuasi legales, que permiten a las personas de manera individual o colectiva, influir en la toma de las decisiones de las autoridades

---

[92] El indicador "libertades civiles" del *Democracy Index,* del cual extrajimos los datos para construir la dimensión de la representación del cuadro 1, contempla otras variables como: tortura, libertad de creencia religiosa e independencia del poder judicial, que no tomamos en cuenta porque no forman parte de nuestros temas de estudio principales en este estudio: libertad de expresión y participación ciudadana. No obstante, el dato que refleja el indicador de libertades civiles se compone de 11 preguntas, donde 8 de las mismas inquieren sobre libertad de expresión y participación ciudadana.

(ejecutivas o legislativas) sobre determinados asuntos públicos.

En este contexto nos concentramos, además, en la pérdida de confianza de los ciudadanos en autoridades e instituciones, así como en la disminución de la participación electoral en las tres últimas elecciones presidenciales, y en la disminución del uso de medios convencionales de participación ciudadana y, alternativamente, en el incremento de los medios no convencionales, lo cual implica un retroceso en la consolidación democrática y que favorece a las oligarquías formales (partidos) y fácticas (sindicatos y grupos de interés).

2.1. Libertad de Expresión

En los párrafos siguientes describimos el problema de la violencia en contra de periodistas y la impunidad de esas agresiones, además la concentración de medios de comunicación, como factores que han afectado a la libertad de expresión. Si bien estos problemas no son en sí mismos una restricción formal y/o legal a la libertad de expresión, han restringido una expresión libre y plural, con lo cual la representación de los intereses ciudadanos resulta disminuida.

2.1.1. Violencia en contra de periodistas

La violencia en contra de periodistas y medios de comunicación en México, y que no ha dejado de escalar, se ha convertido en un tema preocupante desde años recientes (CNDH, 2009). Así, México ocupa el antepenúltimo lugar en América Latina, solo por encima de Honduras y Colombia, respecto de la situación de la libertad de prensa en el continente, considerando las agresiones, los secuestros y asesinatos de periodistas. (*Reporteros sin Fronteras* 2010: 60). Estos ataques en contra de periodistas comprenden: desapariciones, homicidios, amenazas, intimidaciones, detenciones, lesiones corporales, etc. (Artículo 19 y Cencos, 2010: 13).

La Comisión Nacional de Derechos Humanos (CNDH) ha reportado los siguientes datos que dan cuenta de la gravedad de la inseguridad de los periodistas en México y que se exponen en la cuadro 4:

Cuadro 4
Agresiones contra periodistas mexicanos 2000 a 2009

Indicadores	2000	2001	2002	2003	2004	2005	2006	2007	2008	2009	Total
Quejas por agresiones a periodistas registradas	13	21	43	29	43	72	74	84	80	78	537
Homicidios registrados	4	4	3	1	5	4	10	4	10	12	57
Desapariciones registradas	-	-	-	-	-	1	2	3	1	1	8

Fuente: Comunicados de Prensa: CGCP/160/09 del 15/12/ 2009; CGCP/159/10 del 11/06/ 2010 y CGCP/206/10 del 27/07/ 2010, este último citado en el Informe de la CIDH.

Sobresale que de los 65 homicidios y desapariciones registrados en 10 años, 26 homicidios (46%) ocurrieron desde 2007; y 4 desapariciones (50%) durante los últimos tres años. Aunado a este incremento reciente, la falta de respuesta del gobierno para castigar a los responsables es igualmente grave. Considerando únicamente los homicidios, hasta agosto de 2009 solo se había condenado a los responsables de 9 casos (16%), mientras que en los 48 restantes no se había dado sanción alguna a los agresores hasta el 2009 (CNDH, 2009:13).

La respuesta del Gobierno Federal para atender las agresiones contra periodistas, fue la creación de una fiscalía especializada de la Procuraduría General de la República (PGR) en 2006. Para 2010 esa fiscalía no había logrado que se sancionara caso alguno (CIDH, 2011: 67-8).

El clima de impunidad generalizada frente a casos de violencia contra los periodistas, propició la repetición crónica de violaciones de derechos humanos y la indefensión de víctimas (CIDH, 2011: 66-7). Además, derivado de la ineficacia en la investigación y sanción a los responsables, la denuncia de agresiones resulta seriamente desalentada (Misión Internacional, 2008:12). Contribuye a este desaliento la posible colusión de las autoridades con los agresores (Misión Internacional, 2008: 26; Ramírez, 2008).[93]

El contexto de amenazas y hostigamientos se ha convertido en característica regular del ejercicio del periodismo. Como resultado, las condiciones para los medios se han deteriorado al grado de generar una autocensura y alteración significativa de la cobertura, particularmente al momento de dar cuenta de temas de corrupción, delincuencia organizada, narcotráfico y seguridad pública (CIDH, 2011: 7; Freedom House 2011-A: 7; Freedom House 2011-B: 8).

La autocensura, como consecuencia de la escalada de violencia y como medio de autoprotección de periodistas, ha llevado a la generación y difusión de información limitada para la sociedad, lo cual redunda en desconocimiento sobre distintos sucesos entre los ciudadanos e incluso de las propias autoridades (Misión Internacional, 2008: 20; Ramírez, 2008). En entidades donde hay presencia importante del crimen organizado, la autocensura ha alcanzado niveles tan dramáticos que algunos hechos de extrema violencia son solo reportados por la prensa nacional o

---

[93] Los señalados como responsables por las agresiones son, de acuerdo con la Comisión Interamericana de Derechos Humanos (2011), miembros de grupos delictivos y funcionarios públicos de los tres niveles de gobierno, de acuerdo con Cencos y Artículo 19 (2010), y la Misión Internacional (2008).

internacional, en contraste con el silencio de la prensa local. (CIDH, 2011: 60-1).

Además, se han reportado casos en donde grupos delictivos han intentado influir en los contenidos periodísticos, y además han contratado anuncios propagandísticos (CIDH, 2011: 62; Freedom House 2011-A: 7 y Misión Internacional, 2008: 23). A su vez, los propios periodistas han optado por no firmar sus notas o incluso abandonar la profesión (Misión Internacional, 2008: 22; Ramírez, 2008: 51).

De lo anterior, se desprende que los niveles de violencia siguen afectando los contenidos y las formas para ejercer la labor periodística al grado de generar expresiones sesgadas y, a su vez, una sociedad poco informada. Esto último incide en una participación ciudadana restringida por el temor y por el desconocimiento y, como resultado, que sus intereses se encuentren menos representados en la agenda pública.

2.1.2. Concentración de medios

La concentración de medios permite a las difusoras clasificar, censurar, e imponer una sola óptica e interpretación del espacio público, y como consecuencia, inhibe la manifestación de ideas diversas y plurales pero además, limita la decisión libre del público para conocer diversos contenidos y opiniones (Apreza, 2007: 66; CIDH, 2011: 78; Tenorio, 2007: 177-8). En efecto, los pocos medios predominantes generan una barrera casi impenetrable a la entrada de nuevos competidores, con lo que las empresas existentes mantienen un lugar privilegiado en el mercado (Apreza, 2007: 73), y lo cual permite sesgar los temas a tratar y orientan la opinión pública (Tenorio, 2007: 184).

Las concesiones de Televisa y TV Azteca dominan el 75% del mercado de la facturación publicitaria y el 95% del espectro, concesiones que vencen hasta el 2021 (AMARC;

2010: 44). De las 461 estaciones de televisión comercial, el 94% son propiedad de dos compañías, y solo el 6% restante se encuentra disperso en otras empresas. Sucede de forma similar en el ámbito de la radio, ya que pocos grupos retienen la gran mayoría de frecuencias. Así, de las 1.452 estaciones de radio que operan en México, alrededor de un 70% del total de estas son operadas por 10 grupos radiofónicos (AMARC, 2011: 35).

La contratación de publicidad oficial por parte del Gobierno Federal es otra forma de respaldar la concentración en los medios, además de servir como herramienta de censura (Apreza, 2010). En la actualidad, la publicidad oficial es contratada siguiendo únicamente los lineamientos que elabora anualmente la Secretaría de Gobernación (CIDH, 2011; FUNDAR, 2011). Esto implica que la contratación de recursos no es licitada sino asignada con el mayor margen de discrecionalidad por parte de la autoridad.

En consecuencia, la clase gobernante utiliza la vía de la contratación como un mecanismo para premiar a los medios de comunicación con líneas editoriales afines y para castigar a los críticos (Apreza, 2010 y FUNDAR, 2011). Distintos directivos de medios entrevistados por Misión Internacional (2008: 21-2) reportaron haber perdido importantes ingresos cuando las autoridades de manera arbitraria retiran sus anuncios si los clasifican como críticos de la gestión gubernamental (CIDH, 2011: 85).

El gasto oficial en contratación de publicidad se ha multiplicado en casi nueve veces entre el 2005 y 2010; de lo cual se puede deducir la mayor influencia que ha adquirido el Estado sobre los medios que reciben este ingreso, lo cual repercute en la orientación y manejo de la información favorable a la autoridad.

Figura 3
Gasto en comunicación social y publicidad del Gobierno Federal 2005-2010

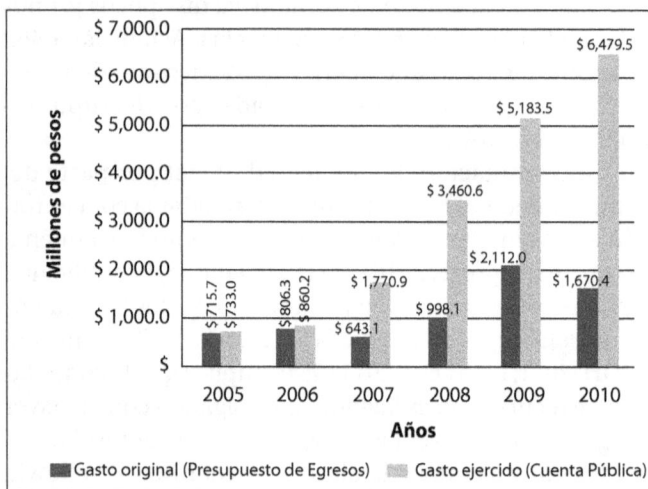

Gasto original (Presupuesto de Egresos) **Gasto ejercido (Cuenta Pública)**

Fuente: FUNDAR, Boletín de prensa del 3 de marzo de 2011. Véase en: http://www.fundar.org.mx/index.html/prensa/comunicados_detalle.php?id_comunica=142

La falta de normatividad clara para definir la contratación de publicidad oficial es un tema presente en la agenda legislativa, pero ha sido congelado en el Congreso pues desde 2002 se han presentado ocho iniciativas que no se han resuelto. En síntesis, la contratación de propaganda oficial deja entrever las distintas fuentes de presión en contra del ejercicio libre y plural de expresión, ya sea por constituir un medio que reafirma la concentración de medios, o bien, por representar una herramienta eficaz de influencia y censura por parte del Estado. Asimismo, las agresiones contra periodistas muestran un panorama que restringe materialmente la labor periodística. Además, la reiterada concentración de medios de comunicación debilita la difusión de ideas y opiniones diversas.

2.2. Participación ciudadana

Paralela y complementariamente a los mecanismos de competitividad que pasan por la dinámica de los partidos, deben existir otros márgenes de libertad para que los ciudadanos tengan vías alternas de participación más allá de lo electoral, de tal forma que los individuos puedan expresar sus preferencias (Diamond y Morlino, 2005:9).

La forma más elemental de participación ciudadana en la política es el sufragio. En ese sentido, observamos que el porcentaje de ciudadanos que acudieron a votar en las tres últimas elecciones presidenciales ha disminuido en 20 puntos porcentuales, tal como se muestra en la figura 4.

Figura 4
Participación en elecciones presidenciales
de México 1994 – 2006 (%)

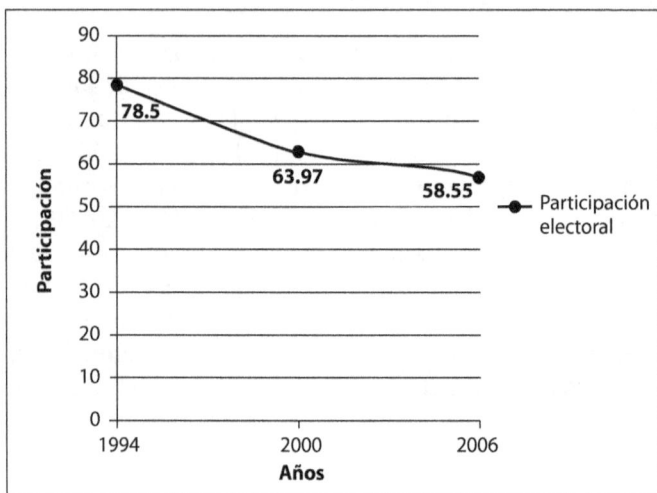

Fuente: IDEA, disponible en: http://www.idea.int/vt/country_view.
cfm?CountryCode=MX

Podemos encontrar diversas formas de participación ciudadana no electoral. El concepto mismo tiene diversas acepciones según distintos autores. Para Verba y Nie (1972), la participación ciudadana se plasman en las actividades que tienen por objetivo ejercer influencia sobre la autoridades para que tomen algún tipo de decisión, de las cuales excluyen actividades de apoyo al gobierno, por un lado, y, en el extremo opuesto, tampoco consideran las no convencionales: manifestaciones ilegales o movimientos revolucionarios.

Una visión más amplia es la de Weiner (1971:164), que asume como participación ciudadana toda acción que use medios legítimos o ilegítimos para influir en las políticas públicas o en la elección de autoridades. Implica cualquier actividad, individual o colectiva, que pretende introducir una reivindicación específica en los asuntos públicos.

Por nuestra parte, hacemos una subdivisión de la participación ciudadana en actividades convencionales (cartas, llamadas a programas de TV o radio, recolección de firmas, asociaciones en comités) y las no convencionales (manifestaciones, huelgas, boicots, ocupación de edificios públicos). A partir de esta clasificación hemos recopilado de diversas fuentes, datos que reflejan la evolución de la participación ciudadana en México en los últimos 30 años, considerando no solamente las actividades, sino también una actitud que resulta relevante: el grado de interés que los ciudadanos tienen en la política.

Cuadro 5
Evolución de diversos tipos de participación
ciudadana no electoral (%)

Actividades de Participación ciudadana	1980	1990	1997	2001	2009
Muy interesado en política	4.1	8.2	9.5	10.9	9.3
Firmar petición	9.7	34.7	28.3	31.4	20.8
Participar en manifestación	8.9	22.0	9.6	14.5	17.2
Participar en huelga	1.9	7.4	5.6	5.3	ND
Participar en boicot	1.3	6.9	8.6	N.D.	N.D.
Participar en ocupación de edificios públicos	1.6	5.2	4.2	2.4	10.4

Fuente: *World Values Survey* 1980, 1990, 1995-1997; ENCUP 2001, citados por Somuano, 2005.El interés en la política del 2009 proviene de la ENCUP 2008, y en el mismo rubro el dato del 2009, es de Somuano y Ortega, 2009.

El cuadro 5 nos indica que en los primeros años de la democratización (1980-2001), los mexicanos han ido incrementando su interés por la política. Sin embargo, este interés se ha visto estancado y disminuido a partir del nuevo siglo.

Observamos otras dos claras tendencias en cuanto a las actividades de la participación. En primer lugar, la firma de peticiones disminuyó notablemente en la última década, aun cuando se incrementó inicialmente durante la fase de la transición democrática (1990-2001). La firma de peticiones dirigidas a alguna autoridad gubernamental es la actividad más recurrente en cualquier democracia; no obstante, el porcentaje más reciente registrado en México (20.8%) es mucho menor a casos como Gran Bretaña (81.3%), Brasil (74.6%), y Estados Unidos (63.3%), tal como constata *World Values Survey* 2005-2008.

Por otro lado, vemos que las actividades de participación no convencional, manifestaciones, huelgas, boicots y ocupación de edificios públicos, se ha incrementado paulatinamente en las últimas dos décadas, aun cuando no se dispongan de datos de algunas de estas actividades en los años recientes.

Un posible marco explicativo es la disminución de la eficiencia de la participación convencional en cuanto la satisfacción de demandas por parte de las autoridades, por lo que ciertos grupos de ciudadanos recurren a medidas más radicales para obtener solución a sus reivindicaciones.

Esta tendencia contradice una observación extendida respecto de los procesos de democratización, la cual indica que durante los procesos de transición democrática, los ciudadanos enfatizan sus reclamos por vías no convencionales, mientras que una vez alcanzada la democracia se tiende a la desmovilización y al incremento de medios convencionales en la participación ciudadana, ya que los anteriores van perdiendo legitimidad frente a un gobierno electo (Hipsher, 1996).

México resulta ser una excepción a esta orientación, ya que conforme ha pasado una década de gobiernos democráticos, los espacios convencionales de participación ciudadana han ido disminuyendo, y los movimientos sociales han enfatizado otras vías para insertar sus demandas en el Estado. Este fenómeno, según Morlino (2005) y Holzner (2007), resulta contraproducente con la calidad democrática, ya que la participación ciudadana requiere de actores que propongan o demanden bajo vías institucionales.

Uno de los problemas de esta involución es la generación de inequidades en la participación. En principio, se pretende que la participación esté ligada a la equidad: "La participación extensiva requiere de que el estado de derecho defienda el derecho y la habilidad de grupos sociales en desventaja a que participen completamente" (Diamond y Morlino, 2005: 17). Así, las democracias requieren de mecanismos de participación en las que los grupos desfavorecidos se vean representados en las instituciones estatales, ejemplo de tales medidas son las *affirmative actions* en los Estados Unidos, donde grupos minoritarios y sujetos históricamente a la discriminación obtienen trato preferencial ya sea en la obtención de un empleo o en la asignación de becas de estudio.

En ese mismo sentido Dahl (1989: 109-15) y Holzner (2007: 71) proponen que las democracias deben proporcionar a todos los ciudadanos oportunidades iguales para expresar sus preferencias y para incidir en las agendas públicas de los gobiernos. Sin embargo, el caso mexicano viene mostrando que solo unos pocos grupos han logrado participar políticamente y preferentemente bajo medios no convencionales, mientras que una mayoría de ciudadanos no tienen mecanismos de agregación y asociación, y, por lo tanto, tampoco acceden a estos canales de expresión y reivindicación.

En términos históricos, la desigualdad en la participación ciudadana en el ámbito político se ha manifestado en la esfera económica y social. O'Donnell (2007: 232) señala: "Debemos recordar que los Estados y el capitalismo generaron mercados territorialmente delimitados, con lo que también contribuyeron a generar una densa trama de derechos subjetivos, al omitir las condiciones efectivas de sus ejercicio y excluir otros derechos, avaló y contribuyó a reproducir relaciones sumamente desiguales entre los capitalistas y los trabajadores".

Originariamente, las desigualdades económicas o también llamadas estructurales, fueron compensadas por la acción colectiva de los menos favorecidos a través de su asociatividad (partidos socialdemócratas o comunistas y sindicatos). No obstante, la evolución de estas organizaciones privilegió más a los líderes (Michels, 1998), y más recientemente, una gran mayoría de los ciudadanos no logra acceder a estas formas asociativas que gozan de un reconocimiento estatal y, en consecuencia, carecen de canales específicos de interlocución e influencia pública.

Por lo tanto, si la participación ciudadana era una de las vías para que los ciudadanos contrarrestaran un acaparamiento de los procesos políticos por parte de los partidos[94]; en México, este proceso incorpora otra restricción: la expropiación de la participación ciudadana en manos de una minoría organizada que utiliza los medios contenciosos y no convencionales para hacer predominar exclusivamente sus intereses y prerrogativas.

---

[94] La desvinculación de los partidos respecto de los intereses ciudadanos y por tanto la pérdida del sentido de la representación es denominada por Coppedge (1994) como "partidocracia", categoría ya usada anteriormente por Sartori (2002) y que es equivalente a la que hemos adoptado de Dahl: "oligarquías competitivas".

En consecuencia, la participación ciudadana conten-
ciosa y no convencional viene encubriendo una situación
desigual entre los que tienen capacidad organizativa y mo-
vilizadora para apropiarse de los mecanismos de presión
de "abajo hacia arriba" versus la mayoría ciudadana no
organizada. En ese sentido, los extremistas y/o sindicalizados
resultan sobre representados, ya que utilizan los canales de la
participación a través de acciones disruptivas para lograr que
sus demandas se atiendan más rápidamente (Fiorina, 1999).

Ya sea por la ineficacia de los mecanismos convencionales de participación ciudadana, como por la apropiación
excluyente de los medios no convencionales de participación por determinados grupos organizados, se desprende
una consecuencia que abona a la baja participación: la
pérdida de interés, credibilidad y disponibilidad de participar en política por parte de los propios ciudadanos.

En efecto, el interés en la política muestra la disposición de las personas hacia los asuntos públicos. En ese
sentido, el interés de los ciudadanos también indica su
nivel de involucramiento y su disposición a participar en
asuntos públicos. En consecuencia, un bajo nivel de interés
se puede relacionar con ciudadanos poco participativos y
alejados de la política.

El cuadro 6 nos muestra resultados que miden un
interés decreciente de los mexicanos en la política (aun
cuando haya aumentado entre el 2003 y el 2005), la percepción sobre la alta complejidad de la política, así como
una ciudadanía poco convencida de sus partidos y representantes. Elementos que consideramos relevantes
para explicar el bajo grado de participación que hemos
constatado anteriormente.

Cuadro 6
Diversas percepciones de mexicanos en cuanto la política y los políticos.

Percepciones de mexicanos	2001	2003	2005	2008
Lo que los ciudadanos hacen cuando la gente empieza a hablar de política	52	64	62	48
Percepción de los ciudadanos sobre la alta complejidad de la política	56	65	65	52
Percepción de los ciudadanos sobre la poca necesidad de los partidos políticos	40	48	55	64

Fuente: ENCUP 2001, 2003, 2005 y 2008.

Otros dato complementario de la mala opinión de los mexicanos respecto de sus gobernantes es que el 62.3% de los ciudadanos en 2008 opinaron que estos no atienden las preocupaciones de sus representados. Lo relevante en la figura 5 es que la tendencia de un desinterés de los legisladores por sus representados se ha manifestado notablemente desde 2001.

Figura 5
Lo que los ciudadanos generalmente hacen
cuando la gente empieza a hablar de política

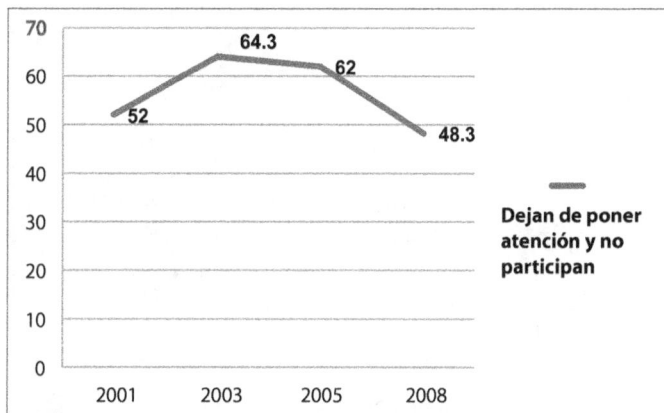

Fuente: ENCUP 2001, 2003, 2005 y 2008.

Asimismo, la figura 6 arroja que la mayoría de los entrevistados en 2008 (50.3%) consideraron que los diputados y senadores solo piensan en sí mismos al momento de elaborar las leyes, luego en sus propios partidos (23%), y al final en los intereses de la población (11.4%).

Figura 6
Percepción de los ciudadanos sobre lo que los diputados
y senadores toman en cuenta al elaborar leyes

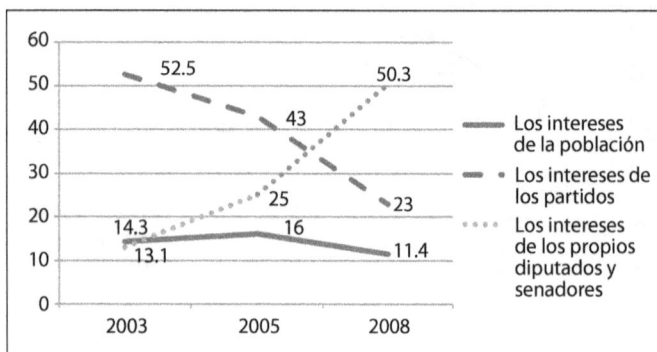

Figura 6. Percepción de los ciudadanos sobre lo que los diputados y senadores toman en cuenta al elaborar leyes.

Fuente: ENCUP 2003, 2005 y 2008.

Asociado a las figuras anteriores podemos constatar la desconfianza de los ciudadanos respecto de los políticos y los partidos como se muestra en la figura 7, que muestra que las instituciones de mayor desprestigio son los diputados, los senadores, la policía y en último lugar los partidos políticos.

Figura 7
Confianza ciudadana en las instituciones
del Estado mexicano

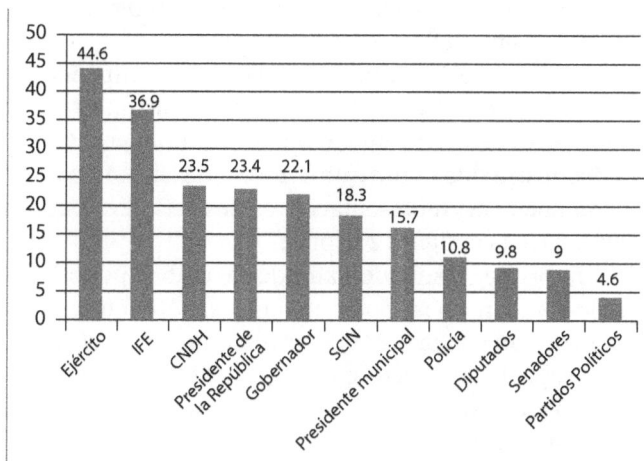

Fuente: ENCUP, 2008.

Conclusiones

Adaptamos el modelo de Dahl para introducir la libertad de expresión y la participación ciudadana en una de las dos dimensiones que propone como constitutivas de la poliarquía: la representatividad. Esta supone cuestiones relacionadas al cumplimiento de libertades civiles, incluyendo la libertad de expresión, y de incidencia de los ciudadanos en la deliberación y definición de la agenda pública a través de la participación.

La otra dimensión complementaria es la competitividad, la cual comprende los procesos electorales democráticos, tales como la celebración de comicios libres y la existencia de condiciones equitativas para competir para los cargos ejecutivos de gobierno o de representación en las cámaras legislativas o, posteriormente a ello, la interacción entre el gobierno y la oposición. Este es el ámbito propio de los partidos políticos y la relación de competencia que establecen entre ellos: el sistema de partidos.

A partir de introducir información empírica del *Democracy Index,* elaboramos una ubicación gráfica y cuantitativa de los dieciocho regímenes políticos latinoamericanos en una figura que comprende las dimensiones de competencia y representación en dos periodos distintos: 2006 y 2010 (Ver figura 2 supra).

Un primer resultado extraído de ambos periodos es que la democracia latinoamericana del 2010 retrocede en comparación con la del 2006, tal como se ve en el cuadro 2 (ver supra). Los únicos países que siguieron avanzando fueron Paraguay, Uruguay y Perú. Por otro lado, se puede observar que el debilitamiento fue en ambas dimensiones en proporciones similares. No obstante, el mayor retroceso se tuvo ligeramente en la dimensión de representación, donde se afectaron negativamente diez países, de los cuales México fue el peor.

Cabe destacar que si en el 2006 México se encontraba en el lugar noveno en la lista de las democracias latinoamericanas, en el 2010 descendió al decimosegundo puesto de ese mismo grupo.

Por tanto, podemos configurar una ruta mexicana de la democratización en el esquema que propone Dahl. Antes de la alternancia en el poder ejecutivo en el 2000, México había reconocido ciertas libertades civiles y políticas, así como procesos electorales aunque sin equidad ni justicia electoral, lo cual para la últimas décadas del siglo XX lo acercaba más a la dimensión de la representación o de "hegemonías representativas"; pero a partir del 2000 podemos ver un notable avance en la dimensión de la competitividad con procesos electorales libres y justos e instituciones arbitrales autónomas. Sin embargo, a partir del 2006 acontece un repliegue en la dimensión de la representación, tal como se ha argumentado en este artículo. Este derrotero lo hemos plasmado en la figura 8.

En síntesis, a pesar de que México se mantuvo estancado en su condición competitiva entre 2006 a 2010, su deterioro de la dimensión representativa lo acerca actualmente más a la condición de la "oligarquía competitiva" que se asocia con la dimensión de representación. Paradójicamente, esta misma dimensión fue la ruta de avance hacia la democratización antes del 2000, y fue la misma que retrocedió a partir del 2006.

Figura 8
Ruta Mexicana de la Democratización

Fuente: Elaboración propia adaptando el modelo de Dahl, 1993: 17, 18, 43.

Luego de ubicar a la democracia mexicana en el contexto latinoamericano, tratamos de precisar cuáles eran los factores que contribuyeron al retroceso de la dimensión de la representación, concentrándonos específicamente en la libertad de expresión y la participación ciudadana.

El primer elemento que ha incidido en limitar la libertad de expresión consiste en la violencia en contra de periodistas y medios de comunicación. Ante la falta de respuesta del gobierno para castigar a los agresores, la labor periodística ha tendido a la autocensura, como mecanismo de autoprotección. El clima de inseguridad y de hostigamiento en el ámbito periodístico ha generado que cierta información no sea objeto de cobertura ni difusión, con lo cual se ha abonado no solo a una expresión acotada sino también a una injerencia en los contenidos por parte de grupos delictivos o del propio gobierno.

La concentración de medios de comunicación es otro factor que impide fortalecer la deliberación pública, en tanto limita las posibilidades para difundir ideas y opiniones diversas. Las pocas empresas propietarias pueden imponer limitadas lecturas de los sucesos públicos, así como determinar cuáles son los relevantes y cuáles deben formar parte de la agenda pública. Por otra parte, el Gobierno Federal cuenta con la contratación de publicidad oficial como herramienta para influir en los contenidos que se divulgan, en tanto que no hay regulación oficial de la disposición de estos recursos y, en consecuencia, es manejada de manera discrecional y poco transparente, y sirve al gobierno para favorecer a los medios que expresan contenidos afines y sancionar a aquellos que lo critican.

En forma paralela, la participación ciudadana ha recurrido, cada vez más, a medios no convencionales ante la falta de receptividad de las demandas sociales en la agenda pública por vías más tradicionales. Estas formas cuasi ilegales de participación solo son utilizadas por agrupaciones organizadas que hacen de este medio una vía efectiva para exigir sus reivindicaciones frente a las autoridades. Este tipo de participación, a su vez, se convierte en un medio excluyente de otros ciudadanos imposibilitados para recurrir a las mismas vías por falta de recursos y experiencia, quienes apelan a métodos más directos y violentos, y, por tanto, desplazados de la atención de las autoridades.

De lo anterior se tiene que en un plazo relativamente corto de cuatro años (del 2006 al 2010), se ha debilitado enormemente la representación de los ciudadanos en el ámbito político, tanto a través de la libertad de expresión, como de las distintas acciones pacíficas realizadas para influir en las políticas públicas. Como consecuencia, la agenda pública y la toma de decisiones se ha concentrado en las élites políticas, que Dahl denomina "oligarquías competitivas", las cuales carecen de mecanismos de rendición de cuentas hacia los ciudadanos por el diseño constitucional originario: no reelección, prohibición de candidaturas independientes o ausencia de mecanismos de control de los servidores públicos.

Además de estas limitaciones, la participación ciudadana experimenta también un retroceso que no se puede atribuir exclusivamente a las leyes, sino a un "desencanto" de los ciudadanos con la democracia que teóricamente les "abre las puertas" para que puedan influir en la agenda pública. Sin embargo, ante la inefectividad de estos nuevos "derechos", los ciudadanos se desinteresan por la política, le otorgan poca legitimidad a sus autoridades y, finalmente, se retraen de la actividad política. Son los grupos de interés, como los sindicatos, los que se apropian de ese espacio ciudadano y logran introducir sus preferencias en el gobierno, a través de medios de presión directos y violentos, generando nuevas "oligarquías sociales" complementadas y vinculadas con las políticas.

En conclusión, la democracia mexicana, vista desde la libertad de expresión y la participación ciudadana, y bajo una perspectiva *dahliana* de dos dimensiones: competitividad y representación, resulta inclinada hacia el cuadrante de las "oligarquías competitivas" en el 2010, o también denominadas "partidocracias", lo cual no se ha modificado para el 2011. Por lo tanto, estamos frente a un proceso de democratización que avanzó desigualmente en distintos periodos y con inclinaciones diversas en las dimensiones propuestas; y que en el periodo 2006 al 2010 se ha estancado en la competitividad y retrocedido en la representación. Lo cual nos configura un énfasis hacia una "democracia electoral", y con falta aun de condiciones para acercarse a una "democracia de ciudadanos" o poliarquía.

Bibliografía citada

ACUERDO PARA LA COBERTURA INFORMATIVA DE LA VIOLENCIA (ACIV), (24 de marzo de 2011), disponible en: http://www.mexicodeacuerdo.org/.

AMARC (2010), Informe Anual 2009, *Diversidad y Pluralismo en la Radiodifusión*. AMARC.

AMARC (2011), Informe Anual 2010, *Diversidad y Pluralismo en la Radiodifusión*, AMARC.

APREZA SALGADO, Socorro (2007): "Concentración de Medios de Comunicación *versus* Pluralismo Informativo", en Rudolf Huber y Ernesto Villanueva, *Reforma de medios electrónicos. ¿Avances o retrocesos?* México, IIJ.

APREZA SALGADO, Socorro (2010), "La Regulación de la Publicidad Oficial y las Medidas Anticoncentración de Medios de Comunicación: otro Nudo Gordiano del Pluralismo Informativo en México", *Revista de la Facultad de Derecho de México*, número 254, sección de Artículos, México, IIJ.

ARTÍCULO 19 y CENCOS (2010): *Agresiones contra la libertad de expresión en México*, México, Article 19 y CENCOS.

ASENCIO, Víctor Hugo (2011): "¿Cuándo decidirá la Corte?", consulta realizada el 6 de Julio de 2011, http://insyde.org.mx/blog/blogs/blog4.php/2011/07/04/icuando-decidira-la-corte?

CARBONELL, Miguel (2008): *La libertad de expresión en materia electoral*. México, TEPJF.

CÓRDOVA VIANELLO, Lorenzo y Pedro SALAZAR UGARTE, (coords.) (2009): *Una democracia sin garantes*, México: IIJ.

CIDH (2011): *Informe Especial sobre la Libertad de Expresión en México 2010*, Washington, OEA.

CNDH (2009): *Recomendación General 17 Sobre los casos de agresiones a periodistas y la impunidad prevaleciente*, México: CNDH.

CNDH (2009): *Comunicado de Prensa CGCP/160/09,* (15 de diciembre), México, CNDH.

CNDH (2010): *Comunicado de Prensa CGCP/159/10,* (11 de junio), México, CNDH.

CNDH (2010): *Comunicado de Prensa CGCP/206/10,* (27 de julio), México, CNDH.

CONVENCIÓN AMERICANA SOBRE DERECHOS HUMANOS, disponible en: http://www.oas.org/juridico/spanish/tratados/b-32.html

COPPEDGE, Michael (1994): *Strong Parties and Lame Ducks: Presidential Partyarchy and Factionalism in Venezuela,* Stanford, Stanford University Press.

DAHL, Robert. A (1989): *La democracia y sus críticos,* Barcelona, Paidós.

DAHL, Robert. A (1993): *La poliarquía,* México: REI-México.

DE LA MORA MAURER, Diego (6 de Julio de 2011): "Por el derecho a conocer nuestros derechos", recuperado de *Animal Político:* http://www.animal-politico.com/blogueros-res-publica/2011/07/06/por-el-derecho-a-conocer-nuestros-derechos.

ECONOMIST INTELLIGENCE UNIT (2006): *Democracy Index 2006,* London, EIU.

ECONOMIST INTELLIGENCE UNIT (2010): *Democracy Index 2010,* London, EIU.

DIAMOND Larry y Leonardo MORLINO (2005): *Assessing the Quality of Democracy,* Baltimore: Johns Hopkins University Press.

DUPUY, Justine (6 de Julio de 2011): "¿Cómo debe otorgarse la publicidad gubernamental? Sobre el caso La Voladora", recuperado de *Nexos en línea:* http://eljuegodelacorte.nexos.com.mx/?p=1297.

ENCUP (2001): México: Secretaría de Gobernación, disponible en: http://www.encup.gob.mx/es/Encup/Primera_ENCUP_2001.

ENCUP (2003): México: Secretaría de Gobernación, dis-
    ponible en: http://www.encup.gob.mx/es/Encup/
    Segunda_ENCUP_2003.

ENCUP (2005): México: Secretaría de Gobernación, dis-
    ponible en: http://www.encup.gob.mx/es/Encup/
    Tercera_ENCUP_2005.

ENCUP (2008): México: Secretaría de Gobernación, dis-
    ponible en: http://www.encup.gob.mx/es/Encup/
    Cuarta_ENCUP_2008.

FIORINA, Morris (1999): "A Dark Side of Civic Engagement",
    en Theda Skocpol y Morris Fiorina (eds.), *Civic
    Engagement in American Democracy*, Washington,
    DC, Brookings/Russell Sage Foundation.

FIX FIERRO, Héctor (2006): *Los derechos políticos de los
    mexicanos*, México, IIJ.

FREEDOM HOUSE (2006): Freedom of the Press 2006.
    Disponible en: http://www.freedomhouse.org/up-
    loads/Chart90File148.pdf.

FREEDOM HOUSE (2011-a): Freedom of the Press 2011.
    Washington D.C., Freedom House.

FREEDOM HOUSE (2011-b): Freedom of the World 2011.
    Washington D.C., Freedom House.

FUNDAR (2011): *Boletín de prensa núm. 2011-03-30*,
    México, FUNDAR.

GARGARELLA, Roberto (2002): *Crisis de la Representación
    Política*, México, Fontamara.

HIPSHER, Patricia L, (1996): "Democratization and the
    Decline of Urban Social Movements in Chile and Spain",
    en *Comparative Politics*, vol. 28, N° 3.

HOLZNER A. Claudio, (2007): "Voz y Voto: Participación políti-
    ca y calidad de la democracia en México", *América Latina
    Hoy*, abril, N° 45, España, Universidad de Salamanca.

IDEA, (20 de julio de 2011): *Voter turnout data for Mexico*,
    disponible en: http://www.idea.int/vt/country_view.
    cfm?CountryCode=MX.

MADRAZO LAJOUS, Alejandro (2011): *Libertad de expresión y equidad: la reforma electoral del 2007 ante el Tribunal Electoral*, México, TEPJF.

MISIÓN Internacional (2008): *Libertad de Prensa en México: La Sombra de la Impunidad y la Violencia*, Dinamarca, Organizaciones colaboradoras.

MICHELS, Robert (1998): *Los Partidos Políticos 1: Un estudio sociológico de las tendencias oligárquicas de la democracia moderna*, Buenos Aires, Amorrortu Editores.

MORLINO, Leonardo (2005): *Democracia y Democratizaciones*, México, Ediciones Cepcom.

LATINOBARÓMETRO (2010): *Informe 2010*, Santiago de Chile, Latinobarómetro.

LEVITSKY, Steven, & Lucan A. WAY (2010): *Competitive Authoritarianism: Hybrid Regimes After the Cold War (Problems of International Politics)*, Cambridge, Cambridge University Press.

O´DONNELL, Guillermo (2007): *Teoría democrática y política comparada en Disonancias. Críticas democráticas a la democracia*, Buenos Aires, Prometeo.

RAMÍREZ SALAZAR, Darío (2008): "La libertad de expresión en México amenazada por las agresiones a periodistas y la concentración de medios", *El Cotidiano*, México, UAM.

REPORTEROS SIN FRONTERAS (2010). *Informe Anual 2010*. Madrid, Reporteros sin Fronteras.

ROLDÁN XOPA, José (2010): *Libertad de Expresión y Equidad*. México, ITAM.

SALAZAR UGARTe, Pedro y Rodrigo GUTIÉRREZ RIVAS (2008): *El derecho a la libertad de expresión frente al derecho a la no discriminación*, México, IIJ y UNAM.

SARTORI, Giovanni (2002): *Partidos y Sistemas de Partidos*, Madrid, Alianza Editorial.

SOMUANO VENTURA, Ma. Fernanda (2005): "Más allá del voto, Modelos de Participación Política No Electoral en México". Foro Internacional, Vol. XLV, Nº 1, enero-marzo, 2005, México, El Colegio de México.

SOMUANO Ventura, y Reynaldo Ortega (2009): "Capital Social y Política Electoral y No Electoral en México", III Congreso Latinoamericano de Opinión Pública, Querétaro. México.

TENORIO CUETO, Guillermo (2007): "La concentración de las empresas informativas y la libertad de expresión: la censura disfrazada" en Guillermo Tenorio Cueto *La libertad de expresión y sus fronteras contemporáneas*, México, Porrúa y Universidad Panamericana.

TOVAR, Jesús (2008): "La primera ola democrática en América Latina" en Julio Labastida Martín del Campo, Miguel Armando López Leyva, et al, *La Democracia en perspectiva: consideraciones teóricas y análisis de casos*, México, IIS y UNAM.

TOVAR, Jesús (2009): "Las primeras democracias en Hispanoamérica" en *Política y Gobierno*, Vol. XVI, Nº 1, primer semestre de 2009, México, CIDE.

TURNPIN, Colin (1999): *British Government and the Constitution*, London, Ed. Butterworths.

VERBA Sydney y Norman NIE (1972): *Participation in America*, Nueva York, Harper & Row.

WEINER, Myron (1971): "Political Participation: Crisis of the Political Process", en Leonard Binder, James S. Coleman et al., *Crisis and Sequences in Political Development*, Princeton, Princeton University Press.

CALIDAD DEMOCRÁTICA ENTRE LÍDERES Y PARTIDOS[95]

Leonardo Morlino[96]

El presente trabajo intenta reflexionar sobre la influencia que los partidos y sus líderes ejercen, y podrían ejercer, sobre la calidad de los regímenes democráticos. Dejando de un lado otros aspectos, aquí la reflexión se focaliza específicamente sobre la posibilidad de mejorar la participación de la sociedad civil a través de una transformación de los mismos partidos, que surja al interior de sus foros internos deliberativos, tanto centralizados como locales. En consecuencia, el trabajo está dividido en dos partes: la primera sobre qué es calidad democrática y cuáles son las condiciones de su desarrollo, tomando en cuenta los resultados de la investigaciones sobre diferentes aspectos; y, en la segunda, se discute el potencial papel de los partidos y cómo es posible a través de ellos desarrollar una mejor calidad de la democracia.

Algunas definiciones para comenzar

Un análisis de la calidad de la democracia o bien un control empírico de qué tan *"buena"* sea una democracia no puede sino partir de las definiciones de democracia y de calidad. La definición mínima de democracia refiere a los regímenes políticos que tienen al menos: sufragio universal, masculino y femenino; elecciones libres, competitivas,

---

[95] Este capítulo se publica de manera simultánea en el número 139 de la *Revista Paraguaya de Sociología* editada por el Centro Paraguayo de Estudios Sociológicos [nota de los editores].
[96] Profesor e Investigador de la Universidad Luiss, Italia.

recurrentes, correctas; más de un partido; y diversas y alternativas fuentes de información. En el ámbito de las democracias que están por encima de ese umbral mínimo, será necesario, entonces, verificar empíricamente cuánto de ese trayecto se ha cumplido o pueda cumplirse para la realización más plena de los dos objetivos centrales de una democracia ideal: libertad e igualdad (véase Morlino, 2003, apartado 2.2). Por lo tanto, el punto es fijar las dimensiones que estructuran el espacio analítico que nos transporta hacia una democracia ideal.

Respecto de la noción de "calidad", si se reconstruye el uso que se hace comúnmente de la expresión en el mundo industrial y del marketing, emergen con claridad tres modos en los cuales se la puede connotar: 1. la calidad se define por los aspectos procedimentales fijados cuidadosamente para cada producto, es decir, en el seguimiento de los procesos constructivos precisos y controlados por tiempos y métodos; por lo que el énfasis está en los procedimientos; 2. la calidad consiste en contar con un producto que tenga ciertas características estructurales, que esté hecho de ciertos materiales, que tenga forma y funcionamiento definidos, junto con otros aspectos del producto precisados a detalle: entonces, se presta atención al contenido; 3. la calidad del producto o del servicio se deriva indirectamente de la satisfacción expresada por el consumidor, incluso en volver a requerir nuevamente el producto o el servicio; es decir que la calidad se concentra exclusivamente en el resultado.

Por lo tanto, las tres diversas razones de calidad se formulan en relación con los *procedimientos*, el *contenido* y el *resultado*. Con estas premisas el resto del capítulo ilustrará las dimensiones relevantes de la calidad democrática y cómo estas pueden ser relevantes para los partidos, los líderes partidarios que estos comprenden, potenciales actores-protagonistas importantes de la calidad o de su subversión.

Las dimensiones de la calidad

Se sugiere considerar que *una buena democracia, o bien una democracia de calidad, es aquel orden institucional estable que a través de instituciones y mecanismos adecuadamente funcionales permite la realización de la libertad y la igualdad de los ciudadanos.* Por lo tanto, una buena democracia es, antes que nada, un régimen ampliamente legitimado y, por ello, estable, del cual los ciudadanos están plenamente satisfechos (*calidad en relación con el resultado*): solo por un conjunto de instituciones que goza del pleno apoyo de la sociedad civil de referencia es posible pensar en una hipótesis sobre un avance ulterior de la realización de valores propios del régimen. Sin embargo, si las instituciones son aún poco sólidas, las energías y objetivos serán absorbidos por la necesidad de su consolidación o mantenimiento (véase Morlino, 2003, capítulo 6) y con ello, superar tan solo el umbral mínimo democrático se convierte en un esfuerzo considerable.

Asimismo, una buena democracia es aquella en que sus ciudadanos, y las asociaciones y las comunidades que integran, gozan de una medida superior a los mínimos de libertad e igualdad (*calidad en relación con el contenido*).

En tercer lugar, y por las características que le son propias, los ciudadanos de una buena democracia deben poder controlar y valorar cómo los valores de libertad e igualdad son realizados a través del pleno respeto de las normas vigentes, el denominado *Estado de derecho*. Asimismo, los ciudadanos deben monitorear la eficiencia de la aplicación de las leyes, la eficacia de las decisiones tomadas por el gobierno, la responsabilidad política por las decisiones con relación a las demandas expresas de la sociedad civil (*calidad en relación con el procedimiento*). Obviamente nos podemos encontrar frente a niveles diversos de calidad, y no solo a formas diversas. Entre ambas, la hipótesis es solamente la búsqueda empírica que permite indicar formas y niveles prevalecientes.

Partiendo de tal definición, una buena democracia tiene al menos ocho dimensiones de variación que deben ser colocadas en el centro del análisis empírico. Las primeras cinco son dimensiones *procedimentales,* en cuanto refieren principalmente a las reglas y solo indirectamente a los contenidos, a pesar de que estos soy muy relevantes. Estas son: 1. Estado de derecho (*rule of law*) o bien respeto a la ley; 2. rendición de cuentas (*accountability*) electoral o bien responsabilidad electoral; 3. rendición de cuentas interinstitucional; 4. participación; 5. competencia (partidaria). La sexta concierne al resultado y refiere a la *reciprocidad* (*responsiveness*), o sea la capacidad de respuesta que repercute la satisfacción de los ciudadanos y de la sociedad civil en general. Las otras dos son sustantivas: 1. respeto pleno de los derechos que pueden ser ampliados en la realización de las diversas libertades; y 2. progresiva realización de una mayor igualdad política, social, económica. En esto vamos a tratar solamente de cuatro dimensiones (*rule of law, accountability* electoral, *accountability* inter-institucional y *responsiveness*) como las más relevantes para nuestro análisis, aun si –como se verá en la segunda parte– participación y competencia están en el fondo.[97]

El orden democrático del cual se considera la calidad, atañe principalmente a las instituciones y a los mecanismos representativos. Algunos elementos de democracia directa pueden entrar en la valoración de la calidad más alta de una democracia. Pero hacer de la democracia directa la

---

[97] Para el análisis de otras conceptualizaciones de la calidad democrática como de las otras dimensiones véase Morlino (2003) y Diamond y Morlino (2005). Una discusión sobre la operacionalización y los indicadores ver también en Diamond y Morlino (2005) y Morlino (2003). Aquí no voy a discutir estos aspectos por razones de espacio y porque no es el objetivo central del trabajo.

expresión más alta de la calidad democrática e ignorar la experiencia secular de la democracia representativa y las posibilidades concretas de mejoramiento presentes a través de sus actores principales, líderes y partidos, representaría un análisis del todo abstracto y extraño a la tentativa de tomar en cuenta la posibilidad de mejorar la realidad existente caracterizada por la prevalencia de democracias representativas cualitativamente diversas. Si es así, la *rendición de cuentas electoral,* que hace referencia a la experiencia de la representación democrática, se convierte en una dimensión verdaderamente central en cuanto permite un control efectivo de las instituciones políticas por parte del ciudadano o bien de la sociedad civil, en un sentido amplio y, por lo tanto, permite atenuar los problemas que objetivamente se crean cuando se pasa de una democracia directa a una democracia representativa.

Además, libertad e igualdad, como suelen ser entendidas están necesariamente ligadas a la responsabilidad y a la *reciprocidad (responsiveness).* Este es más bien el modo concreto de hacer más probable una mejor realización de libertad e igualdad desde el punto de vista del ciudadano y de las asociaciones, en el ámbito de mecanismos representativos. Sin embargo, es también indispensable para la buena democracia un respeto eficiente de la ley. El Estado de derecho se encuentra entrelazado con la libertad en cuanto al respeto de todas aquellas leyes que directa o indirectamente sancionan los derechos y su realización concreta. Ninguna libertad o igualdad o incluso responsabilidad pueden realizarse si el respeto a la ley no es efectivo, e incluso si las instituciones de gobierno y de la administración no garantizan su eficacia decisional. Más allá de los problemas de decisiones institucionales, decidir y realizar políticas de calidad democrática tienen como supuesto no eludible justamente esta dimensión, cuya ausencia haría inútil el resto.

Los sujetos principales de una democracia como tal son los individuos-ciudadanos, las comunidades territoriales y las diversas asociaciones de bases, con valores, tradiciones y objetivos comunes, entre los que se encuentran los partidos políticos con sus líderes. En este sentido, una buena democracia es realizable no solo teniendo como puntos de referencia un cierto territorio y una cierta población controlados por instituciones estatales y de gobierno democrático, sino además si abarcamos esta referencia a los propios actores centrales (partidos y líderes). El punto principal es que los sujetos mencionados sean el centro de una buena democracia, en la cual aquello procesos que van de abajo hacia arriba son los más relevantes, y no viceversa. De este modo, el pasaje de las dimensiones indicadas del nivel nacional a aquel supranacional, por más difícil y complejo que sea, es posible manteniendo firme los mismos elementos que caracterizan a cada dimensión. Es necesario, por lo tanto, pasar al análisis de las dimensiones relevantes para la calidad democrática respondiendo en los términos esenciales a tres problemas: definición empírica, problemas de actuación o bien estrategias de subversión y condiciones centrales de actuación.

El Estado de derecho no es tanto la vigencia de un sistema legal cualquiera. El principio de la superioridad de la ley o bien el ciceroniano *legum servi sumus* (todos somos siervos de la ley), incluso una limitada capacidad de hacer respetar las leyes por parte de la autoridad dispuesta a hacerlo, las características de no-retroactividad, publicidad, generalidad, estabilidad, claridad,[98] son elementos

---

[98]   La definición mínima de Estado de derecho sugerida por Maravall (2002) se refiere a "*la aplicación de leyes que (i) sean promulgadas y aprobadas siguiendo procedimientos preestablecidos; (ii) no sean retroactivas..., pero generales, estables, claras, y jerárquicamente ordenadas...; (iii) sean aplicadas a casos particulares por tribunales independientes del poder político y accesibles a todos, cuyas decisiones responden a requisitos*

mínimos para la existencia de cualquier orden civil e incluso un requisito de la consolidación democrática, junto con otros aspectos básicos, tales como el control civil de los militares y la independencia del poder judicial.

Aun en niveles y formas diversas, el Estado de derecho relevante para el análisis de la "*buena*" democracia debe ser, en cambio, caracterizado ulteriormente por: la aplicación *erga omnes* (para todos los hombres) de un sistema legal, incluso supranacional, que garantice derechos e igualdades de los ciudadanos; la consecuente ausencia (incluso a nivel local) de áreas dominadas por organizaciones criminales; la ausencia de corrupción en los aparatos políticos, administrativos, judiciales; la existencia de una burocracia civil, central y local, competente, eficiente y universalista en la aplicación de las leyes y responsable en caso de errores; la existencia de fuerzas de policía eficientes y respetuosas de los derechos y de las libertades existentes y efectivamente garantizadas; el fácil e igualitario acceso de los ciudadanos a la justicia en caso de un conflicto entre privados o bien entre privados e instituciones públicas; la duración razonable del proceso penal y de juicios civiles o administrativos; la completa independencia del juez o del jurado de cualquier influencia del poder político. Para cada uno de estos puntos, concernientes a la aplicación eficiente del sistema legal y la resolución imparcial de juicios al interior del sistema legal, existen diversos indicadores y datos correspondientes que pueden ser relevados y analizado caso por caso, utilizando técnicas de análisis tanto cualitativas como cuantitativas. En esta complejidad es posible reconstruir para cada caso las características principales y el nivel de Estado de derecho existente en un cierto país.[99]

---

procedimentales, y que establecen la culpabilidad a través del proceso ordinario". Ver también Morlino y Magen (2008).

[99] Por ejemplo, el análisis completo del caso italiano puede encontrarse en Della Porta y Morlino (2001).

Antes que nada, una rigurosa aplicación de las leyes o, en ciertos casos, la relación con una burocracia solo aparentemente eficiente, puede tener consecuencias particularmente vejatorias para los más débiles y socialmente vulnerables (O´Donnell, 1999, 312-3). Por otro lado, el Estado de derecho es relevante desde el punto de vista de los actores, sobre todo por las estrategias de subversión que son posibles para estos. La tentación constante y difusa de los políticos de usar la ley en contra de los adversarios si, por ejemplo, la oposición es condenada a permanecer como tal por un largo tiempo y no tiene oportunidad de victoria electoral, o si el gobierno ve en la intervención de un juez un modo para reforzar sus posiciones en contra de la oposición; o bien, si existe colusión entre los políticos, la tentación de los mismos jueces de recurrir al juicio con el apoyo de los medios masivos de comunicación, en contra de ciertas decisiones políticas consideradas como una inaceptables. En suma, usar la aplicación de la ley como una genuina *"arma política"* (Maravall 2002). Además, existe una tendencia más amplia y difusa de los ciudadanos particulares y de grupos económicos a recurrir a las leyes para afirmar sus propios intereses. Se presenta, entonces, una *juridización* de las democracias contemporáneas renombradas por diversos estudiosos (véase, por ejemplo, Guarnieri y Pederzoli, 1997). Finalmente, en contraste solo aparente con la consideración precedente, se pueden recordar posturas culturales difusas en el ámbito de masas en diversos países, desde Europa del sur hasta América Latina o también hasta Europa del este –pero sobre todo presente también en el ámbito empresarial de esas regiones– que ven a las leyes como impedimentos dañinos para sus propios intereses y, por lo tanto, buscan no respetarlas o superarlas: el conocido dicho *"hecha la ley, hecha la trampa"*.

En síntesis, el análisis del Estado de derecho democrático en un determinado país debe ser realizado con atención a la existencia de tendencias contrastantes. Empero, falta un aspecto esencial de la calidad democrática. ¿Cuáles son entonces las condiciones para la vigencia de un Estado de derecho que supere las condiciones mínimas de una democracia procedimental? Revisando investigaciones sobre varias dimensiones del Estado de derecho democrático sugieren que la existencia de valores liberales y democráticos difusos a nivel de las masas y, aun más, a nivel de élites, junto a la existencia de tradiciones legislativas y burocráticas, apoyados en medios económicos para permitir el pleno desarrollo de los deberes asignados, son las condiciones necesarias que deben subrayarse para la vigencia del Estado de derecho democrático.

El hecho es que estas condiciones existen en muy pocos países y son difíciles de crear. Por lo tanto, al menos esta dimensión de la calidad democrática –por otra parte, muy importante porque es preliminar respecto de las otras– es también muy difícil de hacer crecer. La estrategia más razonable y concreta sería un procedimiento de pequeñas etapas sucesivas siguiendo las líneas y los objetivos que han emergido, en lo mencionado anteriormente, pero de una forma más definida. Esta estrategia resulta necesariamente crítica de las tesis de Putnam (1993), quien sostiene que el rendimiento institucional de un cierto régimen democrático es explicado por las más antiguas tradiciones cívicas del país y que las instituciones cambian muy lentamente.

La *rendición de cuentas* o responsabilidad política es la dimensión por la cual los líderes electos tienen la obligación de responder por sus decisiones frente a los ciudadanos-electores o a otros órganos constitucionales encargados de ello. Schedler (1999:17) sostiene que la *rendición de cuentas* tiene tres aspectos centrales: información, justificación, y castigo o recompensa. El primer aspecto, la información sobre el acto o bien sobre la complejidad de la actividad de un político o incluso de un órgano político entero (el gobierno, el parlamento, y así sucesivamente), es la premisa indispensable para valorar la eventual responsabilidad; el segundo se refiere a las razones provistas por el gobernante para su comportamiento y, por lo tanto, de sus decisiones; el tercero es la actitud que asume el elector que reflexiona sobre la información que tiene sobre las justificaciones dadas y sobre sus expectativas e intereses. En los tres aspectos, es crucial la existencia de una dimensión pública con características de pluralismo e independencia, y con la participación concreta de diversos actores individuales y colectivos.

La *rendición de cuentas* puede ser electoral o interinstitucional. La *rendición de cuentas electoral* es aquella en la que los electores pueden hacer demandar frente a los gobernantes electos, a propósito de los actos cumplidos por este último. Este primer tipo de *rendición de cuentas* es periódico y dependiente de los diversos plazos electorales, nacionales, locales, y si existen, supranacionales: el elector juzga y ejercita un poder de recompensa en votar por el mismo candidato o a la misma lista o bien de castigarlos cambiando de preferencia, que consiste en votar por un candidato distinto o también en abstenerse o anular su voto. Asimismo, la *rendición de cuentas* electoral configura una relación entre *desiguales* políticamente, como son precisamente el gobernado y el gobernante. Puede convertirse en menos intermitente y mayormente continúa si se piensa en los diversos procesos electorales, locales, nacionales y, en el caso de los países europeos, supranacionales, o bien en la posibilidad de referéndums sobre temas que atañen a la actividad del gobierno central.

La *rendición de cuentas inter-institucional* es la responsabilidad que los gobernantes tienen respecto de otras instituciones, o frente a actores colectivos que tienen conocimientos y poderes para valorar el comportamiento de los gobernantes. Está caracterizada por su continuidad, por ser formal o legalmente instituida, y en cuanto configura una relación entre iguales. En la práctica, se refiere a la actividad de control del gobierno que desarrolla la oposición en el parlamento, a las diversas actividades de evaluación y controles desarrollados por la magistratura, si es que se encuentra activa, por los tribunales constitucionales, por las cortes, por la banca central y por otros órganos existentes por una democracia para este fin. Se refiere también a la actividad desarrollada incluso fuera del parlamento por los partidos, por los medios de comunicación y por otras diversas asociaciones intermedias (sindicatos, asociaciones empresariales, asociaciones de otros tipos (véase O´Donnell 1999, Schmitter 1999).

Para que se dé concretamente la *rendición de cuentas* electoral debe existir un nivel de competencia política y de equilibrio de las fuerzas tal que permita la alternancia de los diversos niveles gubernamentales. Y por lo tanto, es oportuno el reclamo de Altman y Perez-Liñan (2001) sobre la competencia y desarrollan un indicador de *presencia balanceada de la oposición en el parlamento*, que mide el dominio que ejerce el partido gobernante sobre el parlamento, o la fuerza de la oposición que podría crear problemas de eficacia decisional. Dada la ausencia de alternancia, y por tanto, de un bipolarismo sólido entre dos partidos o coaliciones de partidos, la *rendición de cuentas* electoral se puede efectuar solo a nivel de la alternancia entre candidatos individuales, presuponiendo entonces que esta rendición de cuentas, si existe, es muy débil.

Respecto del tipo de *rendición de cuentas* inter-institucional es necesario, antes que nada, contar con un sistema legal que, como ya se ha mencionado, prevea algunos órganos de evaluación y control que deben ser independientes y además estructuras intermedias fuertes y establecidas, una oposición política vigilante que desarrolle este rol, unos medios de comunicación independientes y conscientes de su protagonismo civil, una vasta red de asociaciones y organizaciones activas, informadas, y que compartan los valores democráticos.

La realidad, ya bien conocida, de una constante opacidad de los procesos políticos y su propia complejidad al momento de la difusión de la información, así como de la evaluación, los líderes partidarios del gobierno, o incluso de la oposición, cuentan con amplias posibilidades de manipular la realidad con el propósito de salir bien librados de cualquier responsabilidad. Más aun, a menudo la *rendición de cuentas* se pone en juego más sobre la imagen de las personas, que sobre la base de las decisiones que efectivamente se han tomado o de los resultados alcanzados. Los resultados negativos pueden ser justificados con relativa facilidad, quizá haciendo referencia a eventos imprevistos e influenciando la opinión pública, incluso a través de medios que se alinean o que son partidarios de proteger a los políticos que han incumplido. Asimismo, los buenos resultados, incluso obtenidos a costa del sacrificio de los gobernados, pueden a veces llevar a juicios negativos y de castigo de los gobernantes al momento de las siguientes elecciones.

La misma acción, a menudo ideológica o instrumental, de los partidos o de otros actores de oposición, o incluso de medios que se encuentran en posiciones de relevancia pública, aunque sea de forma contingente, reconfirma la dificultad de hacer efectiva la *rendición de cuentas electoral,* y tal vez también la *inter-institucional.* Además, a fin de que los partidos de gobierno y oposición puedan desarrollar plenamente su papel de vigilantes de las responsabilidades de los gobernantes, debe existir una distinción clara entre gobernantes y líderes de partido, y esto es frecuente en los partidos de gobierno: ya que quien está en el gobierno controla también el partido. A nivel parlamentario, la disciplina de partido es considerada más importante que la *rendición de cuentas* hacia los propios electores y, por lo tanto, la mayoría oficialista en realidad busca sostener al gobierno antes que controlarlo. Asimismo, debe hacerse una distinción igualmente clara entre líderes del partido, ya sea de gobierno o de oposición, y estratos intermedios, militantes o simpatizantes, en la cual estos últimos puedan iniciar un proceso desde las bases que oriente cómo hacer el control del gobierno o la forma de hacer más efectiva la oposición. Recientes investigaciones sobre organizaciones partidarias en democracias avanzadas han evidenciado una tendencia caracterizada por la presencia de líderes fuertes y oligarquías, hasta el punto de proponer una hipótesis sobre estos partidos, que contando con financiamiento público, han devenido en *carteles*, es decir se han coludido entre sí, en vez de ejercer un proceso competitivo (Katz y Mair, 1995).

Otra dificultad importante a la rendición de cuentas es aquella que se da en los países europeos por la existencia de una dimensión supranacional creada con la Unión Europea. El ejemplo más ilustrativo es la táctica conocida como el "desplazamiento de responsabilidades" (*blame shift*), o sea, el traslado del nivel nacional al europeo de la responsabilidad política por cada decisión impopular tomada por el gobierno, aun cuando se refiera a temas simples, como sanear las cuentas fiscales, y por tanto de decisiones necesarias para alcanzar una administración más eficiente. Otras decisiones igualmente relevantes en diversos sectores, si bien desagradables al público, pueden ser justificadas absolviendo a los gobernantes y los políticos nacionales, en tanto se argumenta como el resultado inevitable de una coalición contraria que ha emergido del Consejo de Ministros de la Unión o en el Consejo Europeo de Primeros Ministros y Jefes de Estado, o bien a causa de una votación adversa en el Parlamento Europeo.

Por lo anterior, los modos de burlar y evitar la *rendición de cuentas* no faltan, como había puesto ya en evidencia Maravall (1997). Al mismo tiempo, la ausencia o debilidad acentuada de una *rendición de cuentas* inter-institucional pone todo el peso de la responsabilidad política en la *rendición de cuentas* electoral, aunque esta sea periódica y en algunos casos pasan varios años antes de tener nuevas elecciones, lo cual nos coloca frente a una suerte de *democracia delegativa* (O´Donnell, 1994) o sea, de una democracia sin calidad, en la cual a duras penas el ciudadano ejerce su voto para luego ser ignorado hasta las siguientes elecciones, sin contar con alguna posibilidad de castigar la corrupción y el mal gobierno, y sin que tampoco exista alguna forma de *rendición de cuentas* inter-institucional.

Las condiciones centrales de la *rendición de cuentas* son bastantes obvias y de alguna manera ya han emergido implícitamente. Más allá de aquellas inmediatas que se han mencionado por separado (posibilidad de alternancia y bipolarismo partidista), ambas responsabilidades deben estar presentes y, por lo tanto, reforzarse recíprocamente; en segundo lugar, deben existir un poder judicial independiente y otras instituciones públicas igualmente independientes, de modo que se puedan ejercitar concretamente los controles previstos por las leyes; en tercer lugar, la participación efectiva de ciudadanos interesados, cultos e informados, que han absorbido a fondo los valores democráticos sigue siendo esencial; cuarto, la presencia de órganos independientes de información es indispensable; y finalmente, la existencia activa de una gama de actores intermediarios de distintas dimensiones, tales como partidos y grupos asociativos, que estén bien establecidos organizacionalmente y en la sociedad civil, y con la capacidad para exigir ambos tipos de rendición de cuentas.

La reciprocidad o "responsividad" (*responsiveness*), o sea, la capacidad de respuesta de los gobernantes a las demandas de los gobernados, está ligada a la rendición de cuentas en el plano analítico. En efecto, el juicio de responsabilidad implica que también exista un conocimiento de estas demandas y que la evaluación de la respuesta del gobierno pueda manifestar su acuerdo o desacuerdo con las mismas. Por lo tanto, la *reciprocidad* debe ser considerada en conexión con la *rendición de cuentas.*[100]

Esta dimensión no presenta problemas particulares de conceptualización. Eulau y Karps (1977) habían ya evidenciado cómo la *reciprocidad* es un modo de conjugar la representatividad –se puede agregar– *"en acción"*, y cómo puede ser vista en relación con cuatro componentes principales: las políticas que se encuentran en el centro de la atención pública, con los servicios que deben asegurarse a los individuos y grupos que se representan, con la distribución de los beneficios materiales a los representados a través de la administración pública, y con los beneficios de bienes simbólicos que crean, refuerzan o reproducen un sentido de confianza y soporte de los representados respecto de los representantes.

Aparecen entonces algunos problemas y complicaciones de relevancia empírica. En efecto, por una parte, solo en muy pocos casos se puede pensar que un ciudadano culto, informado y participativo conozca siempre sus deseos y necesidades, quizá en situaciones en las cuales estos ciudadanos puedan necesitar conocimientos especializados para identificar y evaluar con precisión aquellas necesidades y deseos. Se debe, por tanto, recurrir a soluciones simplificadas, pero bastantes satisfactorias. La medida de la satisfacción de los ciudadanos puede ser fácilmente

---

[100] No desarrollo aquí los problemas teóricos derivados de la conexión entre responsabilidad y reciprocidad en el ámbito de la teoría de la democracia representativa. Sobre este punto recomiendo a Sartori (1987, especialmente 6.9)

relevada empíricamente, en cuanto se refiere a diversas preguntas de sondeo que se han repetido por años en numerosos países, sobre todo los europeos occidentales, pero que ya desde algunos años se realizan también en los países latinoamericanos, en Europa del este y ,ocasionalmente, en otros países del mundo.[101] Una segunda medida de *reciprocidad* se puede recabar indirectamente midiendo empíricamente la distancia entre los gobernantes y los gobernados sobre determinadas políticas, y no solo sobre la línea derecha/izquierda, como han hecho algunos estudiosos (véase, por ejemplo, Lijphart 1999, 286-88).[102]

Tal vez, la modalidad más efectiva de evaluar esta dimensión es la legitimidad, que finalmente tiene que ver más con la percepción que tienen los ciudadanos que con la realidad concreta. Se trata entonces de considerar un proceso fundamental de consolidación democrática, pero de modo parcialmente diverso. En efecto, aquí no se trata de la simple aceptación de las instituciones vigentes, o bien, de la obediencia a las mismas por la falta de algo mejor o en presencia del recuerdo negativo del pasado, lo que ha permitido la consolidación democrática en diversos países. Aquí sería importante la difusión del soporte a las instituciones democráticas, ya sea desde las restringidas élites, hasta el nivel de las masas en general, dado que estas instituciones son consideradas como las únicas aptas para garantizar la libertad y la igualdad. La difusión de tales posturas favorables a las instituciones democráticas vigentes y sus consecuentes comportamientos mostraría la satisfacción e, indirectamente, una cierta cercanía y

---

[101]   Por ejemplo, una de las preguntas más recurrentes es: "*cuán satisfecho está a cerca del modo en el cual funciona la democracia*". Véase Morlino 1998, capítulo 7, con referencia a Europa del sur.

[102]   Otros estudios cuantitativos analizan este tema, como, por ejemplo, Verba y Nie (1972), Eulau y Prewitt (1973), Eulau y Karps (1977), o más recientemente King (1990) y Huber y Powell (1994).

percepción de *reciprocidad* por parte de la sociedad civil. Se debería contar, como una consecuencia posterior a tal legitimidad, con mayor interés y participación política en las formas más diversas.

Sin embargo, análisis de este mismo tipo conllevan problemas y límites. El fin del siglo XX ha presenciado el surgimiento de diversos desafíos a la legitimidad que inducen a Kaase y Newton (1995, 150 ss.) a hablar de *crisis de la democracia*, por ejemplo, con particular referencia al alejamiento de los ciudadanos de los partidos, al surgimiento de posturas antipartidarias y, más en general, a posturas de insatisfacción y *anti-establishment*. Pharr y Putnam (2000) hablan de *democracias insatisfechas*, y estos mismos autores, junto a Dalton (2000, 25), subrayan la declinación de la *capacidad de los actores políticos de actuar según los intereses y deseos de los ciudadanos*, que está presente luego en el análisis que aquí se propone sobre la declinación de la *reciprocidad*. En conjunto, los tres autores observan una declinación de la confianza en las instituciones públicas, que es confirmada también por Newton y Norris (2000) con referencia al parlamento, al sistema legal, a las fuerzas armadas, a la policía y a la administración. Esta desconfianza en el gobierno es vista por Della Porta (2000) a partir de un análisis de la corrupción, [103] de la escasa aplicación de la ley y, desde la prospectiva que aquí se sostiene, de la misma mala *reciprocidad*. Por otra parte, aquí se puede ver también la conexión entre Estado de derecho, o mejor dicho la falta de garantía del mismo, y la incapacidad de respuesta a las demandas de los ciudadanos, para los cuales la garantía de la ley es casi primordial respecto de otras necesidades o preferencias.

---

[103]   Específicamente sobre la corrupción, ver también Della Porta y Meny (1997) y Della Porta y Vannucci (1999).

Existen al menos dos tipos de límites objetivos respecto de la reciprocidad. Frente a las percepciones de los ciudadanos se encuentran las posiciones de los gobernantes que, como ya se ha mencionado, más que comprender las necesidades y responder a las posibles demandas de los ciudadanos, a menudo se empeñan en maximizar la propia autonomía y en influenciar la percepción y la valoración de esas mismas necesidades en los gobernados, incluso aprovechando la complejidad de los problemas y –puede notarse– de los cambios que existen en las prioridades mismas de los ciudadanos en el curso de una legislatura, con frecuencia de cuatro o cinco años.

En segundo lugar, la existencia de problemas objetivamente difíciles de resolver con los recursos disponibles y las restricciones económicas en el gasto público, incluso de los países más ricos. Por ejemplo, si se tienen presentes las demandas obvias en temas de pensiones, o el relativo mejoramiento de las condiciones de vida por parte de un grupo de la población, cuya vida media tiende continuamente a elevarse, y al mismo tiempo, los límites establecidos por las cajas fiscales, una plena *reciprocidad* en este ámbito es simplemente imposible. Si se tienen presentes los problemas de desocupación y de inmigración, se reconoce rápidamente como una plena satisfacción, legitimidad y desde esta perspectiva una amplia *reciprocidad* son casi inalcanzables en las democracias actuales donde, en cambio, existe un mayor espacio para el descontento, la insatisfacción, el temor a la pobreza y el relativo malestar democrático que hace menos legítimas las democracias actuales, y da siempre más lugar a aquel populismo del cual se ha hecho mención al inicio del capítulo.

Las condiciones centrales que favorecen la *reciprocidad* están dadas por una sociedad civil estructurada, independiente, informada y participativa, y por estructuras intermedias fuertes y activas. Son, en efecto, las mismas características indicadas para la *rendición de cuentas*. Por otra parte, las razones por las cuales son estas las condiciones esenciales son demasiado evidentes, en el sentido de que solo este tipo de sociedad civil y de estructuras intermedias pueden hacer posible el esclarecimiento de al menos una vertiente de la *reciprocidad*, la cual es la percepción de las propias necesidades. A propósito de la otra vertiente o bien del *output* gubernamental, solo en democracias y sociedades ricas y desarrolladas tiene cierto sentido –incluso con todas las dificultades que se han mencionado– esperar la respuesta de los gobernantes. Por lo tanto, el factor económico que resultaba importante para explicar la consolidación democrática (véase Morlino 2003, apartado 7.4), se vuelve relevante, incluso porque contiene una cierta respuesta gubernamental a las exigencias de los ciudadanos y de la población en general.

Las conclusiones parciales que se pueden extraer de esta explicación son al menos tres, una por cada dimensión tratada: el Estado de derecho, la rendición de cuentas y la reciprocidad. De la definición empírica de las dimensiones se obtiene cómo estas están recíprocamente conectadas: el *Estado de derecho* en sus diversos aspectos posibilita el ejercicio concreto de la *rendición de cuentas*; mientras que una efectiva *rendición de cuentas* permite mejorar y asegurar el cumplimiento del sistema legal; asimismo, el *Estado de derecho* es una premisa esencial para la *reciprocidad* y asta, a su vez, un presupuesto importante para evaluar la *rendición de cuentas*. Se configura, en síntesis, una suerte de triángulo con lados de diversos pesos y significados, y la representación gráfica de la figura 1 ayuda a fijar este punto con mayor precisión.

Figura 1
Interacciones entre las dimensiones
de la calidad de la democracia

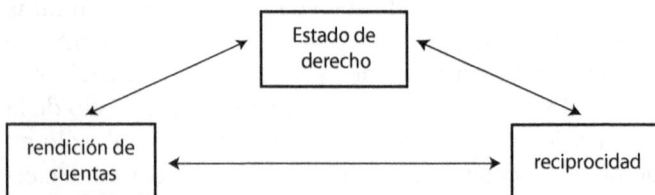

Con respecto a los problemas de implementación, todas las consideraciones hechas muestran las dificultades y posibles soluciones a las mismas; sin embargo subsisten las primeras conjugadas con otros elementos: aspectos internacionales y supranacionales, y debilitamiento sustancial de las estructuras partidarias, que siguen obstaculizando la realización de las tres-cuatro dimensiones tratadas.

La figura 2 sugiere indirectamente lo que sería una democracia sin calidad, como aquella en la cual la recurrencia frecuente de los líderes y partidos a las estrategias de subversión rebaja el nivel de implementación de las dimensiones de la democracia ya señaladas.

Figura 2
Estrategias de subversión más comunes

Estado de derecho

Ley como medio contra el adversario político

Ley como medio para afirmar intereses económicos

Ley como conjunto de reglas a evadir

Manipulación de la ley al momento de la acción

Rendición de cuentas electoral e inter-institucional

Diseño constitucional fuertemente mayoritario que reduce la competencia

Surgimiento de partidos débiles o partidos oligárquicos

Uso manipulador de la información y de las imágenes

Uso de la táctica del *desplazamiento de responsabilidades* respecto del nivel supranacional

Reciprocidad

Uso manipulador de la información por parte de las élites

Cobertura detrás de la complejidad de los problemas

Libertad e igualdad

Reconocimiento limitado de los derechos, especialmente los referidos a los de participación.

Distribución de los costos de los derechos (en particular derechos sociales)

Por último, una reflexión sobre las condiciones centrales mencionadas indica la gran responsabilidad que para su cumplimiento recae sobre una sociedad civil democrática, participativa y dotada de recursos culturales y económicos. Esta misma sociedad civil, sin embargo, puede sentirse amenazada por el fenómeno de la inmigración y de la consecuente presencia de culturas profundamente diversas. Y esto puede llevar, a su vez, al surgimiento de presiones y demandas de autoprotección que limitan los derechos para los no-ciudadanos, atropellando así las dimensiones sustantivas de la calidad democrática.

Partidos y líderes, ¿son esenciales para una buena democracia?

A este punto se pueden brevemente resumir los factores principales que explican el desarrollo de las cuatro dimensiones: por la *rule of law*, existencia de valores liberales y democráticos difusos a nivel de las masas y de élites, junto a la existencia de tradiciones legislativas y burocráticas; por la *accountability* electoral, competencia política y de equilibrio de las fuerzas tal que permita la alternancia a los diversos niveles gubernamentales; por la *accountability* interinstitucional, contar con un sistema legal que, como ya se ha mencionado, prevea algunos órganos de evaluación y control que deben ser independientes, un poder judicial y otras instituciones públicas independientes; por la *accountability* y la *responsiveness* o reciprocidad, la participación efectiva de ciudadanos democráticos, interesados, cultos e informados, la presencia de órganos independientes de información, conscientes de su protagonismo civil, una oposición política vigilante que desarrolle este rol, y la existencia de bien establecidos actores intermediarios como partidos y grupos asociativos que compartan los valores democráticos; por la reciprocidad, no se puede olvidar el factor económico que resultaba importante para explicar la consolidación democrática (véase Morlino 2003, apartado 7.4), incluso porque contiene una cierta respuesta gubernamental a las exigencias de los ciudadanos y de la población en general. En otras palabras, los diferentes factores que se indican en la literatura y fueren ya recordados en la primera parte del trabajo y aquí resumidos, se pueden reagrupar en cuatro macro sectores: factores económicos de base, actitudes culturales especificas, capacidad institucional y burocrática, participación y estructuras intermedias.

No hay aquí la posibilidad de desarrollar las cuatros direcciones de análisis consecuentes, y esto no sería tampoco el objetivo de este trabajo. El foco será puesto sobre las estructuras de conexión entre instituciones y ciudadanos, partidos sólidos y democráticos incluidos. Cuando se ha tomado este problema con referencia al análisis empírico del proceso de consolidación democrática (Morlino, 1998), frente a la imposibilidad de que haya estructuras bien establecidas de este tipo, se ha mostrado la relevancia de algunas "anclas" para el éxito de dicho proceso.[104] Estas anclas son la organización del partido, los controles de acceso *(gatekeeping)*, los vínculos clientelares y las estructuras neocorporativas, en ellas los partidos y líderes partidarios cumplen un papel esencial.

Sin detenernos a recordar el significado de dichas bases (véase Morlino 1998), la primera pregunta es si, y cómo, las cuatro formas de "anclamiento" pueden contribuir a la calidad democrática. *Control de acceso* y *clientelismo* por sus características no universales, ligados con relaciones de poder desiguales y fuertemente personales y con procesos de intercambio, inevitablemente opacos, no son las anclas que puedan contribuir a la calidad democrática. El neocorporativismo da vida a procesos decisionales basados en intercambios y contrataciones. Tales procesos ponen frente a frente a gobiernos y sindicatos sectoriales y

---

[104] Sobre todo en los casos donde la legitimidad gozada por el régimen democrático no resulta todavía amplia y profundizada, sino más bien limitada y relativa.

territoriales. No es necesariamente una arena deliberativa entre participantes libres e iguales, pero puede crear las condiciones para una mejor *reciprocidad* y para menores disparidades socioeconómicas, gracias a la posibilidad de establecer políticas sociales más eficaces. Todavía, la cuarta ancla puede ser la más importante para la calidad democrática: donde se logre dar vida a organizaciones partidarias sin ideologías divisorias y conflictivas, pero atentas a los aspectos programáticos, entonces se contará con estructuras intermedias con capacidad de contribuir a la calidad democrática en el plano de la responsabilidad de los derechos.

Todo esto significa, antes que nada, *transformar el anclaje partidista*. Más precisamente, se trata de transformar el mismo sistema de conexión entre lo alto y lo bajo de una sociedad civil descontenta, pasiva, poco viva, y que debería ser sustituida por estructuras intermedias en las cuales sería esencial la participación de una sociedad civil más instruida y disponible para entrar en acción. Pero ¿cómo es posible transformar las anclas partidarias? La respuesta *simple* sería: incidir en la organización y en los líderes de las estructuras intermedias a las cuales nos estamos refiriendo. Pero esto sería posible solo si se lograra dar vida a verdaderas arenas deliberativas al interior de los partidos.

Desde esta perspectiva, con toda la cautela del caso, se puede retomar la propuesta de Cohen (1989: 31) a propósito de los partidos, subrayando cómo individuos y grupos carentes de recursos materiales pueden superar estas desventajas políticas a través de los partidos, o sea, a través de las estructuras intermedias que son aptas para ejercitar un control mucho más eficaz sobre el gobierno y sobre diversos procesos decisionales que exceden la injerencia de un simple ciudadano. La otra ventaja potencial de tales estructuras intermedias está en la posibilidad de impulsar en los diversos niveles deliberativos cuestiones muy amplias, no limitadas, específicas e incluso irrelevantes. Se podría construir precisamente una cadena deliberativa al interior de un partido desde el nivel local al central, que asegure la participación de miembros interesados y activos de la sociedad civil.

Aun así, el problema sería solo desplazado, en el sentido que resta la pregunta sobre cómo promover e institucionalizar estas arenas, que corren el riesgo de permanecer desiertas y totalmente irrelevantes en el contexto de una sociedad civil a menudo distante y largamente desinteresada o descontenta de los partidos y de la clase política, y en la cual existe más bien el peligro de contar no con arenas deliberativas verdaderas, sino con *plazas* dominadas por el radicalismo de los pocos que participan y que lo hacen precisamente porque tienen posiciones extremas.[105] En la teoría política de los últimos años se ha usado a menudo el término *democracia deliberativa,* o términos similares, como *democracia dialógica* (Giddens, 1998) o *democracia reflexiva* (Beck 1999). Si nos detenemos en la primera expresión y aclarando pronto el campo de una posible mala interpretación lingüística (véase también Bobbio 2002), el término 'deliberativo' no se refiere a la toma de decisiones, como sugeriría el italiano *deliberazione*, sino a la fase precedente a la decisión, aquella del debate y del diálogo. En este sentido, el aspecto más interesante que está detrás de esta concepción de democracia es: la revaloración de la participación directa en la discusión política, quizá incluso solo en ámbitos limitados y locales.

Alternativamente, hemos de reconsiderar el significado de la representatividad, en tanto que el representante que

---

[105] Putnam (2000, especialmente cap. 21) explica muy bien cómo el radicalismo de algunos y la no participación de otros se ligan en las democracias actuales, y hace ver incluso en el caso americano la declinación del interés civil y sus razones.

se encuentra en un contexto deliberativo y racional tratando de negociar una determinada solución, no puede ser impasible frente a su contendor y mantenerse inamovible en su posición inicial, eliminando así cualquier posibilidad de acuerdo con el oponente.

Con estas premisas se puede definir una democracia deliberativa como un régimen democrático en el cual existen arenas de discusión participativas y públicas de cuestiones políticas, y las decisiones son el resultado, más o menos acorde, de una discusión argumentada, abierta, libre y producto de los convencimientos alcanzados en la misma. En otras palabras, según Elster (1998), la democracia deliberativa está caracterizada por un proceso decisional colectivo que: a) vela por la participación de todos los intereses que serán afectados por la decisión o por el bien de sus representantes (para evidenciar la vertiente democrática); y b) es desarrollado a través del uso de argumentos propuestos por los mismos participantes o por actores que compartan valores de racionalidad e imparcialidad (para evidenciar la vertiente deliberativa) (véase también Rawls 1971 y Habermas 1996).

Más relevante que una reconstrucción del debate teórico al respecto es tratar de entender mejor qué es una democracia deliberativa y, en consecuencia, ciertas características y efectos de la misma (véase especialmente Cohen 1989 y Miller 1993). Antes que nada, el procedimiento deliberativo debería tener las siguientes características, todas políticamente relevantes: continuidad, en cuanto se espera que los participantes del diálogo-discusión, el procedimiento y las instituciones que la cobijan perduren en el futuro; libertad, o bien libre deliberación entre iguales que se encuentra en la base de la legitimidad misma de un procedimiento de este estilo; pluralismo de la asociación, o bien de la institución deliberativa en la cual los objetivos divergentes, incluso el respeto a soluciones similares, sean reconocidos; carácter vinculante entre discusión y decisiones, también respeto y atención a las opiniones y argumentos de los participantes; y finalmente, empeño por no mentir, manteniendo posiciones éticamente fundadas.

En cuanto a los efectos virtuosos de la deliberación, considerando que las opiniones no se expresan a priori y se van formando en el curso de la discusión, es posible eliminar los argumentos y las soluciones más irracionales; hacer emerger los distintos aspectos del problema discutido de modo que se eviten simplificaciones impropias; la referencia al bien público, por cuanto unilateralmente entendido resulta inevitablemente central en la discusión; cooperación, integración, y sobre todo, el desarrollo de una confianza recíproca entre los participantes del debate que se puede conseguir naturalmente del proceso mismo de la deliberación.

En conjunto, la concepción deliberativa expresa en sí misma una posición ideal de democracia, incluso si algunos de sus aspectos y de sus consecuencias son empíricamente posibles; así por ejemplo, la expectativa de continuidad o los efectos integrativos. El punto, sin embargo, no es este, sino la evaluación de cómo esta concepción es útil para lograr la calidad de la democracia. Desde esta perspectiva, se puede afirmar que si se trata de una democracia deliberativa, esta repercute directamente en la dimensión de la *reciprocidad,* libertad e igualdad, más que en la rendición de cuentas, e hipotéticamente pensamos que afectaría, aunque no de manera inmediata, al Estado de derecho en el largo plazo. En este sentido, la democracia deliberativa converge con el modelo de consenso *á la* Lijphart (1999). No existe una conexión necesaria entre los dos modelos, por cuanto el modelo de consenso, que sobreentiende siempre un fuerte papel de las élites, puede estar basado –y a menudo es así efectivamente– en el intercambio, en la contratación y no necesariamente en la discusión. Pero si aceptamos las consecuencias que arriba se han delineado, la convergencia se presenta en los hechos.

Si sobre la base de lo que se ha afirmado, la democracia deliberativa tiene aspectos positivos para la calidad democrática, la pregunta es ¿cómo institucionalizar arenas deliberativas políticamente relevantes? En un cierto sentido, la propuesta de Linz (1997) parece apuntar en esta dirección, respecto de la importancia del Parlamento en una democracia para alcanzar integración, confianza recíproca y un grado más alto de legitimidad democrática. Además, como sugieren Miller (1993, 89) y Cohen (1989, 31), cualquier tema específico se puede desarrollar en una arena deliberativa, ya sea a nivel de los ciudadanos y del barrio o de cualquier otro ámbito local y sectorial, incluso considerando todos los límites obvios de la acción política. Sin embargo, ¿cómo superar la dificultad de los estrechos confines temáticos establecidos por las pequeñas asambleas? Tratar de responder a esta pregunta nos lleva a ampliar el análisis hacia las estructuras políticas intermedias, lo cual se hará a continuación.

Sin la pretensión de contar con soluciones milagrosas de algún tipo, una combinación de medidas podría dar vida a aquellas instituciones deliberativas a las cuales nos estamos refiriendo. Antes que nada, sería necesaria la asignación de fondos públicos para los partidos vinculados a la creación de aquellas arenas deliberativas a nivel local, regional o intermedio, y central. En segundo lugar, estas asociaciones intermedias deberán formar sus propios liderazgos orientados por estos valores, en lo posible, también intelectuales. Sobre este aspecto no debe dejarse de lado la idea de Linz (1997, 420-1) cuando subraya la importancia de la calidad de la clase política para la calidad democrática y cuando reclama la honestidad personal, la tolerancia, la lealtad hacia las instituciones y la entrega a valores colectivos como los aspectos esenciales de una clase política en condiciones de dar vida a instituciones deliberativas y eficaces.

Es seguro que todos estos aspectos no son para nada fáciles de conseguir. Por algunos aspectos sugeridos se podría hablar incluso de un escape o "huida en la utopía". Pero no parece que haya alternativas en dos sentidos. El primero: la gran mayoría de la investigación empírica sobre líderes y partidos no trata de este asunto, sino en medida muy parcial y limitada. Para los líderes, desde Macchiavello hasta ahora, mucho se ha discutido e investigado sobre las características que hacen más efectivo a un líder para conseguir y mantener el poder. Pero no hay casi nada sobre los aspectos relacionados a la calidad, como antes se ha discutido. Está más presente en el debate y en la cultura de los ciudadanos la idea de un líder que, sin considerar todos los aspectos de democracia procedimental, casi por milagro podría desarrollar libertad y/o igualdad en su país. Que este es otro "escape en la utopía" es más que obvio, incluso es más que esto: es una creencia difusa y al mismo tiempo peligrosa sobre la democracia. Segundo: no es tampoco sencillo decir cómo desarrollar una clase política o líderes de calidad. Pensando el papel atribuido a los líderes por parte de autores como Schumpeter, y muchos otros antes y después, se podría fácilmente buscar un acuerdo amplio acerca de las características de líderes de calidad, como la atención al bien público, la constancia de valores democráticos, la honestidad personal, y otros. Pero, la pregunta básica se queda sin respuesta o al menos sin solución: cómo es en realidad posible construir, educar, seleccionar una clase política con aquellas características. Es decir, al final es más practicable una diferente solución en la cual haya la creación de mecanismos que como efectos primarios o incluso colaterales lleven a una clase política que tendría la posibilidad de ser más virtuosa.

Conclusiones

Para terminar, se puede recordar que, en todo caso, la complejidad de las actuales democracias requiere un enfoque plural para la calidad democrática. Esto significa que junto a partidos que representan ámbitos deliberativos efectivos y posean un liderazgo de calidad, es necesaria también una sociedad civil que crezca a través de programas de instrucción, programas culturales, o la misma transformación del lugar de trabajo en un ambiente más amigable orientado a la construcción de verdaderas comunidades, o como sugiere Putnam (2000, cap. 24), para hacer crecer el capital social, o bien la confianza recíproca entre ciudadanos. Esto trae también, entre sus consecuencias, la posibilidad de hacer crecer el compromiso civil de los propios ciudadanos y el funcionamiento de las instituciones.

Por lo tanto, sería necesario también potenciar colectivamente la esfera pública a través de una actividad informativa y de discusión sobre las cuestiones políticas de relevancia, promovida por un efectivo servicio público radio-televisivo. Por más limitado que pueda ser el potencial impacto de un servicio como tal, aquí el objetivo es precisamente el de poner a disposición un servicio del cual puedan servirse todos los que lo deseen, además del efecto educativo que un servicio por el estilo pueda brindar a los ciudadanos en el largo plazo.

Reconociendo que soluciones como las propuestas son difíciles de realizar, incluso parcialmente, con estas observaciones se ha deseado resaltar aspectos importantes que influyen sobre la calidad de la democracia. Aun cuando se haya tomado en cuenta solo algunos aspectos internos de las democracias existentes y del rol de los líderes y los partidos, omitiendo incluso factores tan importantes como aquellos derivados de la dimensión supranacional, en los países europeos, y aquella internacional en todos los países.

Bibliografía citada

ALTMAN, D. y PEREZ-LIÑAN, A. (2002): "Assessing the quality of democracy: freedom, competitiveness and participation in Eighteen Latin American Countries", en *Democratization*, 7, pp. 85-100.

BECK, U. (1999): *Che cos'è la globalizzazione*, Roma, Carocci.

BOBBIO, L. (2002): "Come smaltire i rifiuti. Un esperimento di democrazia deliberativa", en *Stato e Mercato*, 64, pp. 101-141.

COHEN, J. (1989): "Deliberation and democratic legitimacy", en Hamlin, A. e Pettit, J. (comp.): *The good polity*, Oxford, Blackwell, pp. 17-34.

DALTON R. J. (2000): "The decline of Party Identification", en Dalton, R. J. e Wattenberg, M. P. (comp.), *Parties without partisans. Political change in Advanced Industrial Democracies*, Oxford, Oxford University Press.

DELLA PORTA, D. (2000): "Social capital, beliefs in government and political corruption", en Pharr, S.J. y Putnam, R.D. (a cura di), *Disaffected Democracies:What's Troubling the Trilateral Countries?* Princeton, Princeton University Press, 202-29.

DELLA PORTA, D. y MÉNY, Y. (1997): *Democracy and corruption in Europe*, London/Washington, Pinter.

DELLA Porta, D. y MORLINO, L. (2001): *Rights and the quality of democracy in Italy. A research report*, Stockholm, IDEA.

DELLA PORTA, D. e VANNUCCI, A. (1999): *Corrupt exchanges. Actors, resources and mechanisms of political corruption*, New York, Aldine de Gruyter.

DIAMOND L. y L. MORLINO (2005): *Assessing the Quality of Democracy. Theory and Empirical Analysis*, Baltimore, The Johns Hopkins University Press.

ELSTER, J. (1998): *Deliberative Democracy*, Cambridge, Cambridge University Press.

EULAU, H. e KARPS, P. (1977): "The puzzle of representation: specifying components of responsiveness", en *Legislative Studies Quarterly*, II, 3, pp. 233-254.

EULAU, H. e PREWITT, K. (1973): *Labyrinths of democracy*, New York, Bobbs-Merrill.

GIDDENS, A. (1998): *Capitalismo e teoria sociale*, Milán, Il Saggiatore.

GUARNIERI, C. e P. PEDERZOLI (1997): *La democrazia giudiziaria*, Bologna, Il Mulino.

HABERMAS, J. (1996): *Fatti e norme. Contributi a una teoria discorsiva del diritto e della democrazia*, Milán, Guerini e Associati.

HUBER, J.D. e G.B. POWELL (1994): "Congruence between citizens and policy makers in two visions of liberal democracy", en *World Politics*, XLVI, 3, pp. 291-326.

KAASE, M. e NEWTON, K. (1995): *Beliefs in government*, Oxford, Oxford University Press.

KATZ, R.S. e MAIR, P. (1995): "Changing models of party organization and party democracy: the emergence of the cartel party", en *Party Politics*, I, 1, pp. 5-28.

KING, G. (1990): "Electoral Responsiveness and Partisan Bias in Multiparty Democracies", en *Legislative Studies Quarterly*, XV, 2, pp. 159-181.

LIJPHART, A. (1999): *Patterns of Democracy. Government Forms and Performance in Thirty-six Countries*, New Haven, Yale University Press.

LINZ J.J. (1997): *Democracy, multinationalism and federalism*, Madrid, Instituto Juan March de estudios e investigaciones.

MARAVALL, J. A. (1997): *Surviving accountability* en Jean Monnet chair papers, Fiesole, European University Institute.

MARAVALL, J.A. (2002): *The rule of law as a political weapon* en Maravall, J.A. e Przeworski, A. (comp.), *Democracy and the rule of law*, Cambridge University Press.

MILLER, D. (1993): "Deliberative democracy and social choice", en Held, D. (a cura di), *Prospects for democracy*, Cambridge, Polity Press.

MORLINO, L. (1998): *Democracy between Consolidation and Crisis: Parties, Groups and Citizens in Southern Europe*, Oxford, Oxford University Press.

MORLINO, L. (2003): *Democrazie e democratizzazioni*, Bologna, Il Mulino, trad. esp. *Democracias y Democratizaciones*, Madrid, CIS, 2009.

MORLINO L. y A. MAGEN (2008): "Methods of Influence, Layers of Impact, Cycles of Change: A Framework for Analysis", en *International Actors, Democratization and the Rule of Law: Anchoring Democracy?*, edited by A. Magen and L. Morlino, London, Routledge, pp.26-52.

NEWTON K. E P. Norris (2000): "Confidence in Public Institutions: Fate, Culture, or Performance?" en Pharr, S.J. e Putnam, R.D. (2000): *Disaffected democracies: what's troubling the trilateral countries?* Princeton, Princeton University Press.

O´DONNELL, (1994): "Delegative Democracy", en *Journal of Democracy*, V (1), pp. 55-69.

O'DONNELL, G. (1999): *Counterpoint: selected essays on authoritarianism and democratization*, Notre Dame, Indiana University of Notre Dame Press.

PHARR, S.J. e PUTNAM, R.D. (2000): *Disaffected democracies: what's troubling the trilateral countries?* Princeton, Princeton University Press.

PUTNAM, R.D. (1993): *Making democracy work: civic traditions in modern Italy*, Princeton, Princeton University Press.

PUTNAM, R.D. (2000): *Bowling alone. The collapse and revival of American community*, Touchstone, New York.

RAWLS, J. (1971): *A theory of justice*, Cambridge, The Belknap Press of Harvard University.

SARTORI, G. (1987): *Theory of Democracy Revisited*, New York, Chatham House.

SHEDLER A. (1999): "Conceptualizing Accountability", en A. Schedler, L.J. Diamond e M. Plattner, (comp.), *The self-restraining state: power and accountability in new democracies*, Boulder, Lynne Rienner.

SCHMITTER, P. (1999): *The limits of horizontal account-ability*, en Schedler, A., Diamond, L.J. e Plattner, M. (1999) (a cura di), *The self-restraining state: power and accountability in new democracies*, Boulder, Lynne Rienner.

VERBA, S.e N. NIE (1978): *Participation and Political Equality: A Seven-nation Comparison*, London, Cambridge University Press.

¿CALIDAD DE LA DEMOCRACIA: URDIMBRE O ABIGARRAMIENTO CONCEPTUAL?[106] [107] [108]

Dante Avaro[109]

Las difíciles contraseñas que el ejército estaba usando en este momento eran una fuente de peligro menor. Eran esas tediosas dobles contraseñas en las que una palabra tiene que ser correspondida por otra. Normalmente eran de una naturaleza elevadora y revolucionaria, como cultura-progreso, o seremos-invencibles, y era a menudo imposible hacer que iletrados centinelas recordaran estas presuntuosas palabras. Una noche, recuerdo, la contraseña era Cataluña-heroica, y

---

[106] Este documento tiene su origen en largas reuniones mantenidas con el Dr. Carlos Moreira (miembro de la "Red de estudios sobre la calidad de la democracia en América Latina" que coordina académicamente el Dr. Leonardo Morlino e institucionalmente el Dr. Jesús Tovar) en torno a los contenidos de la agenda investigativa de la calidad de la democracia. Mi acercamiento a este tema se produce por la relación, al parecer creciente, entre calidad democrática y justicia distributiva (en un sentido amplio), dicho de otra forma: qué aportan las investigaciones sobre la calidad de la democracia a los diferentes problemas a la que está abocada la justicia distributiva. Mis dudas y preguntas son solo mías y no han tenido (ni tienen) como objetivo cuestionar la pertinencia y resultados científicos de un programa de observancia de la calidad de la democracia, sino solo entender la naturaleza y alcance de la misma. Mis dudas, que muchas se reproducen aquí, han sido el meollo de las discusiones mantenidas con Moreira a lo largo de un semestre en Tijuana, la puerta de América Latina, como popularmente se la conoce entre sus residentes. Le agradezco a Moreira sus comentarios, los errores e inconsistencias siguen siendo fruto de mis limitaciones cognitivas. O como reza el apotegma de Alexander Pope: " Fools rush in where angels fear to tread". ¡Siendo yo, claro está, el 'tonto' que se mete en terreno peligroso!

[107] Digresión: la palabra 'abigarramiento' tiene su propia historia intelectual en América Latina fundamentalmente al uso dado por el profesor René Zavaleta Mercado, sin embargo aquí se utiliza en su acepción corriente de amontonar cosas diferentes y hasta cierto punto heterogéneas.

[108] Este capítulo se publica de manera simultánea en el número 139 de la *Revista Paraguaya de Sociología* editada por el Centro Paraguayo de Estudios Sociológicos [nota de los editores].

[109] Profesor en la Universidad Nacional de Villa María, Argentina.

un campesino con cara de luna llamado Jaime Doménech se me acercó, muy confundido, y me pidió que explicara. 'Heroica –¿qué significa heroica?' Le dije que significaba lo mismo que valiente. Un poco más tarde estaba tropezándose por la trinchera en la oscuridad y el centinela lo detuvo: '¡Alto! ¡Cataluña!' '¡Valiente!' Gritó Jaime, seguro de que estaba diciendo la cosa adecuada. ¡Bang! Sin embargo, el centinela erró. En esta guerra todo el mundo siempre erraba a todos los demás, cuando era humanamente posible.

George Orwell[110]

Las democracias existentes en América Latina conforman un entramado de instituciones, prácticas, niveles organizativos, marcos normativos, prejuicios y niveles decisionales, que no solo van formando capas geológicas diferentes, sino que disparan fenómenos políticos en diferentes direcciones. Entender cómo funcionan nuestras democracias, emitir un juicio empíricamente fundado sobre la cualidad de las mismas, el valor de sus atributos y componentes es, como la creciente literatura especializada atestigua, parte de la agenda de un nuevo campo de la ciencia política denominado calidad de la democracia. Mi acercamiento a este problema no es desde la ciencia política, sino más bien desde la filosofía política. Y la pregunta que deseo tematizar en este artículo consiste en comprender cuál es la relación (si es que existe) entre la definición empírica y no filosófica de la democracia con los criterios utilizados para evaluar la "calidad" de la democracia. De tal manera que estoy como el Jaime Doménech de Orwell buscando dentro del trabajo especializado (esotérico) de los politólogos contraseñas exotéricas que permitan dimensionar el problema de la calidad de la democracia pero en el terreno de la filosofía política.

---

[110]   Orwell en *Homage to Cataluña*. Citado por Eduardo Rabasa en el prólogo a *Ensayos Escogidos* editado en México por Sexto Piso.

El trabajo podría ser leído a través de la siguiente pregunta: ¿son el conjunto de dimensiones de la democracia las que me permiten, explorando explicaciones, la calidad de la democracia; o es la definición empírica y no filosófica de la democracia la que me permite exponer las cualidades y atributos de la calidad de la democracia? En la primera parte del trabajo se exponen algunas preguntas y dudas sobre cómo se relaciona la calidad de la democracia con la agenda de la ciencia política; en la segunda parte se analizan dos versiones rivales sobre la conceptualización de la "calidad"; en la tercera parte se exponen modelos analítico-conceptuales de la calidad de la democracia en relación con la definición empírica de la democracia; y la última parte concluye con algunas preguntas relacionadas a la necesidad (o no) de revisar la definición empírica y no filosófica de la democracia para soportar los estudios de la calidad democrática.

1. Introducción: buscando contraseñas...

Para los actores políticos, científicos sociales y ciudadanos que comenzaban a entretejer sus vidas (de nueva cuenta) en las recientemente instaladas democracias latinoamericanas de inicios de los ochenta era muy difícil, cuando no imposible, prever el devenir de la democracia. Lo cual es adecuado a la naturaleza de las cosas: la historia, como se ha dicho reiteradamente, se narra, no se explica. Sin embargo, hoy, para ciudadanos que han vivido algo más de un cuarto de siglo en democracia, para cientistas políticos que han estabilizado e institucionalizado la ciencia política en la región, y para actores políticos que han aprehendido a pulir los palos de la política,[111] la narración

---

[111]   Haciendo alusión a la metáfora de Weber sobre "el pulir de las duras maderas".

histórica es un contexto; lo que les interesa (y, a la postre, es de utilidad) es explicar cómo funcionan los regímenes políticos (cómo trabajan las democracias de la región).[112] Cómo ha trabajado la democracia en la región puede ser visto como: (i) un proceso histórico (previamente racionalizado *ex post*) en donde ideas, acciones y resultados fueron *performando* el entramado actualmente existente; o bien (ii) como situaciones particulares-específicas, pletóricas de ideas en disputas, de acciones encontradas, de juicios inacabados y disputables sobre los resultados, en donde la actual situación democrática no sería otra cosa más que una situación de reinicio (entre los muchos que hubo). Mientras en la primera visión se pueden acumular las experiencias dotando de sentido y dirección al trabajo democrático; en la segunda, la búsqueda de sentido prima sobre la acumulación de experiencias (esto se vuelve particularmente virulento cuanto se asocia el trabajo de la democracia con los resultados que la misma produce).

Una forma, quizá entre muchas disponibles, de evitar la anterior pinza, que además de ser estéril no dejaría de producir una demoledora desolación, es postular que el trabajo de la democracia ha tenido ámbitos y espacios (lugares) recurrentes a lo largo de este lapso de tiempo.[113]

---

[112] Decir que la democracia es un proceso abierto no solo implica aceptar que no tiene fines preestablecidos, sino que además implica aceptar que estamos en democracia cuando la estamos produciendo. De esta forma la metáfora "del trabajo de la democracia" trata de captar esta doble pista de la democracia: estamos en democracia porque la producimos, y para producirla tenemos que estar en ella (aún de manera incipiente, dudosa o sujeta a evaluación). De aquí que para el científico analizar la doble pista sea fundamental: ¿cómo estamos seguros que estamos en democracia?

[113] Se podría hacer una cuenta alternativa utilizando los saltos y discontinuidades de temas no recurrentes pero que igualmente han sido muy importantes tanto en el marco de las ideas como de las acciones de la producción democrática en la región. Esta complicaría innecesariamente

Estos lugares recurrentes pueden ser ordenados en un vector que va de clásicos (iniciales y básicos) a contemporáneos (y complejos).[114] Uno de los lugares clásicos y recurrentes *par excellence* ha sido (y es) la cuestión de la legalidad y legitimidad, que incluye, claro está, las reglas de acceso, permanencia y salida (alternancia) del poder. De este ámbito se desgranan tres: (i) las creencias compartidas (y apoyadas traslapadamente)[115] entre los ciudadanos sobre la igualdad política (equidad ciudadana) y libertad; (ii) las reglas y procedimientos de selección de líderes y gobernantes (*grosso modo* sistemas electorales); y (iii) el control sobre el poder (político) para que no devenga en dominación o tiranía (la herencia republicana), que en la modelización liberal y contemporánea es la *accountability horizontal.*

La creencia moderna (y liberalmente valorizada) de que el individuo conoce sus intereses y es el mejor juez de ellos, conforma el segundo bloque de lugares recurrentes: representación y responsabilidad. La representación no solo se conecta con los sistemas de selección de líderes (creando un abanico de opciones de diseño institucional e ingeniería electoral), sino con la percepción (*a posteriori* evaluación) que los ciudadanos tienen y hacen de los actos de gobierno (ejercicio del poder político delegado). Dar cuenta de los actos autónomos de gobierno es abrir la posibilidad del juicio de los ciudadanos, por tanto a través de la *accountability vertical* se vuelve a conectar la representación con la legitimidad. Pero este tema da paso *ipso facto* a un tercer lugar recurrente: la densidad institucional de la democracia. Una democracia no puede trabajar

---

el asunto y rompería con la idea expositiva que esta introducción quiere transmitir.

[114] El presente listado no pretende ser exhaustivo sino indicativo conforme a los fines que en esta introducción se persiguen.

[115] Como en el *overlapping consensus* de Rawls.

sin instituciones, pero además estas no tienen que estar corroídas, sino rebosantes de vitalidad. Así la corrupción, en su sentido clásico-latino recuperado por Maquiavelo de *corruzione-decadenzza* (denotando pérdida de calidad del gobierno), entra en un doble circuito: (i) (re)establecer el funcionamiento adecuado de las instituciones para la democracia; y (ii) evitar males públicos. Pero esto conecta con un lugar más contemporáneo y complejo: la participación. La participación es como un *Lego,* tiene demasiadas piezas y combinaciones posibles para producir alternativos artefactos que impactan de diferentes formas en el trabajo democrático. Uno de los motivos que hacen de este lugar un punto de bifurcaciones (alternativas y desconocidas) es que a diferencia de los otros (lugares vistos desde la perspectiva del estado-gobierno) este mira el horizonte de la democracia desde los ciudadanos (el soberano). Y lo hace, inevitablemente, en tres niveles simultáneos: disputando lo que la democracia es, juzgando lo que la democracia produce y valorando los artefactos (medios) involucrados en esa producción-reproducción democrática. Esta visión de la participación como vigilancia, auditoria, control y transparencia se conecta, vía los registros históricos de los *sensores y éforos,*[116] con la idea republicana de virtudes ciudadanas y espacio público, produciendo no solo una tensión con la visión liberal predominante en los otros lugares recurrentes, sino una fisura, especialmente, con en el concepto de buen gobierno, un quinto lugar común que no será más que mencionado en esta introducción.

Ahora bien, estos temas recurrentes no han operado ni fuera, ni al margen de los fines escogidos por las democracias en funcionamiento. Las democracias, a través de sus gobiernos, han optado por "políticas", han implementado

---

[116]   Véase Rosanvallon (2007).

soluciones a problemas, generando así actos de gobierno.[117] La sincronía entre lugares recurrentes y "políticas" ha generado no solo historicidad (visto *ex post*), sino énfasis explicativos diferentes (vistos desde la atalaya de la ciencia). Ora unos temas, ora una acciones concretas, no solo han marcado el trabajo de la democracia en estos años, sino también el énfasis puesto en los procesos explicativos de cómo estaba (está) funcionando la democracia y qué tipo de democracia estábamos (estamos) teniendo (produciendo). De esta manera la ciencia política y los científicos políticos han producido de manera parsimoniosa y prudente[118] mecanismos explicativos que caracterizan tipologías y especifican temporalidades. Fue así que se contó con teorías y explicaciones sobre la *transición* y sobre los procesos de *consolidación* democrática. Tipologías de democracia como *democracia iliberal, delegativa, elusiva* por solo mencionar algunas. Sin embargo, en estos últimos años se sumó a la cuestión de las tipologías y temporalidades la problemática de la "calidad".

La cuestión de la calidad de la democracia presenta, *in amateurism*, una apariencia "retorcida" y "embrollada".[119] Es por ese motivo que las "contraseñas" se vuelven valiosas a la hora de "entrar" a este nuevo terreno (al menos en el contexto latinoamericano). Si tuviera que elegir una metáfora para describir este asunto escogería una figura en forma de U, en donde al fondo de la concavidad reposa

---

[117]   Por recordar solo algunos: reformas constitucionales, cambios en los sistemas parlamentarios, implementación del decálogo del Consenso de Washington, reformas de segunda y tercera generación, adopción de las Metas del Milenio, entre otros.

[118]   Lo que no quiere decir que yo esté (siempre) de acuerdo con las líneas de investigación que se han desarrollado, con las que se han abandonado y las que se han ignorado.

[119]   Utilizo retorcido para generar una símil con los denominados *wicked problems* del campo de las políticas. Véase Aguilar Villanueva (2003: Estudio introductorio). -

la "calidad de la democracia", y soporta dos fuerzas que vienen en sentido contrario arrastrando y llevando lo que pueden para sus legítimos propósitos.

Por un lado, hay una fuerza inercial que hunde sus raíces en la cuestión de las instituciones democráticas. La relación entre instituciones y calidad se instaló discursivamente, al menos, en la reunión de Presidentes y Jefes de Estado de 1997 realizada en Santiago de Chile durante el mes de mayo. Allí apareció la cuestión de la calidad democrática asociada a la consolidación de reformas de segunda y al inicio de las de tercera generación, aquellas dedicadas *in toto* a las reformas institucionales. Así la cuestión de la calidad de la democracia estuvo asociada, *ab initio,* a reformas institucionales.[120] Como ya se ha mencionado,

---

[120] Ahora, si bien el tema ya tiene más de una década, la generación de informes, estudios específicos y la producción de indicadores que recrean y representan la "calidad" son, en su gran mayoría, de este nuevo milenio. En su mayor parte los informes y estudios específicos se concentran en proponer mediciones sobre el "desempeño" en los procesos de transición, adecuación y consolidación democrática. Entre los informes o estudios técnicos se encuentran el *Índice de Desarrollo Democrático de América Latina* (IDD-LAT) financiado y patrocinado por la Fundación Konrad Adenauer (y confeccionado por la consultora Politat.com). El informe *La democracia en América Latina. Hacia una democracia de ciudadanas y ciudadanos,* que se ha convertido en un instrumento valioso y formador de agendas, publicado por el Programa de las Naciones Unidas para el Desarrollo (PNUD). Un trabajo pionero fue *La política importa, democracia y desarrollo en América Latina,* de publicación conjunta entre el Banco Interamericano de Desarrollo (BID) y el Instituto Internacional para la Democracia Electoral (IDEA- Strömsborg, Suecia). Otro informe clave es *Democracia e instituciones en América Latina* del 2005, financiado por la Iniciativa Europea para la Democracia y los Derechos Humanos (IEDDH) de la Unión Europea y la Agencia Española de Cooperación Internacional (AECI). "Democracia en América Latina y el Caribe", financiado por la Asociación Civil Transparencia, la Red Interamericana para la Democracia (RID), el IDEA y el *Democracy Coalition Project.* Además es interesante el informe *National Visions Matter: Lessons of Success* publicado en 2005 por el Instituto Internacional para la Democracia y la Asistencia Electoral y coeditado por el Banco

era natural que una vez instalada la democracia hubiese un corrimiento desde los problemas transicionales a la cuestión de la calidad: funcionamiento de las instituciones (electorales, judiciales, instancias de rendición de cuentas, defensorías de derechos y organizaciones ciudadanas, entre las principales).[121]

La fuerza inercial que viene empujando nuevos temas y dimensiones de la democracia (que en muchos casos incluye la dimensión de los resultados) contrasta, por otro lado, con un nuevo esfuerzo hercúleo que intenta conjugar "las modalidades y explicaciones de las democratizaciones" con la realización de "los ideales y normas éticas" subyacentes a las democracias existentes. Es decir: "[...] La de valorizar las referencias ideales buscando los cotejos empíricos a través de un escrupuloso y cuidadoso análisis de qué tanto los ideales y normas éticas han logrado convertirse en una realidad efectiva." (Morlino, 2007:4).

Para terminar esta introducción, en clave exotérica las contraseñas que estaba buscando me devuelven preguntas:

1. ¿La cuestión de la calidad de la democracia abre un nuevo campo de estudio buscando explicar por qué existen democracias de calidad? O bien:

2. ¿Es la continuación de la problemática de las transiciones/consolidaciones por medios alternativos? De esta forma: ¿la calidad de la democracia permitiría explicar las tipologías democráticas? Entonces: "calidad" es una respuesta a ¿qué tipo de democracia tenemos?

Mundial y la Comisión Económica para América Latina y el Caribe. Han sido claves los resultados de Latinobarómetro, pero también los datos de América Latina en un contexto mundial como los elaborados por Freedom House.

[121] Véase: Beetham (2004); Diamond y Morlino (2004); Hagopian y Mainwaring (2005); O'Donnell (2004a y 2004b); Powell (2004) y Rueschemeyer (2004).

3. ¿La calidad de la democracia tiene como finalidad medir la calidad o brindar, también, recomendaciones prescriptivas? La cuestión de la calidad de la democracia tiene en su punto nodal o entre sus intereses explicar algo, o es, lo que no sería menor, identificar las mediciones apropiadas de la calidad de la democracia. Si intenta explicar algo nuevo estamos en presencia de una nueva línea de investigación, si solo mide estamos en presencia de un tablero de control sobre un producto (en este caso la democracia).

4. Dado el propio terreno empírico de la democracia (no metafísico ni filosófico), ¿la cuestión de la calidad de la democracia lleva a la ciencia política a reformular la definición de democracia? Cuestiones diferentes: qué es la calidad de la democracia; qué explica la calidad de la democracia y cómo se mide.

2. Calidad [...] a secas

"Quality means doing it right when no one is looking."

Henry Ford[122]

Para bien o para mal, los conceptos y las palabras asociadas a ellos tienen, siempre, historias ineludibles, la "calidad" de la democracia no parece ser la excepción. Según el diccionario de la Real Academia la palabra 'calidad'[123] significa: "Propiedad o conjunto de propiedades inherentes a algo, que permiten juzgar su valor". Si nos ajustáramos al uso propuesto por la Real Academia en-

---

[122] Citado en *Anual Report, 2004,* Dearborn, Michigan: The Henry Ford Org.

[123] Del latín *qualĭtas -ātis,* y este a su vez del griego ποιότης. Véase Real Academia entrada "calidad".

tonces calidad de la democracia sería algo así como "un conjunto de condiciones que contribuyen a hacer valiosa la democracia". Así, aparentemente, estaríamos en presencia de una circularidad: aquello que es valioso tiene calidad; y tiene calidad porque es valioso. ¿Pero entonces, qué es valioso? Se abren dos vías: valioso es aquello que es bueno; o valioso es aquello constitutivo de la cosa en cuestión,[124] es decir, su cualidad.[125] Mientras en el primer caso la calidad tiene grados (hay muchas formas de entender que lo *bueno* se realiza para mí, y en diferentes grados); en la segunda acepción se tiene o se carece de la calidad (dado que la cosa es lo que es porque tiene esa cualidad; si sus atributos están ausentes, la cosa prefigurada es otra cosa). Dicho de otra manera: en el primer caso se puede hablar de que algo tenga una puntuación que va de mala a buena calidad; en el segundo, la calidad es intrínseca a la "cosa" en cuestión, si la calidad está ausente la "cosa" ya no está presente como tal. Llamaremos a estos: versión calidad-bueno[126] y versión calidad-intrínseco, respectivamente.

---

[124] Que pueden ser dos acepciones posibles de valor, como las usadas en economía. Nótese que es valioso/calidad para alguien.

[125] La Real Academia define cualidad (misma raíz latina: *qualĭtas -ātis*) como: "Cada uno de los caracteres, naturales o adquiridos, que distinguen a las personas, a los seres vivos en general o a las cosas."

[126] Digresión para evitar malos entendidos. Dado que más adelante se utilizará el criterio de calidad-bueno conjuntamente con definiciones ampliadas de democracia (que incluyen componentes normativos) para producir un conjunto no vacío de tipología de calidad de la democracia explicitaré de qué manera se puede entender "bueno" (no como yo lo entiendo, que es irrelevante y no está en juego aquí). Lo bueno/malo tienen tradiciones y contextos que evocan al lector diferentes campos de estudios (p.e. comunitaristas, republicanismo, eticidad). Aquí a la luz de los textos consultados se pueden visualizar dos caminos, solo se enuncian; ya que no siendo este un trabajo de exégesis de textos le corresponde a cada lector identificar las tipologías en cada autor-texto. Así, "bueno" puede referenciar a una(s) doctrina(s) comprensiva(s) para descubrir y realizar lo bueno (una variante de esta podría ser contar *ex ante* con un conjunto de virtudes a desarrollar de manera teleológica). (Este camino

Siguiendo en esta misma línea. Si la "cosa" y la "calidad" se vuelven inteligibles a través de los "atributos o propiedades" es perfectamente razonable que diferentes "cosas" tendrán diferentes cantidades de dimensiones (como conjunto de atributos o propiedades). Dicho de otra forma: si una "cosa" se puede particionar en diferentes e independientes dimensiones, la calidad de la "cosa" dependerá de: (i) la calidad de cada una de sus dimensiones; y (ii) de la calidad del ensamblado final de sus diferentes e independientes dimensiones.[127] Dicho esto ahora podemos ver que: (i) en la versión de calidad-bueno, mientras más dimensiones tenga la "cosa" más fácil será obtener un *trade-off* satisfactorio entre dimensiones buenas con malas; mientras que en la versión calidad-intrínseca, este *trade-off* es imposible. Por otro lado, (ii) mientras menores sean las dimensiones consideradas de la "cosa" más parecidos tendrán que ser los resultados en términos de calidad entre las dos versiones (ya que la posibilidad de compensar en la

---

podría tener una variante: asociar bueno a la "satisfacción" que los individuos tienen, obtienen o evalúan sobre algo -p.e. resultados de la democracia-. En este caso la calidad-bueno como satisfacción produce un juicio cuya validez no puede ir más allá de la validez estadística de la muestra). Otra forma de entender lo bueno sería como sustituto de lo correcto, en donde lo bueno de la "buena democracia", reflejaría una preocupación por los procedimientos adecuados o correctos para realizar los valores contenidos en la democracia (es decir, la libertad y la igualdad política). El último camino, que representa una visión deontológica, permite una coexistencia de los valores sin renunciar a la definición empírica, para la primera existe cierta imposibilidad en ese terreno. Por ello es que en los textos que defienden la definición empírica y no filosófica de la democracia se habla de "buen gobierno" pero no de buena democracia; ya que un gobierno puede perseguir fines pertenecientes al campo de una doctrina comprensiva, pero la democracia no.

[127] Lo que implica que la calidad de sus partes no implica *ipso facto* la calidad del todo. De lo contrario caeríamos en una falacia de la agregación, que en microeconomía se utiliza mucho para señalar los problemas de *eficiencia X*.

versión calidad-bueno se reducen). Pero una "cosa" tiene dimensiones definidas y definitivas. Un escalpelo es un escalpelo, y una democracia es...una democracia. El meollo de la cuestión es la definición (empírica, no metafísica ni filosófica) de la democracia, y por tanto las dimensiones de análisis de la calidad.[128]

Ahora, nos situaremos en la perspectiva de la manufactura de "algo".[129] Producir, manufacturar, crear una "cosa" es una actividad de "hombres entre hombres" que requiere un contexto, una coordinación y una finalidad. Siguiendo en esta línea y contextualizándola en el debate de la calidad democrática (Morlino, 2004a, 2004b, 2007) podemos observar que en la manufactura intervienen tres niveles: los contenidos, los procedimientos y los resultados. Los contenidos son los *imputs* que requiere la "cosa" para ser producida, manufacturada; recordando que hay que evitar la falacia de la agregación, está claro que la calidad de los *imputs* son una condición de posibilidad de la calidad y no la calidad (final) de la "cosa". El ensamblado, *i.e.* la relación de los *imputs* entre sí, que representa la idea final de la "cosa" (que no es otra, visto en reversa, que los procedimientos[130] necesarios para llegar a la "cosa") deberá ser meticuloso y excelente para resguardar la cualidad de cada uno de los *imputs* en sus relaciones para con la idea de la "cosa".

---

[128] Este argumento reproduce en líneas generales la discusión que el lector puede encontrar al contraponer los textos de Morlino (2004a; 2004b; 2007) con el de Ieraci-Paulo (2007).

[129] El concepto de *homo faber* arendtiano y el concepto de trabajo de Marx nos ayudan y están presentes implícitamente.

[130] Desagregar ese "algo" en todas sus partes, normalizar la producción y manufactura de esas partes, estandarizar su proceso (repetición, exactitud, iteracción), lo que implica quitar cada componente fallido (de no calidad). Lo que no parece admisible en la cuestión de la calidad son las improvisaciones en los procesos de manufactura, de allí la cuestión de la estandarización, normalización. Si no hay normalización no puede haber proceso perfecto de manufactura.

Finalmente obtenemos, después del ensamblado, el resultado: la producción de la "cosa". Que contrastado con la idea
prefigurada de la "cosa" nos permitirá concluir si llegamos
o no a tener la "cosa" tal y como fue ideada. Nuevamente
podemos pensar que mientras mayor sea el número de
imputs y más compleja sea la red de procedimientos, la
versión calidad-bueno podrá tener más oportunidades de
compensar *imputs* y procedimientos malos con buenos,
obteniendo mejoras en una hipotética evaluación final de
la calidad (resultado-idea de la "cosa").[131] Entonces, desde
la perspectiva de la manufactura llegamos a la misma
cuestión planteada *ut supra:* un escalpelo es un escalpelo
y una democracia es.... una democracia. La definición de
la "cosa" es de singular y primigenia importancia.

Pongamos las cosas de otra forma. Supongamos que
una "cosa" puede representarse con C y tiene dos dimensiones que se pueden representar con X y Y; supongamos
que sus relaciones se pueden representar por un entorno
de manufactura δ. Entonces: $C = \delta(X; Y)$. Ahora supongamos que la dimensión X tiene tres elementos $(X_1; X_2; X_3)$
y la dimensión Y tiene otros tres elementos $(Y_1; Y_2; Y_3)$.
Supongamos que podemos representar la "calidad" con
negritas. En esta situación hipotética está claro que C es **C**,
es decir $C \equiv \mathbf{C}$. Desde la perspectiva de la calidad-intrínseca
la única forma posible que C sea C es si $\mathbf{C} = \delta(\mathbf{X_1; X_2; X_3; Y_1; Y_2; Y_3})$, si encontramos que un C es igual a $\delta(\mathbf{X_1}; X_2; X_3; \mathbf{Y_1}; \mathbf{Y_2}; Y_3)$,
concluiremos que no es C. Para la versión de calidad-bueno

---

[131]   Cuando Morlino (2004a; 2004b; 2007) plantea que se puede colocar
el énfasis de la calidad en las tres dimensiones por él propuestas
(procedimientos, contenidos y resultados), de alguna manera se puede
inferir que se pueden obtener, en un caso particular de estudio, diferentes
puntuaciones en cada una de las tres dimensiones y por tanto obtener
un resultado final que compensa las diferentes calidades. Por supuesto
que el problema metodológico de compensar los resultados de medición
de la calidad por dimensiones tendrá que solventar la cuestión de la
falacia de la agregación.

este último C es mucho más bueno que digamos este: $\delta(\mathbf{X_1};$ $\mathbf{X_2}, \mathbf{X_3}, \mathbf{Y_1}; \mathbf{Y_2}, \mathbf{Y_3})$. Dada la impresión que la versión calidad-bueno permite jerarquizar entre diferentes C; mientras que la versión calidad-intrínseco solo permite afirmar que si C existe como C, entonces es **C**. Nuevamente: un escalpelo es un **escalpelo** y una democracia es…. una **democracia**.

Si la cuestión decisoria de la calidad de una "cosa" descansa en la definición exhaustiva y rigurosa de la "cosa", entonces la calidad de la democracia se resolvería en una rigurosa, inequívoca, empírica y no filosófica definición de la democracia. Dada la literatura que he revisado, existe (y parece existir un acuerdo entre los investigadores) una definición mínima de democracia que es rigurosa, inequívoca, empírica y no filosófica, y que en el peor de los casos producirá discusiones metodológicas sobre la recolección y tratamiento de la información, pero nunca disputas sobre el método y mucho menos sobre las clasificaciones conceptuales que la definición contiene. Esta aceptación explícita de la definición mínima y compartida de democracia contrasta con la multiplicidad de categorías denominativas del objeto de estudio: "calidad de la democracia"; "calidad democrática" (*democratic quality*); "baja calidad de la democracia"; "buena" democracia; "mala" democracia y la menos usada: "democracia de calidad". Paradójicamente, y de forma hipotética, se podría pensar que el debate (disputabilidad del campo de estudio) se concentraría en la multiplicidad de denominaciones que el nuevo campo tiene (adopta en las investigaciones). Sin embargo, la literatura, a mi modo de ver las cosas, está debatiendo en torno a la definición de la democracia. Esta disputa adopta, *grosso modo,* una tensión entre calidad y desempeño. O más específicamente entre calidad de los contenidos y calidad de los resultados (ver Morlino; Levine y Molina, etc.) lo que puede conducir a que la definición de la democracia adopte, ora un terreno empírico más estrecho, ora otro más amplio. Me permito tematizar esta tensión en el siguiente acápite.

3. Calidad de la democracia. Primera parte

¿Es posible que una definición minimalista,[132] empírica y no filosófica, que proviene de una misma línea de desarrollo que atraviesa desde Schumpeter, pasando por Dahl, hasta los estudios sobre las *democratizaciones,* esté generando una tensión (una disputa) en el análisis de la calidad de la democracia? *Quit Sapit.*

Dentro de los estudios de calidad de la democracia parece existir un preliminar consenso sobre cómo y por qué surge la cuestión de la calidad de la democracia. *Grosso modo* instauradas las democracias hay que revisar, estudiar, analizar y medir cómo funcionan esas democracias. Por tanto, el acuerdo sería: la calidad de la democracia es pertinente donde *hay* democracias, no para analizar los procesos de *democratización.* Entonces se abren dos posibles vías: una consistiría en afirmar que (i) dada la existencia de la democracia, esta es de calidad; y una segunda vía que afirmaría que (ii) la existencia de la democracia

---

[132]   La definición mínima, empírica y no filosófica considera a la democracia "como un sistema en el cual los ciudadanos eligen a sus gobernantes, y tienen el poder de removerlos e influenciar sus decisiones dentro de las siguientes condiciones: a. El gobierno está efectivamente en manos de los funcionarios elegidos; b. Las elecciones son libres, imparciales y frecuentes; c. Hay libertad de expresión; d. Los ciudadanos tienen acceso efectivo a fuentes alternativas de información ; e. hay libertad de organización y de reunión , y las asociaciones tienen autonomía frente al gobierno; f. La ciudadanía es inclusiva (sufragio universal) y no hay barreras discriminatorias para la participación electoral y política." Levine-Molina (2007: 22-23). Esta definición está presente en la mayoría de la literatura bajo el rótulo otorgado por Barreda (2009) de "democracia como Poliarquía".

habilita la pregunta por su calidad.[133] De otra forma: (i) la democracia y la calidad están contenidas en una misma categoría analítica, y (ii) la existencia de la "calidad" tiene, al menos, una entidad analítica separada de la democracia.[134] La última puede llevarse al extremo de reconocer que lo que existe no (puede no) existe (existir) de la manera que debería de existir. Entonces: ¿la entidad filosófica de la democracia se cuela, se entremezcla, con la definición estricta y empírica de la democracia? ¿Esta pregunta es pertinente?[135] ¿Se puede evitar?[136]

Para evitar la anterior pregunta podríamos seguir la siguiente ruta. Si la democracia está realizada,[137] *i.e.* existe en función de la definición empírica y no filosófica, entonces

---

[133]   Nótese que en este caso $C \not\equiv \mathbf{C}$. Habría muchas formas que pudiera asumir C para llegar a ser $\mathbf{C}$. Dicho de otra forma: se podría llegar a producir C, tener la seguridad de que es C, pero sabiendo que no es $\mathbf{C}$. Los partidarios de este razonamiento dirán que los que defienden el punto de vista de que $C \equiv \mathbf{C}$ (de lo contrario no es C) hacen un razonamiento tautológico (Barreda, 2009) o de suma cero (Levine-Molina, 2007).

[134]   En este sentido la "calidad" (alta, media, baja, buena, mala, etc.) otorga (la identifica y mide) cualidad a algo ya existente.

[135]   Por lo afirmado por Morlino (2004a; 2004b; 2007) parece que sí. Por lo expuesto por Ieraci-Paulo (2008) parece que no.

[136]   Que sería como afirmar: que la democracia P_i pertenece a la familia de las democracias P´ que tienen como modelo ideal a la democracia **P**. En donde podemos afirmar que P_i pertenece al conjunto de P´ mediante la definición empírica y no filosófica aplicada a P_i; mientras que con una definición filosófica podemos escrutar que P_i no se asemeja al ideal **P**.

[137]   El experimentalismo democrático ha sido introducido en el debate de la "democracia realizada" por Mangabeira Unger (1998). Para él, si la democracia está realizada existen dos caminos a seguir: conformarse con una humanización de lo inevitable (que para Mangabeira Unger sería un apoyo a la visión conservadora), o bien explorar un creciente experimentalismo democrático que implique asumir nuevos rumbos democráticos (construcción de nuevas alternativas democráticas "progresistas"). Sin embargo uso el término experimentalismo para referirme a la creciente incorporación de dimensiones más allá de las elecciones y hasta llegar a los resultados a la hora de hablar de calidad de la democracia.

se abren dos vías: (i) buscar la *perfectibilidad* procedimental; (ii) *aggiornar* el procedimentalismo democrático vía el experimentalismo democrático.[138] En la primera vía se parte del supuesto de que si bien la democracia existe puede ser perfectible mediante ajustes (mejoras) tanto es sus procedimientos como en las instituciones encargadas de ejecutarlos.[139] En un principio, para aplicar el criterio de perfectibilidad procedimental no parece necesario sostener que C no es **C**. Ya que si P es un conjunto no vacio compuesto por P_1; P_2; P_3;....; P_n democracias y dado C^* un vector de procedimientos-instituciones, siempre será posible ordenar (p.e. de más a menos) las democracias $P_{1\text{-}n}$ en orden a la calidad del vector C^*. Y para ello no parece necesario comparar cada una de las P_i democracias *vis á vis* la democracia ideal. Sin embargo el criterio calidad-intrínseco que parecía expulsado por la puerta se cuela por la ventana: el criterio de perfectibilidad **es** el modelo ideal, o en términos de la calidad intrínseco es C≡**C**.[140] Entonces, la estrategia de la perfectibilidad procedimental tiene que aceptar que:

---

[138] Estas dos vías pueden ser complementarias o alternativas.

[139] Lo que en argot de los ingenieros especializados en control de calidad sería la mejora continua.

[140] Ilustrativo de este punto es la siguiente afirmación de Levine-Molina (2007:23, negritas mías): "Entendida a partir de esta noción de democracia [los autores se refieren a la definición empírica propuesta por Dahl, (véase nota 132 supra, DA)], la **calidad de la democracia no es un fenómeno de suma cero**, sino más bien **una escala** que, partiendo del cumplimiento de las condiciones mínimas arriba indicadas para que exista democracia, **va de lo mínimo aceptable a las mejores condiciones posibles** en tres áreas interrelacionadas cuyo funcionamiento nos indica los niveles de calidad [.....]". No se me escapa que probablemente los autores utilicen "escala" en un sentido técnico, neutral, aséptico y a-valorativo. Sin embargo si la "escala" tiene que recorren el camino que "va de lo mínimo aceptable a las mejores condiciones posibles", lo mínimo que tiene que hacer la escala de medición (perfectibilidad de los procedimiento) es realizar los valores (morales) incluidos en la definición empírica de la democracia: equidad (igualdad política) y libertad.

(1) parte del supuesto que la democracia P_i carece de ciertas cualidades, de lo contrario aceptaría con gusto que $P \equiv \mathbf{P}$ y por tanto afirmaría (mediante pruebas empíricas) que si existe democracia, esta es de calidad; y todo el tema de la calidad carecería de sentido o enigma científico (por ello el énfasis puesto por algunos investigadores en que este razonamiento es tautológico o de suma cero).

(2) Pero, dirá el criterio de la perfectibilidad procedimental, para hablar de calidad de la democracia no hace falta suponer una definición no-empírica (*i.e.* filosófica) de la democracia (esto es $\mathbf{P}$), basta con ordenar conforme a un vector C^* a las $P_{1\text{-}n}$. Pero para hacerlo el criterio de ordenamiento es un criterio de perfectibilidad, por lo tanto el criterio mismo es lo que es (está en) $\mathbf{P}$ (es decir, lo que P_i carece, o está ausente, o se puede mejorar).

Llegados a esto la vía de la perfectibilidad tiene que enfrentar que su salida los lleva a aceptar:

(1) que es necesaria una definición no-empírica y filosófica para ordenar y jerarquizar en términos de calidad las democracias existentes y definidas por la definición empírica de la democracia. Es decir: acepta la necesidad de contar con un modelo normativo o ideal de la democracia. O bien:

(2) que para que P exista $P \equiv \mathbf{P}$; de lo contrario P no es P sino otra cosa (*i.e.* no existe como P). Con lo cual, como vimos, se cancela el estudio de la calidad.

La segunda vía, la del experimentalismo democrático, es más compleja. Esta vía acepta que la democracia existente habilita el problema de la "calidad", por tanto la cuestión de que $P \not\equiv \mathbf{P}$ no representa un problema. De alguna forma se pre-supone que el ideal normativo (abstracto o histórico situado, *i.e.* afirmaciones como: "P_3 es de mayor calidad que P_1") no modifica ni altera la pertinencia científica de la definición rigurosa, empírica y no filosófica de la democracia (para P$_j$).[141] Al parecer, la dificultad no radica en la naturaleza de la definición empírica de democracia, sino en el alcance de la misma. Para algunos científicos esta es más amplia (incluye más dimensiones) que para otros. Para los partidarios de una definición minimalista el alcance se restringe a los procedimientos-contenidos; mientras que para otros (minimalista+) incluye además la dimensión de los resultados. Por tanto, si bien la cuestión de la "calidad" es un relevo investigativo, a partir de la existencia de democracias, dentro de la cuestión de la transición/consolidación democrática, intencionadamente o no, abre (o puede hacerlo) un abismo, una fractura: estudiar y medir la democracia tomando en cuenta los resultados, rendimientos o desempeños. Varios autores están comenzando a proponer que la calidad de la democracia (y sus posibles gradientes) tiene que tomar en cuenta los resultados. En esta vía, si entiendo bien, resulta extraño que una democracia que produzca magros resultados no termine minando, socavando o corroyendo la democracia (procedimentalmente hablando). *Ergo,* la calidad de la democracia no puede ser evaluada con independencia de los resultados, desempeños, impactos o consecuencias de las "políticas". Lo cual adquiere relevancia para la agenda de consolidación de gobernar por medio de "políticas", puesto que la democracia es *conditio sine qua non* para el gobierno por medio de políticas y estas apuntalan la calidad de aquella (¿cómo es posible disociar democracia de resultados?, ¿es posible?). Por ejemplo, si un gobierno tuviera que escoger entre avanzar sobre una oportunidad calculadamente racional de políticas que rindieran buenos resultados, o entre asegurar condiciones procedimentales que cerraran la brecha de calidad pero a expensas de obtener magros resultados, ¿usted qué escogería? ¿Si usted

---

[141]   Volveremos en el próximo acápite sobre este punto.

fuera presidente, diputado, senador o hacedor de políticas, qué haría?[142] Esta separación, ¿no es someter al decisor público a dilemas innecesarios? Es totalmente cierto que se puede (y en cierto modo es deseable, afirmarían los que se encuentran en esta vía) aislar y medir la calidad de una democracia con independencia de los resultados. De la misma manera que concentrarse en los resultados puede esconder sacrificios de calidad inadmisibles para las democracias y sus ciudadanos. Pero la cuestión central no recae en este punto, sino en la siguiente cuestión: ¿por qué separar el proceso de gobierno de las condiciones procedimentales del mismo? Al reconocer la separación, se está afirmando que la calidad democrática no puede explicar (ni asegurar) buenos resultados, entonces ¿por qué excluir el proceso de gobierno del corazón mismo de la democracia? ¿Por qué concentrar el proceso de legitimidad y consentimiento –el derecho a gobernar y el proceso de exigir obediencia– del lado procedimental? Dónde quedó la idea, crucial, de más está decirlo, de que gran parte del proceso modernizador de la reforma del Estado recaía en aceptar que gobernar lo era a través de políticas. Pero ahora con esta fractura en la agenda de investigación ya no queda claro ese solapamiento entre gobierno por medio de políticas con democracia (de calidad). Porque, para decirlo un poco amargamente, podría rematar el interlocutor ubicado en esta vía: ¿de qué le sirve a un ciudadano saber que su democracia es de "calidad" si esto no le asegura que tiene un impacto en el proceso de gobierno? ¿O es que acaso su obediencia política no está condicionada a los resultados del proceso de gobierno? O al revés: ¿un ciudadano puede tener la certeza que un fracaso del gobierno (juzgando los resultados de las decisiones de gobierno) no afecta la calidad democrática? Como vemos, las razones que puede

---

[142] Esto permite utilizar el *trade-off* de la versión calidad-bueno.

esgrimir el experimentalismo democrático (minimalista+) tienen que ser tenidas en cuenta; sin embargo, creo que para entender mejor este punto conviene hacer la siguiente clasificación.

En la tensión entre calidad de contenidos *vs.* resultados, *i.e.* entre definición democrática minimalista y minimalista+, se tienen que tener en cuenta estos cinco niveles:

1. Lo que la democracia *es.*[143] La definición empírica y no filosófica que incluye, por supuesto, las creencias sobre la libertad y la igualdad política (como hechos no-empíricos sino morales).

2. Las instituciones que conforman lo que la democracia *es.* Que como tal son los insumos y están sujetos a mejoras procedimentales por separado y en sus relaciones.

3. La elección de fines.

4. Los instrumentos técnicos, símbolos y artefactos conceptuales-discursivos con los que la democracia (siendo lo que *es*) produce los resultados que produce. Esto incluye, *grosso modo,* la elección de medios dentro de un conjunto de medios posibles sujetos a las restricciones de 1-3.

5. Los resultados.

Suponiendo un debate entre minimalistas y minimalistas+, los primeros podrían decir: "Con la definición minimalista (tradicional y aceptada) nosotros podemos lidiar bastante bien con los niveles (1) y (2). Y lo hacemos con los conceptos de *accountability* vertical y horizontal. De forma tal que ustedes deberían de dar razones de cómo ampliar el alcance de la definición empírica para incluir los niveles (3) a (5) para poder pasar de calidad de procedimientos-contenidos a la calidad de resultados". Y continuarán: "Pero como se supone que ustedes comparten la misma definición empírica que nosotros, pero le añaden la deseabilidad de incorporar los resultados, tomamos la

---

[143]   La definición minimalista de la nota 132.

pica en Flandes y le respondemos que: los puntos (3) a (5), o bien están en (1) y (2), o bien son innecesarios para la cuestión de la calidad de la democracia". El argumento defensivo de los minimalistas podría ser resumido así:

(a). Se puede afirmar que existe una calidad asociada a los procedimientos, pero ¿se puede pensar la calidad asociada a los fines? ¿Se pueden jerarquizar los fines en función de la calidad? Los fines son resultados de la voluntad popular, de las elecciones, de la soberanía, los fines son fines a secas. En todo caso los fines entran en la *accountability* vertical a través del concepto de *responsiveness*.[144] *Ergo* (3) está subsumido en (1).

(b). Si las políticas calculadamente racionales representan (empíricamente) los medios, está claro que se encuentran en (1), ya que los fines restringen la elección de los medios. Y la calidad de las "políticas" no le compete ser evaluada desde la perspectiva de la definición de la democracia, es un asunto técnico que se resuelve en el campo de las políticas públicas y no en el de la calidad de la democracia.

(c). Con respecto a los resultados estos no proceden ya que: (i) tendríamos que tener *a priori* un catálogo jerarquizado de innumerables resultados que funcionara *ad*

---

[144] Levine-Molina (2007: 27) citando a Powell (2004: 91) definen *responsiveness* como "[...] lo que ocurre cuando el proceso democrático induce al gobierno a formular y aplicar las políticas que los ciudadanos quieren." Y más adelante comentan: " Siguiendo esta orientación, tal como la utilizamos aquí 'respuesta a la voluntad popular' se refiere a las políticas, no a los resultados. Un gobierno que responda a la voluntad popular podría aplicar políticas apoyadas por la mayoría, pero estas podrían a su vez conducir a resultados insatisfactorios, que probablemente reduzcan la popularidad de los funcionarios. Responder a la voluntad popular no es tampoco idéntico con cumplimiento de promesas electorales, un gobierno que cambie de política luego de convencer de la bondad de ello a la mayoría de los ciudadanos podría ser culpable de engaño electoral pero no de falta de respuesta a la voluntad popular" Levine-Molina (2007: 28).

hoc de la definición empírica de democracia, o (ii) utilizar, para volver calculadamente racional los resultados, criterios que están por fuera de la definición de democracia.[145] En todo caso los resultados de la democracia deberían ser evaluados en función de los criterios de igualdad política y libertad que están en (1).

Antes de continuar haré una recapitulación de lo visto hasta ahora. Me serviré primero de una tabla y luego la explicaré.

Tabla 1
Calidad de la democracia: versión techo *vs.* umbral

Fuente: elaboración propia

---

145 Por ejemplo: desigualdad del ingreso, igualdad de oportunidades, calidad de vida, principio de la diferencia de Rawls, "igualdad de capacidades", "igualdad compleja" de Walzer, criterios que hacen a la justicia distributiva (pura o aplicada) pero no a la definición empírica de la democracia.

Al inicio de este epígrafe nos preguntábamos si el estudio de la calidad de la democracia estaba produciendo tensiones (o posibles fracturas) en la definición empírica y no filosófica de la democracia. En nuestra cuenta parece que sí. La primera tensión se evidencia cuando el campo de estudio de la calidad de la democracia tiene que afirmar que la existencia de la democracia habilita el escrutinio y medición de la calidad. Esta tensión produce dos tipologías de calidad de la democracia: la versión minimalista de techo (MT) y minimalista de umbral (MU). Ambas comparten una misma definición minimalista de la (lo que es la) democracia, por tanto los argumentos esgrimidos por los minimalistas frente a los minimalistas+ serán suscritos por los defensores de la versión MT.[146] Difieren, sin embargo, en la utilización de un criterio normativo para medir la calidad. Mientras los defensores de la versión MU defienden la incorporación de un criterio normativo que permita jerarquizar (medir y cuantificar) la perfectibilidad procedimental, los defensores de la versión MT lo niegan. Esto da por resultado dos versiones rivales sobre la naturaleza de la definición mínima y empírica de la democracia. En donde los defensores de la versión MU le adjudican a los MT un razonamiento (y por tanto defensa) tautológica de la democracia o de suma cero (*vis á vis* los estudios de la calidad).

La segunda tensión aparece cuando se introduce la dimensión de los resultados en la evaluación de la calidad de la democracia. Esta tensión produce dos tipologías: versión MU y mínimo de umbral+ (MU+). La tensión aquí no se produce por la naturaleza de la definición de la democracia, sino más bien por su alcance. Tanto MU como MU+ comparten la visión que la democracia existente habilita la

---

[146]   Es decir, ambas versiones impugnarían la incorporación de la dimensión de "resultados" en el estudio de la calidad de la democracia.

problemática de la calidad, y que la medición de la calidad requiere algún componente normativo (realización de los ideales normativos). El problema es el alcance: ¿se incorpora o no la dimensión de los resultados?, ¿y cómo? Mientras en la versión MU los resultados quedan subsumidos en la definición original de la democracia, en la versión MU+ parece requerir una definición más amplia.

Recapitulando. El género propio de los estudios de la calidad de la democracia parece ser la versión MU ya que:

(1) sostiene que la existencia de la democracia, identificada a partir de la definición mínima y empírica, es la que habilita el estudio de la calidad por medio de la versión calidad-bueno.

(2) Utiliza el ideal normativo sin alterar el alcance empírico de la definición rigurosa, empírica y no filosófica de la democracia, es decir, subsumiendo los resultados en el vector normativo implícito de la definición: igualdad política y libertad.[147]

---

[147] Desde mi perspectiva, una definición que puedo indicar como ejemplificadora de la versión MT es la proporcionada por Ieraci-Paulo (2008?: 4): "*democracy can be defined as a regime based on the institutionalization of the political accountability*". Mientras que un ejemplo de la versión MU y MU+ puede ser la propuesta por Morlino (2004a; 2004b; 2007): "[......] *a quality or 'good' democracy may be considered to be one presenting a stable institutional structure that realizes the liberty and equality of citizens through the legitimate and correct functioning of its institutions and mechanisms. A good democracy is thus first and foremost a broadly legitimated regime that completely satisfies citizens ('quality' in terms of 'result')*." Morlino (2004a: 6-7). Si la satisfacción de los ciudadanos implica tomar en cuenta los resultados en términos de igualdad política y libertad estaremos frente a una versión MU; si satisfacción implica más que eso estaremos ante una versión MU+.

Figura 1
Calidad de la democracia y resultados

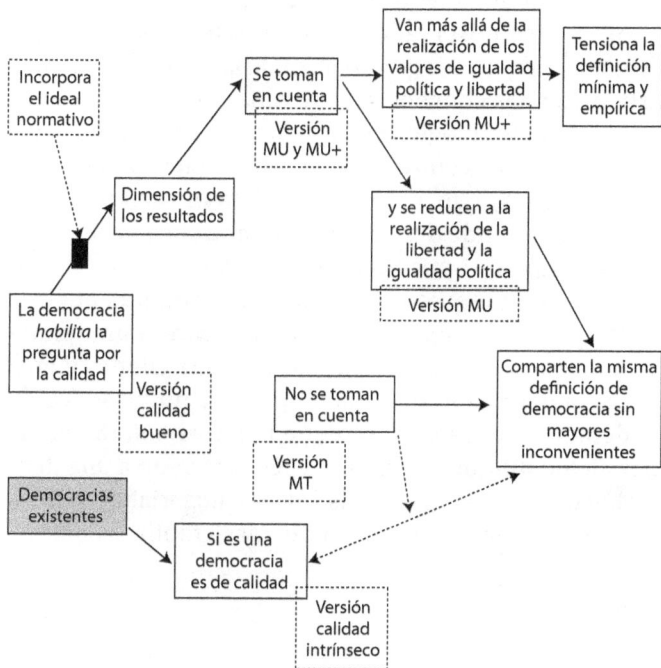

Fuente: elaboración propia

4. Calidad de la democracia. A modo de conclusión

"[...] no tengo más que una pasión, el amor por la libertad y la dignidad humana. Todas las formas gubernamentales no son a mis ojos sino medios más o menos perfectos de satisfacer esta sagrada y legítima pasión del hombre". Alexis de Tocqueville, *Correspondance anglaise,* 22 marzo de 1837.

Un observador escéptico podría sostener que el precio que se paga por tener un campo de estudio dedicado a la calidad de la democracia es bastante alto, ya que, el hipotético observador puede insistir, mientras más dimensiones se incorporan al análisis de la calidad, más articulaciones conceptuales se obtienen, y más refinamientos metodológicos se requieren para producir las compensaciones entre las diferentes dimensiones (y sus componentes) que, ora obran en una dirección, ora en otra, dependiendo del contexto de cada observación empírica. Esto en sí mismo no es un problema, ya que su solución solo requiere capacidad de cómputo, análisis e interpretación; sin embargo, lo que parece un desafío es la presión que el incremento de dimensiones ejerce sobre la definición mínima empírica y no filosófica de la democracia. Esto es: se tiene la impresión de que la definición mínima comienza a ceder terreno a una definición conceptualmente más densa, categorialmente más interconectada y empíricamente más amplia.

Figura 2
Multiplicidades de dimensiones en la
agenda de la calidad de la democracia

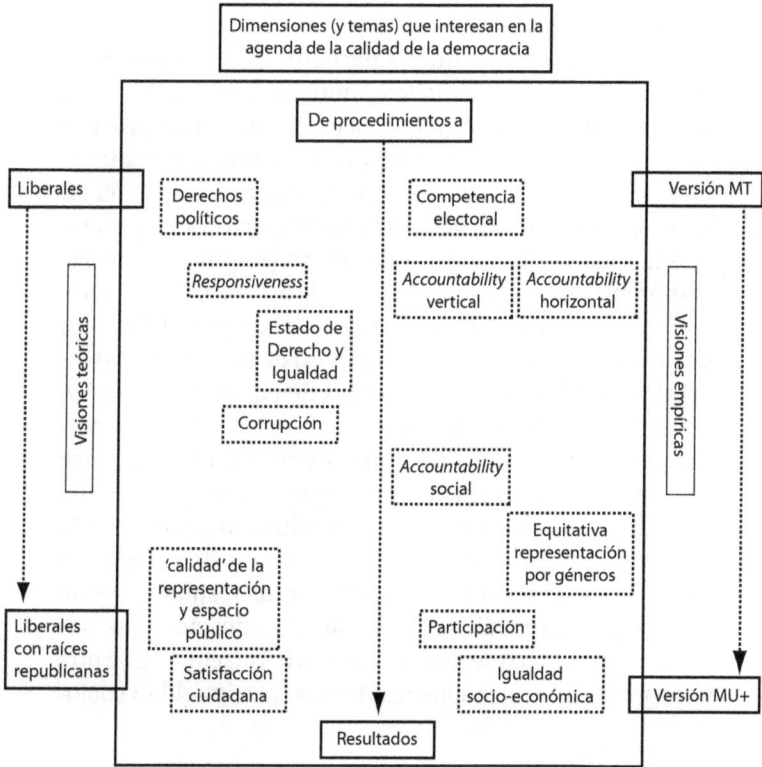

Fuente: elaboración propia a partir de Barreda (2009); Levine-Molina (2007); Murillo-Osorio (2007); Morlino (2004a; 2004b); Bühlmann, Merkel y Wessles (2007).

En este acápite tomaré un componente de una de las sub-dimensiones: la cuestión de la participación y trataré de argumentar cómo su incorporación impacta conceptualmente en la definición de la democracia, con la finalidad de darle argumentos al observador escéptico sobre su desconfianza (latente) en torno a la perdurabilidad de la definición de democracia en la agenda de la calidad de la democracia.

En la medida de que la participación se contiene[148] en la existencia de derechos políticos (realización de la igualdad política) y se efectiviza en el sacrosanto proceso de selección de líderes[149] mediante un apropiado contexto de libertades,[150] la participación no genera una tensión en la versión MU. Ahora bien, si la participación se relaciona con la realización de virtudes cívicas (impulsa doctrinas comprensivas), o con la promoción de conductas individuales (realización de fines no contemplados en la definición de la democracia), o con el contenido de capacidades para las decisiones políticas (igualdad de capacidades de los ciudadanos) está claro que la definición de la democracia pudiera tener otra naturaleza y no solo otro alcance (empírico). Esto es: en la medida que se toman en cuenta más dimensiones a la hora de evaluar la calidad de la democracia, más conexiones surgen, en este caso, entre la participación con los contenidos y los resultados (y no solo con los procedimientos). Más ramificaciones se obtienen al buscar conexiones causales (y relacionales) entre la representación con los resultados (p.e. igualdad socio-

---

[148]   Como componente o subdimensión.

[149]   Morlino (2004b: 19) sostiene que en las democracias el derecho *par excellence* es el derecho a votar.

[150]   Libertad de prensa, acceso efectivo a fuentes de información, libertad civiles para organizarse, reunirse y conformar asociaciones autónomas frente al Estado. Podemos dejar de lado la libertad de raigambre positiva expuesta por Dahl (2008) como capacidad de participar ilustradamente en las decisiones electorales (políticas). En nada afecta, en el nivel de este análisis, no tomarla en cuenta. Más allá de la importancia que tenga este componente para la calidad de la democracia y para la definición empírica y no filosófica de la democracia.

económica que incremente las capacidades de juicio en los electores), o con los contenidos (cómo la diversidad institucional permite la existencia y promoción de actitudes y acciones tendientes a fortalecer la *accountability* social), o cómo unos electores más educados en los asuntos públicos (fruto de una mejor distribución de activos sociales) y mediante organizaciones de auditoría cívica (densidad institucional de la *accountability* social) pueden participar más y mejor en las decisiones electorales produciendo un fortalecimiento (como subproducto) de las virtudes cívicas de una "buena" democracia. En forma sucinta podemos visualizar que más dimensiones (con sus ramificaciones y conexiones) presionan la definición mínima, empírica y no filosófica de la democracia, produciendo: o bien, una definición más elástica y porosa; o bien, una fractura en la definición mínima de la versión MU.

En el acápite anterior afirmé que, en mi cuenta del asunto, el género propio de la calidad de la democracia es la versión MU ya que: (i) conserva la mínima, empírica y no filosófica definición de democracia (defendida por la versión de MT); e (ii) incorpora la versión normativa pero excluyendo la dimensión de los resultados (esto es, excluye la versión de MU+); (iii) habilitando los estudios de la calidad a partir de las democracias realmente existentes. Sin embargo, pienso que aun sin tomar en cuenta la dimensión de los resultados, la versión de MU incorpora un conjunto amplio de dimensiones, que al ser interconectadas entre sí terminan presionando y fracturando la definición mínima que comparte con MT. Veamos el ejemplo que estamos tematizando.

Figura 3
Participación y tensión en la versión MU

Fuente: elaboración propia

Aun sin necesidad de relacionar la participación con la dimensión de los resultados, resulta evidente, dada la enorme literatura existente, que hay buenas razones para creer que las interconexiones entre la participación y la necesidad de transparencia y auditorias ciudadanas permite introducir la cuestión de la gobernanza.[151] Especialmente, la gobernanza horizontal, aquella en donde la selección e implementación de políticas es un trabajo conjunto entre el gobierno con instancias de la sociedad civil. La idea de un gobierno en redes, en donde la selección de políticas obedece a la complementariedad del gobierno con actores públicos no gubernamentales a través de una construcción conjunta de los problemas (y en muchos casos de la agenda) impacta en uno de los elementos cruciales de la versión MT y MU: la idea de que el gobierno está en manos de los funcionarios electos.[152] La existencia de actos de gobierno (opciones de fines) que descansan en una complementarie-dad entre funcionarios electos con organizaciones públicas no-gubernamentales, no solo evidencia la importancia de la participación en la agenda de la calidad de la democracia, sino que presiona (si no es que fractura) el pacto tácito[153] entre ciudadanos y gobernantes contenido en la versión MT y MU. Y lo hace en una doble pista:

(1) por un lado, los ciudadanos no solo reconocen, mediante el acto electoral, el derecho a gobernar y a exigir obediencia (mandato de obligación política) que tienen los funcionarios electos, sino que participan, mediante las instancias de gobernanza horizontal, en la definición de problemas y la selección de políticas.

(2) Por otro, el pacto tácito ya dejó de ser cerrado y fijo, es abierto y móvil. Es abierto porque pueden partici-par, mediante la red densa de auditorías ciudadanas, en

---

[151] Para una visión ilustrada, exhaustiva y meticulosa sobre la discusión de la gobernanza puede consultarse en trabajo de Aguilar Villanueva (2008) y una versión, igualmente valiosa, pero sintética (2007).

[152] Remito a la nota número 132, *ut supra*.

[153] La idea del pacto tácito es el instrumento que tiene la ciencia política para darle encarnadura empírica a la cuestión del contrato político. Igualmente la obligación política emanada del pacto tácito vía el proceso electoral nos remite a la cuestión de los valores de la libertad y de la equidad (igualdad política).

organizaciones (internas y externas a la sociedad política en cuestión) públicas no gubernamentales definiendo los problemas y postulando políticas. Y es móvil porque la dinámica de los problemas planteados acerca diferentes capacidades de gestión pública en diferentes momentos de tiempo, más allá de la clásica *accountability* vertical.

Desde nuestra perspectiva esta doble pista genera una presión sobre el concepto empírico de la legitimidad[154] y, por lo tanto, sobre el umbral mínimo que tiene prevista la versión MU para habilitar la cuestión de la calidad.

Para concluir: sería preciso un análisis más exhaustivo y minucioso de todas las dimensiones y su red conceptual para ver, en conjunto, cómo la interconexión conceptual y analítica de la multiplicidad de dimensiones que intervienen en la calidad de la democracia presionan a la definición empírica y no filosófica de la misma. Espero haber dado razones para que este trabajo quede justificado.

---

[154]   La relación empírica entre legitimidad y umbral de la calidad es postulada, entre otros, por Levine-Molina (2007: 18 y 19)

Bibliografía citada

AGUILAR, Luis F. (2007): "El aporte de la política pública y la Nueva Gestión Pública a la gobernanza", XII Congreso Internacional del CLAD sobre la Reforma del Estado y de la Administración Pública, Sto. Domingo, Rep. Dominicana, 30 oct. - 2 nov. 2007.

AGUILLAR VILLANUEVA (2008): *Gobernanza y gestión pública*, México DF, FCE, Primera reimpresión.

BARREDA, Mikel (2009): "La calidad de la democracia en América Latina: medición y claves explicativas", IX Congreso Español de Ciencia Política y de la Administración, Málaga, 23, 24 y 25 de septiembre de 2009. [En línea] [Fecha de descarga: enero de 2010]. Disponible en: http://www.aecpa.es/archivos/congresos/congreso_09/grupos-trabajo/area04/GT05/02.pdf.

BEETHAM, David (2004): "The Quality of Democracy. Freedom as the Foundation", *Journal of Democracy*, vol. 15, 4: 61-75.

BÜHLMANN, Marc; MERKEL, Wolfgang y Bernhard WESSELS (2007): "The Quality of Democracy: Democracy Barometer for Established Democracies", National Centre of Competence in Research (NCCR) Challenges to Democracy in the 21st Century, Working Paper No. 10. [En línea] [Fecha de descarga: enero de 2010]. Disponible en:http://www.nccr-democracy.uzh.ch/publications/workingpaper/pdf/WP10.pdf.

CROUCH, Colin (2004): *Pos-Democracia*, México DF, Taurus. Editado originalmente por Giuseppe Laterza & Figli en 2003 con el título: *Post-Democracy*. Traducción de Francisco Beltrán.

DAHL, Robert (2005): *La democracia*, México DF, Taurus. Editado originalmente por Yale University Press en 1998 con el título: *On Democracy*. Traducción de Fernando Vallespín.

DAHL, Robert (2008): *La igualdad política,* Buenos Aires, FCE. Editado originalmente por Yale University Press en 2006 con el título: *On Political Equality.* Traducción de Liliana Andrade Llanas.

DAHRENDORF, Ralf (2003): *Después de la democracia,* Buenos Aires, FCE. Editado originalmente por Giuseppe Laterza & Figli en 2002 con el título: *Dopo la democrazia, Intervista a cura di Antonio Polito.* Traducción de Luciano Padilla López.

DIAMOND, Larry y MORLINO, Leonardo (2004): "The Quality of Democracy An Overview", *Journal of Democracy,* vol. 15, 4: 20-31.

HAGOPIAN, Frances y MAINWARING, Scott (eds.) (2005): *The Third Wave of Democratization in Latin America. Advances and Setbacks,* New York, Cambridge University Press.

IERACI, Giuseppe y Angelo PAULON (2008?): "The Quality of Democracy and The Quality of Research. A Sceptic Vision on Freedom in the World Index", (Mimeo). [En línea] [Fecha de descarga: enero de 2010]. Disponible en: http://www.sisp.it/files/papers/2008/paulon.pdf

LEVINE, Daniel y José Enrique MOLINA (2007): "La calidad de la democracia en América Latina: una visión comparada", *América Latina Hoy,* Universidad de Salamanca, 45, págs. 17-46.

MANGABEIRA UNGER, Roberto (1999): *La democracia realizada,* Buenos Aires: Manantial. Editado originalmente por Verso en 1998 con el título: *Democracy Realized, The Progressive Alternative.* Traducción de Horacio Pons.

MORLINO, Leonardo (2004a): "What is a 'Good' Democracy?", *Democratization,* Vol.11, No.5, December, pp.10-32.

MORLINO, Leonardo (2004b): "'Good' and 'Bad' Democracies: How to Conduct Research into the

Quality of Democracy", *Journal of Communist Studies and Transition Politics*, Vol. 20, No. 1, March, pp. 5-27.

MORLINO, Leonardo (2007): "Explicar la calidad democrática: ¿Qué tan relevantes son las tradiciones autoritarias?", *Revista de Ciencia Política,* Santiago de Chile, Vol. 27, Nº 2, págs. 3-22.

MURILLO, Gabriel y Freddy OSORIO (2007): "Una aproximación crítica a las mediciones sobre la calidad de la democracia latinoamericana", WP Nº 255, *Institut de Ciències Polítiques i Socials,* Barcelona.

O'DONNELL, Guillermo (2004a): "Human Development, Human Rights, and Democracy". En O'Donnell, Guillermo; Vargas Cullell, Jorge e Iazzetta, Osvaldo M. (eds.). *The Quality of Democracy Theory and Applications,* Notre Dame, Indiana, University of Notre Dame Press, pp. 9-92.

O'DONNELL, Guillermo (2004b): "The Quality of Democracy. Why the Rule of Law Matters", *Journal of Democracy,* vol.15, 4: 32-46.

POWELL, G. Bingham (2004): "The Quality of Democracy: The chain of Responsiveness", *Journal of Democracy,* vol. 15, 4: 91-105.

ROSANVALLON, Pierre (2007): *Contrademocracia,* Buenos Aires, Manantial. Editado originalmente por Éditions du Seuil en 2006 con el título: *La contre-démocratie. La politique à l'âge de la défiance.* Traducción de Gabriel Zadunaisky y revisión técnica de Carlos de Santos.

RUESCHEMEYER, Dietrich (2004): "The Quality of Democracy Assessing Inequality",

SMITH, Peter H (2005): *Democracy in Latin America. Political Change in Comparative Perspectiv,.* New York, Oxford University Press.

STOKER, Gerry (s/f): El "buen gobierno como teoría": cinco propuestas.

ZOVATO, D.-Lagos, M. (2005): "Gobernabilidad democrática: logros y desafíos", *Quórum,* 13, pp. 23-32.